FINNISH FOR FOREIGNERS 1

EXERCISES

Maija-Hellikki Aaltio

FINNISH FOR FOREIGNERS

EXERCISES

HELSINGISSÄ KUSTANNUSOSAKEYHTIÖ OTAVA

Twelfth edition

Drawings: Jorma Nousiainen
Layout: Eija Hiltunen
Editor: Kaija Niskakoski, Pauliina Luoto

©1984 Maija-Hellikki Aaltio and Otava Publishing Combany

Binding: OTABIND

Otava Printing Works
Keuruu 2007

ISBN: 978-0-88432-543-7

TO THE READER

The exercises in this book have been designed to serve the users of *Finnish for Foreigners 1* and follow its overall plan in all details. However, as both the vocabulary and the structures introduced are necessarily of the most basic character, this collection might also prove helpful to other learners of Finnish who feel the need of additional exercise material.

To help the student master a "different" language like Finnish, my guiding principle has been to provide him with a large number and, to maintain his interest, a large variety of exercises. In addition to different structural exercises and drills, each chapter includes a vocabulary review, a listening comprehension exercise ⦿⦿, topics for conversation 👤 as well as, from time to time, topics for short compositions, and, finally, a reader section. There is a key to most of the exercises at the end of the book.

A number of exercises are based on pictures. At the end of the book there are several pages of additional pictures (a schematic picture of a typical Finnish small town; a few common verbs with or without *k p t* changes; the most common postpositions; a few common adjectives etc.) which can serve as bases for both structural drills and free or guided conversations at different points in the book.

The reader section is meant to give the student more practice in understanding written Finnish. It should not be translated word for word. The purpose of the unfamiliar words quite frequently included in the text is to encourage the learner to make an intelligent guess from the context or to use a dictionary, both of them useful skills in learning a language. The key does not provide solutions to the comprehension questions following the reading passages.

The listening comprehension texts are available in the key. To profit from these exercises as much as possible, the student might bear in mind that if he does not understand properly the very first time, he should have the patience to relisten a couple of times rather than look up the text and the correct solutions in the key too soon. To eliminate unnecessary memory work, longer exercises may be divided into sections which are indicated by an asterisk in the book and by a gong on the tape.

The cassette which contains the listening comprehension exercises also includes the pronunciation exercises at the beginning of the Exercise book.

The *Oral Drills* connected with the earlier editions of *Finnish for Foreigners 1* can also, with certain limitations, be used with the new edition (see the list of correspondences after the table of contents, p. 11).

I am grateful to my colleagues Hannele Jönsson-Korhola and Eila Hämäläinen for reading the manuscript and offering valuable suggestions. My thanks are also due to Mark Shackleton, Lecturer in English at Helsinki University, for correcting my English; for any remaining errors I am solely responsible.

Kauniainen, Finland, September 1984.

Maija-Hellikki Aaltio

CONTENTS

How to use *Oral Drills* to supplement *Finnish for Foreigners 1* *(new edition)*

Finnish for Foreigners 1	Oral Drills
Chapter	Chapter
1—2	1
3—4	2
5—7	3
8	4
9 see 17	
10—12	5; 12:1—7*
13	7:1—2; 10:1—2
14—15	6
16	7:3—5
17	9:1—5
18	—
19	8
20	11
21	7:6—11
22	7:12; 9:9; 13:7
23—24	10:7—8; 11:7—8, 12
25	22:1—3*
26	13
27	14
28	15; 24:4—5
29	16:1—6
30	16:7—8, 17:1—2
31	19
32	17:3—5
33	25:7—9
34	23
35	25:6
36	20
37	21; 25:4—5, 10
38	22:4—7
39	24:1—3, 6—9
40	25:1—3, 11—12

* These exercises contain words and structures not yet presented in *Finnish for Foreigners 1 (new edition)*

PRONUNCIATION EXERCISES

1 Aino Anna Anneli Annikki Arja Eila Elina Helena Hilkka Inkeri
Kaarina Kirsti Leena Liisa Maija Maria Marja Marjatta Merja
Minna Mirja Pirjo Pirkko Päivi Raija Riitta Ritva Seija Sinikka
Sirkka Sirpa Sisko Susanna Tarja Tellervo Terhi Terttu Tuula

Ahti Antti Eero Eino Erkki Esko Hannu Heikki Ilkka Ilmari Jaakko
Jarmo Jouni Juho Juhani Jussi Kalevi Kalle Kari Kauko Lauri Martti
Matti Mauno Mikko Olavi Olli Paavo Pekka Pentti Petri Risto
Tapani Tapio Tauno Veikko Ville Väinö Yrjö

Helsinki Espoo Vantaa Porvoo Turku Naantali Pori Rauma Tampere
Hämeen/linna Lahti Riihi/mäki Kotka Imatra Lappeen/ranta Mikkeli
Savon/linna Joen/suu Kuopio Jyväs/kylä Vaasa Oulu Rova/niemi
Kemi Tornio Maarian/hamina

Eurooppa: Suomi Ruotsi (Tukholma) Norja (Oslo) Tanska
(Kööpen/hamina) Islanti Englanti (Lontoo) Skotlanti Irlanti Hollanti
Belgia Ranska (Pariisi) Espanja Portugali Italia (Rooma) Sveitsi
Itä/valta (Wien, pronounced viin) Saksa Puola (Varsova)
Tšekkoslovakia Unkari Jugoslavia Albania Kreikka (Ateena) Turkki
Bulgaria Romania Neuvosto/liitto (Moskova)
Aasia: Japani Kiina Intia
Afrikka: Egypti Tansania Etelä-Afrikka
Amerikka: Kanada Yhdys/vallat (USA) Meksiko Brasilia Argentiina
Australia
Oseania: Uusi Seelanti

[1]istua	seisoa	nauraa	itkeä	puhua	tanssia	kysyä
istun	seison	nauran	itken	puhun	tanssin	kysyn
istut						
istuu	seisoo	nauraa	itkee	puhuu	tanssii	kysyy
istumme						
istutte						
istuvat						

laulaa	sanoa	laskea	maksaa	katsoa	ostaa	juoda	syödä
laula!	sano!	laske!	maksa!	katso!	osta!	juo!	syö!
laulaa	sanoo	laskee	maksaa	katsoo	ostaa	juo	syö

ottaa	soittaa	kirjoittaa	nukkua
otan	soitan	kirjoitan	nukun
otat			
ottaa	soittaa	kirjoittaa	nukkuu
otamme			
otatte			
ottavat			

antaa	hiihtää	piirtää	lukea
anna!	hiihdä!	piirrä!	lue!
annan	hiihdän	piirrän	luen
antaa	hiihtää	piirtää	lukee

---

[1]See pictures III and IV at the back of the book.

SYLLABLE DIVISION

Divide into syllables:

Austin on englantilainen auto. Amerikan raha on dollari, Suomen raha on markka. Ranskan presidentti asuu Pariisissa. Espanja, Sveitsi ja Romania ovat Euroopassa. Englannissa juodaan teetä ja Suomessa kahvia. Argentiinalaiset tanssivat tangoa ja puolalaiset masurkkaa.

   Markku Myrskylä on suomalainen insinööri. Sinikka Myrskylä on arkkitehti. Matti Ahonen on atomifyysikko. Tapani Aarnio on muusikko, hän soittaa pianoa, viulua ja selloa. Missä on posti ja missä pankki? Posti on Mannerheimintiellä ja pankki Mikonkadulla.

MIKÄ TÄMÄ ON? — WHAT IS THIS?

1 Point at each picture in lesson 1 of the Textbook and say aloud, *Mikä tämä on? Se on Suomi* etc. Continue doing this until you can answer without any hesitation.

2 Learn the Finnish alphabet and spell your own name and the following names in the Finnish way.

John, Jill, George, Liz, Max, Kay, Esther, Christopher, Smith, Brown, Whitney, Churchill, Stephenson

3 Learning the numbers fluently takes a lot of practice, so you might start right here.
Read aloud the following "math problems" as well as the correct answers.

Model: $1 + 1 = 2$ yksi plus yksi on kaksi
$6 - 2 = 4$ kuusi miinus kaksi on neljä
$3 \times 3 = 9$ kolme kertaa kolme on yhdeksän

$1 + 3 =$ _____ $7 - 3 =$ _____

$2 \times 3 =$ _____ $10 - 5 =$ _____

$4 + 4 =$ _____ $9 \times 1 =$ _____

$3 \times 3 =$ _____ $10 - 9 =$ _____

$7 + 3 =$ _____ $10 - 7 =$ _____

4 Look at the pictures in lesson 1 of the Textbook. Are the following statements right or wrong? If wrong, give the correct alternative.

a) Kuva numero 8 on katu. _____

b) Kuva numero 10 on nainen. _____

c) Kuva numero 6 on huone. _____

d) Kuva numero 12 on poika. _____

e) Kuva numero 14 on Jean Sibelius. _____

f) Kuva numero 3 on televisio. _____

g) Kuva numero 4 on radio. _____

h) Kuva numero 13 on tyttö. _____

i) Kuva numero 11 on mies. _____

j) Kuva numero 9 on kauppa. _____

---

5 The following questions are also based on the same pictures.

a) Mikä on kuva numero neljä? _____

b) Mikä on kuva numero yhdeksän? _____

c) Mikä on kuva numero seitsemän? _____

d) Mikä on kuva numero kaksi? _____

e) Mikä on kuva numero viisi? _____

f) Mikä numero on Suomi? _____

g) Mikä numero on tyttö? _____

h) Mikä numero on Jean Sibelius? _____

i) Mikä numero on mies? _____

j) Mikä numero on kauppa? _____

---

6 Listen to the following pairs of words on the tape and mark down the short and long syllables.

Model: kisa/kisaa

MILLAINEN TÄMÄ ON? — WHAT IS THIS LIKE?

1   Go through pictures 1—13 in lesson 1 once more, asking the question *millainen radio on?* etc., and answering your questions (*radio on vanha* etc.). Continue until your questions and answers come fluently.

2   On the basis of the picture, choose the correct alternative(s):

a) Nainen on nuori/sairas/vanha.
b) Mies on pieni/vanha/iso.
c) Poika on sairas/pieni/vanha.
d) Televisio on huono/hyvä/uusi.
e) Kuva numero seitsemän on pieni huone/iso talo/kaunis katu.
f) Kuva numero kolmetoista on nuori mies/nuori poika/nuori tyttö.
g) Pieni kauppa on kuva numero yksi/yhdeksän/yksitoista.
h) Aleksis Kivi on kuva numero kymmenen/kolmetoista/neljätoista.

3   Looking at the pictures, answer these questions, saying *on* or *ei ole*.

Onko auto hyvä?   Onko nainen kaunis?
Onko poika pieni?   Onko mies sairas?
Onko Suomi kaunis?   Onko bussi iso?
Onko radio uusi?   Onko radio huono?
Onko televisio uusi?   Onko talo vanha?

4   More questions.

> Model question and answer: Onko poika vanha?
> — Ei ole, hän on nuori.

Onko nainen nuori?   Onko televisio vanha?
Onko talo iso?   Onko bussi pieni?
Onko radio hyvä?   Onko televisio huono?
Onko auto huono?   Onko huone iso?

5   Word review. Complete the sentences with suitable words.

_____ tämä on? Se _____ Suomi. Onko tämä televisio uusi?

_____. Talo _____ _____ iso, se on pieni. Huone on pie-

ni _____ kaunis. _____ tyttö nuori? On. _____ tuo mies

on? _____ on presidentti Koivisto.

Mikä päivä _____ on?

6   Listen to the following pairs of words and mark down the short and long conso-
nants in the middle of the word.

Model: oli — Olli
       /   //

Lukemista   Reader

Mikä tämä on? Se on radio. Onko se uusi? Ei, se on vanha. Mikä tuo
on? Se on televisio. Millainen se on? Se ei ole hyvä, se on huono. Millai-
nen talo on? Se on pieni. Se ei ole iso talo. Onko tämä huone iso? Ei
ole. Onko se kaunis? On. Onko tuo auto uusi? On, se auto on uusi ja
hyvä. Onko kuva kaunis? Ei ole. Mikä tuo on? Se on vanha pieni kaup-
pa. Millainen tämä poika on? Hän on nuori. Tuo mies on vanha ja sai-
ras. Nainen on kaunis.
    Mikä päivä tänään on, tiistaiko? Ei, tänään on maanantai.

HEI, MEG! — HELLO, MEG!

1 Study the Finnish names of countries, continents, and capitals. Say aloud, *Tämä on Suomi. Minä olen suomalainen. Minä puhun suomea.*

Repeat the same sentences using these names: Englanti, Norja, Ranska, Saksa, Italia, Espanja, Puola, Japani.

2 Model sentences: Tuo on Englanti. Minä en ole englantilainen. Minä en puhu englantia.

Go on with these names: Kreikka, Turkki, Unkari, Romania, Islanti, Hollanti, Kiina.

3 Model: Sinä olet australialainen. Sinä puhut englantia.

Go on with Skotlanti (englanti), Meksiko (espanja), Brasilia (portugali), Egypti (arabia), Israel (heprea), Itävalta (saksa), Neuvostoliitto (venäjä).

4 Give short ''yes'' or ''no'' answers to the following questions.

Onko Matti suomalainen poika?   Oletko sinä amerikkalainen?
Onko Liisa suomalainen tyttö?   Oletko sinä eurooppalainen?
Onko Fiat saksalainen auto?   Oletko sinä aasialainen?
Onko Peter Jones saksalainen?   Puhutko sinä englantia?
Oletko sinä afrikkalainen?   Puhutko sinä hyvin suomea?

5 Answer the following questions, using complete sentences.

Kuka sinä olet? Minkämaalainen sinä olet? Mitä kieltä sinä puhut? Mitä kieltä sinä puhut hyvin? Mitä kieltä sinä puhut vähän? Mikä maa on kaunis? Mikä on kaunis kieli? Mikä auto on hyvä? Minkämaalainen auto se on?

6

a) Memorize Dialogue 3 and act it out with another person. Change roles and do it again. (Cover the Finnish text with your hand and use the English as a prop for your memory.)

b) Do the dialogue once more but use your own name and identity. Change roles. (If you have to grope for words a lot, study some more until the conversation comes fluently.)

7

Say aloud
a) the even numbers 2—20
b) the odd numbers 1—19

8

Listen to the short dialogue on the tape and choose the correct alternative of the statements below.

1. a). Bill Miller does not speak French
   b) Bill Miller speaks French well
   c) Bill Miller speaks a little French
2. a) Bill Miller speaks Finnish well
   b) Bill Miller speaks a little Finnish
3. The two people are talking to each other
   a) on a Monday
   b) on a Tuesday
   c) on a Wednesday
4. It is
   a) a nice day
   b) not a nice day

Lukemista   Reader

— Hei, Liisa!
— Hei, Marie!
— Marie, tämä on Bill.
— Hei, Bill. Minkämaalainen sinä olet?
— Minä olen skotlantilainen. Oletko sinä ranskalainen?
— En (ole), minä olen belgialainen.
— Mitä kieltä sinä puhut?
— Minä puhun ranskaa. Ja vähän suomea.
— Sinä puhut hyvin suomea. Puhutko sinä englantia?
— En (puhu).

4

HYVÄÄ PÄIVÄÄ — HOW DO YOU DO

1 Make questions of the type *autoko*? ("the car?") by adding **-ko** or **-kö** to the following words.

mies nainen poika tyttö tuo tämä maanantai päivä minä te tänään eilen hän Helsinki Suomi ulkomaalainen Englanti hyvin uusi kysymys vastaus

Make words ending in **-lainen** or **-läinen** from the following place-names.

Irlanti Sveitsi Egypti Intia Minnesota Lontoo Leningrad Amsterdam Teheran Hämeen/linna Oulu Espoo Jyväs/kylä Turku

2 Ask each of the following persons a) whether he is the person named below and b) whether he speaks English. Consider whether you ought to use *sinä* or *te*.

professori Niemi Ville tohtori Oksala Minna rouva Aho herra Laakso Anneli ministeri Salonen arkkitehti Linna Petri Leena

3 Change the following sentences into questions.

> Model: Mies on vanha? — Onko mies vanha?

Sinä olet eurooppalainen.   Hän on aasialainen.
Te olette afrikkalainen.   Te puhutte ranskaa.
Sinä puhut englantia.   Minä puhun hyvin suomea.
Tämä tyttö on helsinkiläinen.   Tuo mies on ulkomaalainen.
Tänään on tiistai.   Eilen oli kaunis päivä.

4 Complete by adding the names of nationalities.

Jean-Pierre Duval on _____. Max Müller on

_____. Ingrid Andersson on _____

_____. Tom McAdam on _____. Ivan Ivanov on

_____. Yoshiko Kasaya on _____

_____. Adelina Menotti on _____. Juan Mendoza

on _____. Lin Tsheng on _____.

21

5 Practice numbers by opening a book at random and trying to say the page numbers as quickly as possible.

6 "English" a) John on _____.

b) Hän on _____ arkkitehti.

c) _____ on kieli.

d) Minä puhun/en puhu _____.

Repeat the same exercise with the words "French"/Jean, "Spanish"/Juan, "German"/Hans, "Russian"/Ivan, "Finnish"/Jussi.

7 Memorize Dialogue 4 and act it out with another person, changing roles. Repeat the dialogue but this time use your name and identity.

8 Word review.

_____ päivää, mitä _____? Kiitos,

_____. _____ te suomalainen? En ole,

olen _____. Peter, _____ sinä hyvin

ranskaa? En, minä _____ ranskaa _____

vähän. Minä puhun englantia _____ hyvin, mutta suomea

_____.

9 Complete the text by adding the missing words, which you will hear on the tape.

Barbara Lind: Eilen oli _____ päivä, mutta tänään

_____ _____. Tänään minä olen vähän _____.

Tuo mies on _____ Kuusi. Hyvää _____!

Eero Kuusi: Päivää, mitä kuuluu, _____ Lind?

Barbara Lind: Ei oikein _____. Puhutteko te _____?

Minä puhun _____ suomea.

Eero Kuusi: Kyllä minä puhun, mutta minä en puhu _____.

— Hyvää päivää, oletteko te tohtori Duval?

— En ole, minä olen Kaisa Koponen. Tohtori Duval on tuo pieni kaunis ranskalainen nainen.

— Kiitos.

■ ■ ■

— Hyvää päivää, oletteko te tohtori Duval?

— Kyllä minä olen.

— Minä olen Pekka Saari. Minä olen suomalainen psykologi.

— Ahaa, te olette suomalainen kollega. Hyvä!

— Puhutteko te englantia? Minä en puhu ranskaa.

— Minä en puhu englantia. Tai minä puhun kyllä, mutta vain vähän ja huonosti. Mutta puhutteko te saksaa?

— Minä puhun kyllä saksaa. Mitä teille kuuluu? Onko kaikki hyvin?

— Kiitos, minulle kuuluu hyvää. Kaikki on hyvin. Ja tänään on oikein kaunis päivä.

— Ja eilen oli kaunis päivä. Millainen tämä kongressi on?

— Tämä on hyvä kongressi. Ja Suomi on kaunis maa.

QUESTIONS:

a) What is Dr. Duval's and Pekka Saari's field?

b) Why is Dr. Duval in Finland?

c) What language (apart from Finnish) do they find they both speak quite well?

5

MIKÄ SINUN NIMESI ON? — WHAT'S YOUR NAME?

1 Read aloud the following

a) telephone numbers: 796 425, 125 380, 443 966, 72961, 5051 657, 710 288;
b) addresses: Simonkatu 23 A 78, Tukholmankatu 45 D 31, Hämeentie 59 E 14, Keskuskatu 27 G 11, Mariankatu 16 H 61

2 On the basis of the picture below, ask questions and answer them according to this model:

a) Onko tämä sinun autosi? — On, se on minun autoni.
b) Onko tuo teidän autonne? — Ei, se ei ole minun autoni.

3 Add the poss. suffixes and, in the second sentence, the opposite of each adjective.

Sinun radio_____ on hyvä, minun radio_____ on _____.

Minun huonee_____ on ruma, sinun huonee_____ on _____.

Teidän televisio_____ on uusi, minun televisio_____ on _____.

Teidän maa_____ on vanha, minun maa_____ on _____.

4 In the following sentences, use poss. suffixes instead of the colloquial forms like *mun auto* etc.

Mikä sun nimi on? Mun nimi on Mikko Opas. Tuo Volvo on mun auto. Onko tuo Saab sun auto? Tää mun uusi kasetti on hyvä. Onko tuo sun radio vanha? Mikä teidän puhelinnumero on? Onko teidän kielikurssi hyvä?

5 Ask each of the following persons what their address and phone number is. Consider whether to use *sinun* or *teidän*.

herra Laakso professori Niemi Ville tohtori Oksala Minna rouva Aho Anneli ministeri Salonen Matti arkkitehti Kuusi Petri Linna Leena

6 Ask your friend Bill to perform the actions mentioned in the following sentences. Start with *ole hyvä ja* when it sounds natural.

Minä tulen kurssille.	Minä sanon puhelinnumeroni.
Minä puhun suomea.	Minä otan kahvia.
Minä istun.	Minä soitan pop-musiikkia.
Minä kirjoitan nimeni.	Minä tanssin tangoa.

7 Memorize the dialogue and act it out with another person, using your own identity and changing roles.

8 Fill in the student-card for a new student who wants to join a language course. The information will be on the tape.

OPISKELIJAKORTTI

Sukunimi _____

Etunimi _____

Osoite _____

Puhelinnumero _____

— Päivää. Oletko sinä uusi opiskelija?

— Olen. Minä puhun huonosti suomea, minä tulen kurssille.

— Tervetuloa. Minä olen sinun opettajasi. Minun nimeni on Kirsti Ranta. Mikä sinun nimesi on?

— Minun etunimeni on Matteo ja sukunimeni Albertini.

— Onko se italialainen nimi?

— On, minä olen italialainen, venetsialainen.

— Tämä on nimilista, ole hyvä ja kirjoita nimesi, puhelinnumerosi, osoitteesi ja kotimaasi.

— Hyvä on, minä kirjoitan ... Minun osoitteeni on Eerikinkatu 16 C 3.

— Ole hyvä ja kirjoita postinumerosi.

— Se on 00100 Helsinki. Ja minun kotimaani on Italia.

— Puhutko sinä englantia?

— Anteeksi kuinka?

— Puhutko sinä englantia?

— Puhun minä vähän.

— Se on hyvä. Ole hyvä ja istu. Kurssi on maanantaina ja keskiviikkona.

6

MIKÄ LIISAN PUHELINNUMERO ON?
WHAT IS LIISA'S TELEPHONE NUMBER?

1 Say what the telephone numbers of these five people are. Use complete sentences.

Ville/74 681, Bill Miller/166 982, herra Pekka Vaara/6840 537, rouva Ritva Moisio/430 179, Leena Laakso/5065 390

2 Study once more the map on p. 24 and say (in complete sentences) what the capitals of different countries are. Make as many sentences as you like, using names of non-European countries and capitals as well.

To help you, here are a few genitive forms which have **k p t** changes in their stems:

+ Irlanti Irlannin (all names in **-lanti** are inflected this way); + Itä/valta -vallan; + Neuvosto/liitto -liiton; + Kreikka Kreikan; + Turkki Turkin
Note also + Yhdys/vallat -valtojen.

3 Kenen auto tämä on?
Se on (Ville Vaara) auto.
Se on (herra Ville Vaara) auto.
Se on (mies) auto.
Se on (tämä mies) auto.

Kenen koti tuo on?
Se on (Jane Smith) koti.
Se on (rouva Jane Smith) koti.
Se on (nainen) koti.
Se on (tuo nainen) koti.

Kenen tuo pallo on?
Se on (Tapani) pallo.
Se on (Tapani Salonen) pallo.
Se on (poika) pallo.
Se on (suomalainen poika) pallo.

Kenen tämä nukke on?
Se on (Leena) nukke.
Se on (Leena Nieminen) nukke.
Se on (tyttö) nukke.
Se on (tuo suomalainen tyttö) nukke.

4 Give short answers to the following questions.

Kenen sävellys on Finlandia?
Kenen huone tämä on? (minä)
Kenen tuo kaunis talo on? (Aholan perhe)
Kenen tämä auto on? (Janne Virtanen)
Kenen kuva tämä on? (amerikkalainen poika)
Kenen etunimi on Zoltán? (unkarilainen opiskelija)
Kenen puhelinnumero on 684 320? (se uusi opettaja)

5 Model: Mikä on pienen vastakohta (opposite)? Iso

Mikä on hyvä_____ vastakohta? _____

Mikä on _____ vastakohta? Ruma.

Mikä on saira_____ vastakohta? Terve.

Mikä on nuor_____ vastakohta? _____

Mikä on uu_____ vastakohta? Vanha.

Mikä on kysymy_____ vastakohta? Vastaus.

6 Rewrite these colloquial sentences by using non-shortened forms of the pronouns and adding the poss. suffixes.

Mun kotikaupunki on Barcelona. Mikä sun kotikaupungin nimi on? Kuka teidän opettaja on? Mikä teidän opettajan osoite on? Mikä sun maan pääkaupunki on?

7 Ask "vai" questions about the pictures ("Is the boy French or English?" etc.).

8 On the basis of the information given on Liisa, Kalle, Paavo, Kaija and John in lesson 6 of the Textbook, are the statements which you will hear on the tape right or wrong?

a) _____ b) _____ c) _____ d) _____ e) _____ f) _____

g) _____ h) _____

Lukemista   Reader

PIENI PROBLEEMA

On Paul A, Paul B ja Paul C. Yksi Paul on sairas, yksi on vanha ja yksi on pieni mies. Yksi on saksalainen, yksi ranskalainen ja yksi englantilainen.

   Paul A:n puhelinnumero on 762 541. Paul B:n auto on Ford. Paul C on sairas. Ranskalainen on pieni mies. Sairaan miehen puhelinnumero on 853 270. Paul C:n auto on Fiat. Saksalainen on vanha mies. Pienen miehen auto on Volvo. Sairas mies ei ole saksalainen. Saksalaisen miehen puhelinnumero on 138 900.

Minkämaalainen on Paul A?   _____

Minkämaalainen on Paul B?   _____

Minkämaalainen on Paul C?   _____

Millainen mies on Paul A?   _____

Millainen mies on Paul B?   _____

Millainen mies on Paul C?   _____

Paul A:n auto on   _____

Paul B:n auto on   _____

Paul C:n auto on   _____

Mikä Paul A:n puhelinnumero on?   _____

Mikä Paul B:n puhelinnumero on   _____

Mikä Paul C:n puhelinnumero on?   _____

7

PALJONKO SANAKIRJA MAKSAA?
HOW MUCH DOES THE DICTIONARY COST?

1   An exercise on the basic form of the verbs.

> Model: Puhutko sinä suomea? — Minä haluan puhua suomea.

Tuletko sinä kurssille?
Otatko sinä kahvia?
Ymmärrätkö sinä englantia?
Soitatko sinä Sibeliuksen musiikkia?
Tanssitko sinä valssia?
Tiedätkö sinä kenen talo tuo on?
Kirjoitatko sinä hyvin suomea?

2   You are talking to several people or to one person whom you call *te*. Tell them to

— sit down
— dance
— pay 10 marks
— come quickly
— to write down their/his phone number(s) ("numbers" in the sing. in Finnish)

— speak slowly
— take some coffee
— come to the course
— to play a little pop-music
— to say their/his first name(s) ("names" in the sing. in Finnish)

3   Ask each of the following persons or groups to sit down and take some coffee. Start with "ole hyvä ja" or "olkaa hyvä ja" depending on whether you should use *sinä* or *te* in addressing them.

herra Laakso   Ville   Kirsti ja Minna   professori Niemi   Olli   Leena, Matti ja Timo   Hannele   rouva Kivinen ja rouva Peltonen   Liisa   tohtori Kangas

4 Answer the following questions.

Millainen auto on?
Kuinka se menee?

Kuinka tämä auto menee?
Millainen se on?

Millainen sinä haluat olla, Tiina?
Kuinka sinä haluat tanssia?

5 Complete the following sentences.

Minä puhun huono_____ venäjää. Sinä laulat kauni_____. En ole argentiina-

lainen, tanssin tangoa ruma_____. Sano _____ (slowly):

"Hattulan pappilan apu/papin papu/pata (the bean-pot of the assistant parson

of Hattula parsonage)! Sano se nopea_____!

6 Read aloud the following numbers: 15, 26, 48, 79, 100, 132, 275, 876, 999, 1000,
1358, 1985, 2000, 10 000, 100 000, 1 000 000.

7 Using the picture below, play a "shopping game" with another student. Ask him how much the things cost, he tells you (freely making up the prices), and you write the prices down. Then check whether you got the prices correct, change roles and go on with some other things.

8 Looking at the same picture, listen to the tape which will tell you the price of ten things. Write them down in the blank spaces of exercise 9.

9 Looking at the prices which you have written down, answer these questions:

Minkä hinta on _____?   Minkä hinta on _____?

Minkä hinta on _____?   Minkä hinta on _____?

Minkä hinta on _____?   Minkä hinta on _____?

Minkä hinta on _____?   Minkä hinta on _____?

Minkä hinta on _____?   Minkä hinta on _____?

10 Ask about the price of the following things, this time according to the model *Mikä pienen kahvin hinta on?*

pieni kahvi   tämä kamera   tuo uusi kasetti
tämä sveitsiläinen kello   se japanilainen radio   tuo kaunis lamppu
                                                        yksi iso kahvi

11 Sentence building.

Model: mies, talo, uusi — Miehen talo on uusi.

Helsinki, kartta, halpa   rouva Korhonen, osoite, Isotie 1
poika, kamera, kallis   presidentti Koivisto, etunimi, Mauno
pieni tyttö, nukke, uusi   englantilainen nainen, sukunimi,
mikä, tämä ulkomaalainen, nimi?   Smith
kuka, puhelinnumero, 5062 749?

12 What are the questions to these answers? (Use both *sinä* and *te* in your questions.)

Minun nimeni on *Veikko Korhonen*. Minun puhelinnumeroni on *432 657*. Minun osoitteeni on *Topeliuksenkatu 16 D 49*. Tämä kartta maksaa *12,50*. Tuon kirjan hinta on *40 markkaa*. Se on *hyvä* kirja.

33

Word review (lessons 5—7)

Mikä sinun _____ on, Mikko? Aaltonen.

Mikä teidän _____ on, insinööri Salo? Risto.

Minun _____ on 1234560 ja minun _____

_____ Helenankatu 14 A 1.

John Smithin _____ on Australia.

Onko Hollannin _____ Amsterdam _____ Haag?

_____ sinä mikä päivä tänään on?

_____ romaani on Seitsemän veljestä?

_____ tuo sanakirja maksaa? Sen _____
on 15,50.

Puhukaa hitaasti, minä en _____.

Lukemista   Reader

Olen kirjakaupassa. Kirjakaupassa on iso hyvä Helsingin kartta.
— Paljonko tämä Helsingin kartta maksaa?
— Sekö? Kakskytkuus markkaa.
— Anteeksi kuinka? Olkaa hyvä ja puhukaa hitaasti, minä olen ulko-
maalainen ja ymmärrän huonosti suomea.
— Sen kartan hinta on kaksikymmentäkuusi markkaa.
— Ai, se on paljon. Se on kallis kartta.
— Tuo pieni kartta maksaa vain viisi markkaa yhdeksänkymmentäviisi
penniä. Se on halpa.
— Onko se hyvä vai huono?
— Se on pieni, mutta hyvä, ottakaa se vain.
— Hyvä on. Ja kuinka paljon tämä sanakirja maksaa?
— Tämä iso vai tuo pieni?
— Tämä pieni englantilais-suomalainen.
— Kaksikymmentäkahdeksan ja kuusikymmentä.
— Olkaa hyvä ja kirjoittakaa se. Kiitos. Tämä sanakirja ja tuo kartta
— kuinka paljon se on?
— Kolmekymmentäneljä ja viisikymmentäviisi. Kiitos. Minkämaalai-
nen te olette?
— Minä olen amerikkalainen, kalifornialainen.
— Ai, kalifornialainen! Mikä teidän kotikaupunkinne on?
— San Francisco. Se on oikein kaunis kaupunki. Näkemiin!
— Näkemiin, kiitos!

8

OIKEALLA JA VASEMMALLA — RIGHT AND LEFT

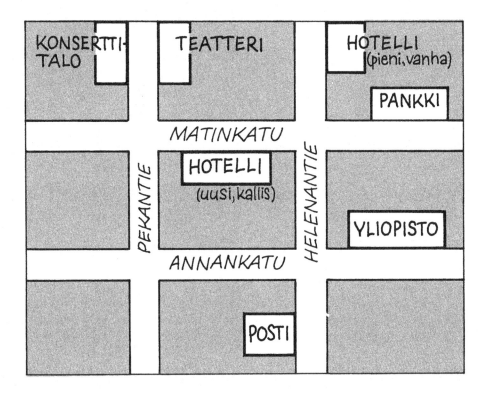

1 Look at the picture and answer these questions.

Missä posti on? Missä yliopisto on? Millä kadulla pieni vanha hotelli on? Millä kadulla teatteri on? Millä kadulla konserttitalo on? Onko pankki Annankadulla? Onko uusi kallis hotelli Matinkadulla? Onko posti myös Matinkadulla?

2 Look at the map of Helsinki in lesson 37 of the Textbook. Ask and answer questions about the location of the following buildings. (Begin your questions with "where?" and "on which street?")

Stockmann Postitalo yliopisto presidentin linna Kansallisooppera Sibelius-monumentti Kansallismuseo

3. Describe where the people and things are in this picture. Don't forget to use *myös* in a few sentences. Make a couple of sentences using *oikealla* and *vasemmalla* as well.

4. *Missä auto on?*
Auto on (katu)
    (tuo katu)
    (vanha katu)
    (pieni katu)
    (kaunis katu)
    (se katu)
    (lähin katu)

Missä bussi on?
Bussi on (tie)
    (tämä tie)
    (hyvä tie)
    (uusi tie)
    (kaunis tie)
    (se tie)
    (lähin tie)

5. Here are some answers. What are the questions?

Bussi on *vasemmalla*. Yliopisto on *Aleksanterin*kadulla. *Ei*, autoni *ei ole* tällä kadulla. *On*, hotellini *on* Kalevankadulla. Tänään on *kylmä* ilma.

6 Word review.

Kaunis _____ tänään! Saanko _____:

Kaarina Ojanen — Minna Mattila. Postitalo on Mannerheimin_____

_____. Anteeksi, _____ yliopisto on, onko se tuolla oi-

kealla? Ei, se on täällä _____. _____ ka-

dulla? Aleksilla. _____ sinä tulet kurssille? Metrolla. Mak-

satko sinä kaupassa rahalla vai _____?

7 A review of interrogative words.
Choose the correct interrogative word for each question from the list below.

_____ tuo mies on? Petri Mäkinen.

_____ tämä uusi auto on? Minun.

_____ te olette, herra White? Uusiseelantilainen.

_____ kieltä sinä puhut? Portugalia.

_____ paljon sinä ymmärrät suomea? Vain vähän.

_____ sinä tulet kurssille? Autolla.

_____ Kansallisooppera on? Bulevardilla.

_____ päivä eilen oli? Lauantai.

millä? — missä? — mitä? — kuinka? — kuka? — minkämaalainen? — mikä?
— kenen? — millainen?

8 Answer these questions based on the dialogue you have just heard on the tape.

◎◎
a) Which hotel do you think the tourist will choose?
b) Why?
c) On which street is Maxim Hotel?
d) On which street is Finlandia Hotel?

Tänään on kaunis päivä, mutta ilma on vähän kylmä. Olen Aleksilla.
Kuka tuo nuori mies on, turistiko?
— Hyvää huomenta. Anteeksi, mutta missä lähin posti on?
— Se on tuolla oikealla, Mannerheimintiellä.
— Ja millä kadulla Finlandia-talo on?
— Myös Mannerheimintiellä.
— Kiitoksia.
— Anteeksi, oletteko te ulkomaalainen turisti?
— Minä olen espanjalainen, minun nimeni on Juan Mendoza. Mutta minä en ole turisti, minä olen opiskelija.
— Mitä te opiskelette?
— Minä opiskelen fysiikkaa.
— Minä olen Heikki Salonen, minä olen suomalainen puhelinmekaanikko. Ja saanko esitellä: tämä on vaimoni, ja tämä on poikani Pekka. Te puhutte suomea vähän hitaasti, mutta oikein hyvin.
— Kiitoksia. Minä olen suomen kurssilla. Se on tiistaina ja torstaina.
— Missä se kurssi on?
— Se on yliopistolla.
— Millä te tulette kurssille?
— Bussilla.

Right or wrong? Correct the statements that are wrong.
a) Rouva Salonen on Aleksanterinkadulla.
b) Espanjalainen nuorimies on turisti ja Heikki Salonen on fysiikan opiskelija.
c) Pekka on puhelinmekaanikon poika.
d) Juan on suomen kurssilla yliopistolla keskiviikkona ja torstaina.
e) Ilma on ruma ja kylmä.

9

ONKO SINULLA RAHAA?
DO YOU HAVE ANY MONEY?

1 Make "have" sentences according to the model.

> Kenen radio on? — Kenellä on radio?
> Radio on minun. — Minulla on radio.

Kamera on hänen. Kello on sinun. Talo on meidän. Televisio on hänen. Puhelin on teidän. Auto on minun. Uusi lamppu on teidän. Aleksis Kiven romaani on meidän. Piano on sinun. Kallis filmikamera on hänen. Pieni poika on teidän. Hyvä idea on Eilan. Sanakirja on Jussin.

2 Say with complete sentences what the people in the picture have.

3 Ask questions according to the model.

> Model: Minulla on radio. (sinä) — Onko sinulla radio?

Liisalla on iso huone. (te)
Sinulla on hyvä kynä. (Paavo)
Jussilla on rahaa. (me)
Heillä on uusi auto. (hän)
Teillä on kymmenen markkaa. (sinä)
Herra Koivulla on allergia. (hän)
Meillä on kaunis koti. (he)
Maijalla on hyvä opettaja. (te)

4 Give short answers (*on* or *ei ole*) to these questions.

Onko sinulla 1 000 000 markkaa rahaa?
Onko meillä suomen kurssi sunnuntaina?
Onko teillä iso perhe?
Onko sinulla allergia?
Onko Leena Aholla englantilainen nimi?
Onko sinulla suomalais-englantilainen sanakirja?
Onko teillä hyvä Helsingin kartta?
Onko sinulla aina hyvä onni?
Onko teillä puhelin?
Onko rouva Anna Laineella mies?
Onko neiti Sirpa Hietalalla mies?

5 Translate into Finnish.

— That's Kalle's new car. I think (that) it's very expensive.
— Do you think it's a good car?
— I don't know. Do you know that Bill Miller is here?
— Who's Bill Miller?
— He's that man over there.

6 Word review.

— Missä on puhelin, minä haluan _____. Tiedätkö sinä

missä lähin puhelin_____ on?

— En tiedä, mutta minä _____ että se on Mariankadulla.

— Minulla ei ole _____rahaa. Onko sinulla?

— Hetkinen, minä _____. On kyllä.

— Kiitos. Sitten minä _____ soittaa. Tänään minulla on hy-

vä onni.

On the basis of the information given on the tape, link Kalle, Liisa, Arto, and Eila with the things they have.

Say now what each of these four persons has!

— Hei, Kalle!

— Hei, Liisa! Mitä kuuluu?

— Kiitos, hyvää. Entä sinulle?

— Hyvää vain.

— Onko sinulla markka? Minä haluan soittaa, ja tuolla on kioski. Mutta minulla ei ole pikkurahaa.

— Hetkinen, minä katson, ehkä minulla on. Joo, minulla on paljon pikkurahaa. Yksi markkako vain? Ole hyvä.

— Kiitoksia. Muuten (*by the way*), tiedätkö sinä, että Mary Brown on täällä?

— En. Minä luulen, että hän on vielä Tampereella.

— Ei ole, kyllä hän on täällä. Hän on Mariankadulla, Virtasella. Minulla on Maryn puhelinnumero, hetkinen vain. No, missä se on? Kymmenen minuuttia sitten minulla oli se täällä. Missä se voi olla? Numero ei ole täällä, minä en voi soittaa. Minulla on aina huono onni.

— Hetkinen, Liisa. Minulla on kyllä Heikki Virtasen puhelinnumero. Se on 104 682. Voit mennä ja soittaa.

— Kiitos, Kalle! Minä menen. Hei sitten ja näkemiin!

— Hei hei!

QUESTIONS:

a) Miksi Liisa ei voi soittaa?

b) Kenellä on pikkurahaa?

c) Missä Mary Brown on?

d) Mitä Kalle luulee?

e) Mikä on sen perheen sukunimi, missä Mary on?

f) Mikä on sen perheen puhelinnumero?

MISSÄ TE ASUTTE? — WHERE DO YOU LIVE?

1 Missä Tampere on? Missä on Oslo? — Dublin? — Toronto? — Varsova? — Leningrad? — Budapest? — Geneve? — Venetsia? — Bryssel? — Lontoo? — Pariisi? — New Delhi? — Tokio? — Beijing (= Peking)?

2 a)

b) Missä mies on?   Hän on (tämä kauppa/iso kauppa/suomalainen kauppa).
Missä rouva on?   Hän on (tuo auto/vanha auto/halpa auto/ystävän auto).
Missä Mikko on?   Hän on (tämä sauna/pieni sauna/suomalainen sauna/Aholan perheen sauna).
Missä Mary on?   Hän on (mukava hotelli/kallis hotelli/helsinkiläinen hotelli/se hotelli).
Missä me olemme? Me olemme (iso kaupunki/kaunis kaupunki/Suomen pääkaupunki).

3 When answering these questions, consider whether to use the ending **-ssa** or **-lla**.

Missä auto on? Se on (katu/kaupunki/Lontoo/Mannerheimintie/metsä).
Missä sinun ystäväsi on? Hän on (Suomi/Eurooppa/Keskuskatu/Turuntie/tämä maa/se huone/tuo baari/se katu/tämä tie/lähin kaupunki/Englannin pääkaupunki).

4 Complete the following conjugations.

inf.	sanoa	___	___	___	___	___	___
minä	___	ostan	___	___	___	___	___
sinä	___	___	menet	___	___	___	___
hän	___	___	___	on	___	___	___
me	___	___	___	___	haluamme	___	___
te	___	___	___	___	___	voitte	___
he	___	___	___	___	___	___	luulevat

5 Change these sentences into the plural.

Minä istun kotona.　　Mitä hän haluaa katsoa?
Sinä maksat kaupassa.　Mitä kieltä sinä puhut?
Hän tulee tänään.　　　Kuinka minä saan rahaa?

6 Complete the following sentences.

Me _____ kahvia. Mitä Pekka _____?
　　　haluta　　　　　　　　　　　　　　　haluta

Poika ja tyttö _____ kauniisti. Me _____: Hyvä,
　　　　　　　　laulaa　　　　　　　　　　　　sanoa

hyvä! Liisa _____ sohvalla; Maija ja Pirkko _____
　　　　　　istua　　　　　　　　　　　　　　　　　　istua

myös sohvalla. Pekka _____ kymmenen markkaa ja me
　　　　　　　　　　maksaa

_____ myös. Kaikki _____, että huomenna on
　maksaa　　　　　　　　　　　luulla

kaunis ilma.

7 Make sentences with the verb *olla*. Note that it may mean either "to be" or "to have".

minä, olla, Pirkko Peltonen, ja, minä, olla, koti, Suomessa
poika, olla, pieni, ja, hän, olla, pieni auto
me, olla, kaupassa, ja, me olla, rahaa
sinä, olla, aina, huono onni; sinä, olla, pessimisti
herra ja rouva Toivonen, olla, paljon kotona; he, olla, uusi kaunis koti

8 a) Turn the following statements into questions.

Model: Minä voin mennä. — Voinko minä mennä?

Sinä voit mennä. Hän voi mennä. Me voimme mennä. Te voitte mennä. He voivat mennä. Liisa laulaa hyvin. Sinä haluat kahvia. Te olette kotona. Me maksamme nyt. Kaikki istuvat. Minä tulen maanantaina. Peter asuu Lontoossa. Sinä sanot "ei". Te saatte rahaa. Me puhumme hyvin. Nina tanssii kauniisti. He menevät huomenna.

b) What are the questions to these answers?

Model: Talo on iso. — Onko talo iso vai pieni?

Suomi on helppo kieli.   Me olemme nyt kotona.
Minä puhun suomea.   Herra Lahtinen on vanha.
Tämä perhe asuu Helsingissä.   Tuo kirja maksaa paljon.
James on hyvä opettaja.   Asuntoni on kallis.

9 Complete the following story with the verbs listed below.

_____ minä esitellä: rouva Helen Miller, englantilainen. Rouva

Miller _____ nyt kaupassa. Hän _____ ostaa vain

kahvia. Kassalla hän _____. Kassaneiti _____:

"Päivää, mitä _____?" ja sitten myös: "Kiitos, näkemiin!"

Nyt herra ja rouva Miller _____ kotona tv-huoneen sohvalla

ja _____. Televisiossa brasilialainen tyttö _____

sambaa. Sitten iso mies _____. Rouva Miller _____,

että se on Martti Talvela, mutta herra Miller _____, että se on

venäläinen basso.

The verbs: *saada, olla, haluta, maksaa, sanoa, kuulua, istua, katsoa, tanssia, laulaa, tietää, luulla*

45

10 Give short answers to the following questions which you hear on the tape. (Most of them start with the word *haluaisitko* which means "would you like to".)

a) _____ b) _____ c) _____

d) _____ e) _____ f) _____

g) _____

Lukemista   Reader

On sunnuntai. Olemme Turun kaupungissa. Turku, vanha historiallinen kaupunki, on Timo Rautalan kotikaupunki. Istumme nyt Rautalan perheen kauniissa asunnossa Aurankadulla. Timo istuu pianotuolilla ja soittaa. Kenen sävellys tuo on? Beethovenin. Sävellyksen nimi on Kuutamosonaatti. Timo soittaa oikein hyvin. Hän on nuori, mutta hyvä pianisti. Hän soittaa paljon kotimaassa, Skandinaviassa ja myös Saksassa ja Englannissa.
— Kiitos Timo, sinä soitat kauniisti, sanon. Teidän kotinne on myös kaunis. Minä luulen, että Turussa on hauska asua.
— Niin on. Meillä on hyvä asunto, minulla on mukava perhe ja kaikki menee oikein mukavasti. Mutta yksi probleema (ongelma) meillä on. Minä voin olla niin vähän kotona. Sinä tiedät, että konserttimuusikko on menevä mies. Tänään olen täällä kotona Turussa, mutta huomenna soitan Savonlinnassa, keskiviikkona Kuopiossa, torstaina Oulussa, ja lauantaina minulla on konsertti Ruotsissa. Vaimoni ja poikani ovat paljon yksin. Minä soitan ja kirjoitan kyllä, mutta sinä ymmärrät, että se ei ole sama.
— Mutta on hauska, että saat soittaa niin paljon. Tämä sinun probleemasi ei ole vain sinun, se on tyypillinen muusikon probleema.
— Niin on.

QUESTIONS:

a) Missä Timo Rantala asuu?
b) Mikä Timon ammatti on?
c) Kuinka iso perhe hänellä on?
d) Missä hän soittaa?
e) Missä hänellä on konsertti maanantaina?
f) Mikä probleema hänellä on?

MITÄ TE TEETTE? — WHAT DO YOU DO?

1 Complete the following conjugations on the basis of the forms given.

inf.	opetta/a	____	____	____	____	____	____
minä	____	opin	____	____	____	____	____
sinä	____	____	ymmärrät	____	____	____	____
hän	____	____	____	soittaa	____	____	____
me	____	____	____	____	teemme	____	____
te	____	____	____	____	____	tiedätte	____
he	____	____	____	____	____	____	ottavat

2 Answer the questions according to the model.

Model: Kuka kirjoittaa? — Minä kirjoitan.

Kuka ymmärtää?   Kuka soittaa?
Kuka opettaa englantia?   Kuka oppii helposti?
Kuka tekee kaikki hyvin? Kuka ottaa kahvia?
Kuka tietää missä Liisa on?

3 Turn the following sentences into questions.

Model: Minä otan kahvia. — Otanko minä kahvia?

Petri soittaa hyvin.   Sinä tiedät mitä sanot.
Me opimme nopeasti.   Te opetatte japania.
Kaikki ymmärtävät englantia.

4 Complete the verbs in these questions.

Soit_____ te pianoa?   Soit_____ Anu ja Olli?

Ymmär_____ te ruotsia?   Ymmär_____ he ruotsia?

Ot_____ te kahvia?   Ot_____ he kahvia?

Op_____ te helposti?   Op_____ he helposti?

Kirjoit_____ te paljon?   Kirjoit_____ he paljon?

Tie_____ te milloin bussi   Tie_____ he milloin bussi

tulee?   tulee?

Te_____ te kaikki hyvin?   Te_____ he kaikki hyvin?

Opet_____ te suomea?   Opet_____ he suomea?

5 Add suitable verbs in the correct present tense form.

Minulla on kynä;   minä _____.

Jussilla on kaunis basso;   hän _____.

Sinulla on kieli;   sinä _____.

Teillä on tuoli;   te _____.

Marjalla ja Artolla on tv;   he _____.

Sinä ja Bill olette yliopistossa;   te _____.

Kalle ja minä olemme kaupassa ja

meillä on rahaa;   me _____.

Klinikka (klinikan)

Jussi, 4

Jeannette Ikonen, Arto Ikonen, Annankatu
25, kotirouva   28, psykologi   18 B 40
TURKU

6

Kuka tämä mies on?
Kuinka vanha hän on?
Missä maassa hän asuu?
Missä kaupungissa hän asuu?
Millä kadulla hän asuu?
Mitä hän tekee?
Missä hän on työssä?
Kuka on Jussi?
Onko hän iso poika?
Millainen Arton perhe on?

Kuka tämä nainen on?
Mikä naisen etunimi on?
Onko hän suomalainen vai ulkomaalainen?
Minkämaalainen hän on?
Mitä kieltä hän puhuu?
Onko hän työssä vai kotona?

7

Translate into Finnish.

a) What do you do, Sam? I study, I don't work (= I don't have a job).
b) What are you doing now? I'm sitting at home and studying.
c) What will you do tomorrow? I think (that) I'll study tomorrow, too.
d) Does Tom play the guitar (kitaraa)?
e) Is he playing the guitar now?
f) Will he play the guitar at the Virtanen's (Virtasella) tomorrow?

8 a) Give short affirmative answers.

Haluatko sinä soittaa?   Soittaako sinä haluat?
Opiskeletteko te suomea?   Suomeako te opiskelette?
Onko James amerikkalainen?   Amerikkalainenko James on?
Asuvatko Kari ja Päivi täällä? Täälläkö Kari ja Päivi asuvat?

b) Give short affirmative answers or agree to the statements.

> Model: Onko tuo mies Ville?   Tuo mies on Ville.
> On. On kyllä.   Niin on.

Asuuko Liisa tuolla?   Liisa asuu tuolla.
Oppiiko Kalle hyvin espanjaa?   Kalle oppii hyvin espanjaa.
Olemmeko nyt Mikonkadulla?   Olemme nyt Mikonkadulla.
Maksaako sanakirja paljon?   Sanakirja maksaa paljon.

9 What are the questions to these answers?

Tämä mies on *Martin Smith*.   *Hän on opettaja.*
Hän on *englantilainen.*   Hän opettaa *englantia.*
Hän puhuu *englannin* kieltä.   Hän on työssä *kielikoulussa.*
Hän on *26.*   Kielikoulu on *Old Streetillä.*
Hän asuu *Englannissa.*   Martin on *hyvä* opettaja.
Hän asuu *Lontoossa.*

10 Word review.

Anu on Jyväskylän yliopiston _____. Mitä hän _____?

Historiaa. Mutta nyt hän on Englannissa. Mitä hän siellä _____?

Hän on _____ lontoolaisessa kirjakaupassa. Hän haluaa

_____ englantia. Hän puhuu kyllä englantia vähän, mutta

_____ huonosti. Onko englanti hänestä helppo vai

_____ kieli? — ''_____ englanti on helppo kieli'',

Anu kirjoittaa. ''Puhun vain englantia ja _____, että opin täällä

paljon. Minulle kuuluu hyvää. Minulla oli pieni flunssa, mutta nyt olen jo

_____. Hei sitten, näkemiin Jyväskylässä!''

11 On the basis of the facts given on the tape, answer these questions:

a) Mitä Esko opiskelee?
b) Millä kurssilla hän nyt on?
c) Onko hänestä helppo vai vaikea puhua sitä (*it*)?
d) Onko hänestä helppo vai vaikea kirjoittaa sitä?
e) Onko hänestä helppo vai vaikea ymmärtää sitä?
f) Miksi (*why*)?
g) Mikä on Eskon opettajan kotikaupunki?
h) Mitä Esko toivoo?

Lukemista   Reader

Tuolla tulee Nina. Hän on nuori koulutyttö.
— Hei, Nina! Mitä kuuluu?
— Kiitos, oikein hyvää.
— Sinulla on nyt loma (*vacation*). Kiva, saat olla laiska.
— Niinkö sinä luulet?
— Mitä, oletko sinä työssä?
— En minä ole työssä. Mutta sinä tiedät, että minä olen myös baletti-
koulussa. Ja siellä on nyt kymmenen päivää ranskalaisen opettajan
balettikurssi.
— Vai niin! No, onko kurssi helppo vai vaikea?
— Minusta aika vaikea, mutta hyvin hauska.
— Millainen tämä sinun ranskalainen opettajasi on?

— Hän on fantastinen! Tiedätkö: hän puhuu vain ranskaa, ja me pu-
humme vain suomea ja englantia. Mutta me ymmärrämme aina, mi-
tä hän tekee ja mitä hän haluaa. Me tanssimme viisi tuntia (*hours*)
päivässä. Minä luulen, että me opimme tällä kurssilla paljon kym-
menessä päivässä.
— Onko kurssi kallis vai halpa?
— Kyllä se minusta on kallis kurssi. Mutta minulla on stipendi.
— Vai niin. Sinä olet sitten hyvä tanssija.
— Minä toivon, että olen kerran hyvä tanssija. Mutta nyt olen vielä ai-
ka huono.

QUESTIONS:

a) Ninalla on loma. Miksi hän ei voi olla laiska?
b) Miksi kurssi on hänestä niin hauska?
c) Kuinka Nina voi olla niin kalliilla kurssilla?
d) Luuletko, että Nina on hyvä/huono tanssija?

JAMES JA JAMESIN NAAPURIT
JAMES AND JAMES'S NEIGHBORS

1 Model: Perheen nimi on Brown. — Tuolla asuvat Brownit.

Perheen nimi on Miller/Oksa/Lahtinen/Aaltonen/Korhonen.

2 How would you tell the boys, girls, men etc. to come here? Remember that the verb must also be in the pl. form.

Tule tänne, poika/mies/tyttö/lapsi/ihminen/hyvä ystävä!

3 Making some more plurals.

Model: Auto on tuolla. — Autot ovat tuolla.

Norjalainen asuu Norjassa.
Opettaja opettaa historiaa.
Tyttö puhuu italiaa.
Mitä mies tekee?
Ulkomaalainen ymmärtää suomea.
Onko vastaus oikein?
Katsooko amerikkalainen perhe paljon televisiota?
Tuleeko Anun ystävä huomenna?
Onko sinun poikasi kotona?

Poika opiskelee matematiikkaa.
Nainen maksaa kaupassa.
Naapuri soittaa jazzia.
Ihminen haluaa rahaa.
Onko lapsi koulussa?
Maksaako hyvä radio paljon?
Puhuuko ranskalainen kissa ranskaa?
Tuleeko hänen ystävänsä huomenna?

4 Go on making plurals. This exercise will include many plurals of pronouns.

Model: Kuka laulaa radiossa? — Ketkä laulavat radiossa?

Kuka haluaa kahvia?
Kuka menee taksilla?
Kuka puhuu puolaa?
Kuka ymmärtää unkaria?

Mikä kirja on sinun?
Mikä lapsi on teidän?
Mikä romaani on Veijo Meren (nom. Meri)?
Mikä sävellys on Sibeliuksen?

Tämä talo on Mariankadulla.   Tuo vastaus on oikein.
Se auto maksaa paljon.   Tämä hotelli on Oulussa.
Mitä tuo henkilö sanoo?   Se lapsi on nyt täällä.
Tämä opettaja kysyy paljon.   Tuo opiskelija vastaa.
Tuo tyttö tanssii kauniisti.   Se kissa on rouva Laakson.
Asuuko tämä liikemies Helsingissä? Miksi se poika soittaa aina rokkia?

---

5 Make sentences describing where the things are or what the people are doing in this picture. Start your sentences with *tämä* and *tuo*.

> Model: Tämä auto on Mikonkadulla. — Nämä autot ovat
>   Mannerheimintiellä.

If you wish, make the exercise more demanding by adding adjectives and/or pronouns to the nouns:

(tämä) kallis auto, (tuo) uusi televisio, (tämä) suomalainen mies, (se) pieni poika, (tuo) nuori nainen, (mikä) kaunis tyttö?

6 Translate into Finnish.

Do you know your neighbors? Yes, I do, I know the Virtanens and the Millers very well. Helen Miller, Annikki Virtanen and I are good friends.

May I have these pens and those postcards (*posti/kortti -kortin*) please (don't use "please" in your translation). I also want those books. Yes, *the* books. How much do they cost altogether?

7 An exercise in the opposite direction. Turn these sentences into the sing.

Sairaat ihmiset ovat sairaalassa.
Nuo kartat maksavat kymmenen markkaa.
Pienet lapset kysyvät paljon.
Nämä perheet asuvat Tampereella.
Kauniit ruusut ovat rouva Ikosen.
Uudet asunnot maksavat paljon.
Mitkä vastaukset ovat oikein?
Nämä puhelimet ovat rikki (*broken, out of order*).
Ketkä ovat Oksan perheen lähimmät ystävät?
Nuoret pojat ja tytöt tanssivat, ja vanhat miehet ja naiset katsovat.
Ketkä asuvat tuossa hotellissa?
Ne halvat hotellit ovat Merikadulla.

8 Complete with the corresponding negative forms.

Minä olen opiskelija, minä _____ professori.

Sinä olet ahkera, sinä _____ laiska.

Mies on terve, hän _____ sairas.

Me olemme oikealla, me _____ vasemmalla.

Te olette täällä, te _____ tuolla.

Laaksoset ovat Kuopiossa, he _____ Vaasassa.

9 Write down the negative present tense and compare it to the affirmative.

ottaa to take

(minä)	ota|n	Negative: _____
(sinä)	|t	_____
hän	ottaa	_____
(me)	ota|mme	_____
(te)	|tte	_____
he	ottavat	_____

10 Complete the following negative conjugations.

inf.	tuntea	tehdä	tietää	kysyä	ymmärtää	kirjoittaa	opettaa
minä	en ___	___	___	___	___	___	___
sinä	___	___	___	___	___	___	___
hän	___	___	___	___	___	___	___
me	___	___	___	___	___	___	___
te	___	___	___	___	___	___	___
he	___	___	___	___	___	___	___

11 Give a short affirmative and negative answer to the following questions. Answer the *sinä* questions with *minä* and the *te* questions with *me*.

> Model: Oletko sinä optimisti? — Olen./En.

Onko Liisa optimisti?
Haluatko sinä kahvia?
Haluaako Liisa kahvia?
Haluatteko te kahvia?
Haluavatko Pekka ja Jussi kahvia?
Katsotteko te usein televisiota?
Katsooko Liisa?
Katsovatko Virtaset?
Katsotko sinä?

Tunnetko sinä Virtaset?
Tunnetteko te Virtaset?
Tunteeko Liisa Virtaset?
Tuntevatko Pekka ja Jussi Virtaset?
Soittavatko he paljon pop-musiikkia?
Soitatko sinä?
Soittaako Liisa?
Soitanko minä?

12 Give negative answers according to the model, answering the *sinä* questions with *minä* and the *te* questions with *me*.

> Model: Mitä hän sanoo? — Hän ei sano mitään.

Mitä hän tekee?   Mitä he tekevät?
Mitä hän opiskelee?   Mitä te opiskelette?
Mitä hän oppii?   Entä minä?
Mitä hän toivoo?   Entä sinä?
Mitä hän tietää?   Entä te?
Mitä hän kirjoittaa?   Entä he?
Mitä hän soittaa?   Entä sinä?
Mitä hän haluaa tehdä?   Entä minä?
Mitä hän voi tehdä?   Entä me?

13 Make sentences using the words given below. (Note that the verb *olla* may mean either "to be" or "to have".)

miksi, sinä, ei olla, onnellinen?
minä, ei olla, rahaa
minä, ei olla, oikein terve
minä, ei olla, mukava asunto
minun poikaystävä, ei olla, täällä
hän, ei soittaa
hän, ei kirjoittaa
minä, ei olla, hyvä onni
minä, ei olla, iloinen (*happy, glad*)

14 Make the following questions negative.

> Model: Otatko sinä kahvia? — Etkö sinä ota kahvia?

Haluatko sinä tanssia?   Oletko sinä onnellinen?
Onko Bill kaupungissa?   Tuleeko Joan tänään kurssille?
Olemmeko me Liisankadulla?   Tiedättekö te mitä *horse* on suomeksi?
Ymmärrättekö te mitä hän sanoo?   Ovatko Niemiset kotona?
                                        Katsovatko he televisiota?

15 Translate into Finnish.

— Why don't I learn Finnish?
— Because you don't speak Finnish.
— I don't dare (*uskalta/a, uskallan*). If I speak, people don't understand. And if people speak, I don't understand.
— I see. Well, that's quite a problem.
— Yes, it is.

16 Word review.

— _____ sinä Ollilat?

— En.

— Etkö? He ja minä olemme oikein hyvät _____, minä olen

usein heillä. Me emme puhu _____ englantia, _____

_____ minä haluan oppia suomea. Heillä on mukavat _____,

tyttö ja poika, ja oikein hauskat _____: oikealla asuvat Hä-

mäläiset ja vasemmalla Ahot. Janne Aho on pop-_____, ja

talon perheet sanovat, että hän laulaa _____ paljon. Herra

Ollila, _____ on insinööri, on työssä elektroniikka_____

_____ ja hänellä on aika hyvä _____.

17 On the basis of the facts that you have just heard on the tape, answer the following questions.

a) Mitä Jussi Jussila tekee?
b) Minkälainen perhe Jussilat ovat?
c) Miksi naapurit ovat Jussilan perheen probleema?
d) Ketkä asuvat Jussilan perheen oikealla puolella?
e) Ketkä asuvat vasemmalla puolella?
f) Mitä herra Pekkanen tekee?
g) Mitä hänen vaimonsa tekee?
h) Ketkä soittavat Pesosella? Mitä he soittavat?
i) Mitä Jussilat voivat tehdä?

Lukemista   Reader

Henkilöt: Pat Hunter, Aino Laine
Pat Hunter on ulkomaalainen, joka opiskelee Suomessa.
P. Minä en oikein tiedä, asuako (*whether to live*) perheessä vai opiskeli-
ja-asuntolassa (*dormitory*). Asuntolassa kaikki opiskelijat puhuvat eng-
lantia. Mutta minä haluan oppia sen maan kieltä, missä olen, ja oppia
nopeasti. Mutta missä on se kiva suomalainen perhe, joka ei ymmärrä
yhtään englantia ja jossa minä voin asua?

A. Minulla on Mariankadulla ystävä, joka asuu aika isossa asunnossa. Hän ja hänen perheensä eivät ymmärrä englantia. Minusta he ovat oikein kiva perhe. Ystäväni mies on liikemies, heillä on radioliike. Heidän sukunimensä on Kuusinen. Muut lapset ovat vielä kotona, mutta heidän poikansa Ari, joka on nuori insinööri, on työssä Etelä-Amerikassa. Ja minä tiedän, että pojan huoneessa asuu usein opiskelija. Heillä on myös kivat naapurit. Minä tunnen hyvin Saloset ja Mäkelät ja Åmanit. Riitta Kuusinen ja minä olemme oikein hyvät ystävät. Haluatko että soitan ja kysyn?
P. Minusta se on oikein hyvä idea. Voitko soittaa jo tänään? Ja paljon kiitoksia!

Which of the three alternatives is true?

1. a) Pat haluaa asua opiskelija-asuntolassa, koska siellä kaikki opiskelijat puhuvat ja ymmärtävät englantia.
   b) Pat haluaa asua perheessä, joka ei ymmärrä englantia.
   c) Pat haluaa asua perheessä, joka ymmärtää ja puhuu vähän englantia.
2. a) Herra Kuusinen on insinööri.
   b) Herra Kuusinen on radiomekaanikko.
   c) Herra Kuusinen on liikemies.
3. a) Kuusisen perheen lapset ovat vielä kotona.
   b) Kuusisen perheessä yksi lapsi ei ole kotona, muut ovat vielä kotona.
   c) Kuusisen perheessä on vain yksi lapsi, poika Ari.
4. Kuusisen perheen naapurit ovat
   a) herra Saloset, herra Mäkelät ja herra Åmanit
   b) herra Salose, herra Mäkelä ja herra Åmani
   c) herra Salonen, herra Mäkelä ja herra Åman

13

SALAISUUS — THE SECRET

1 Which is the correct alternative?

Mikko kirjoittaa Eilalle/Eilalla/Eilalta.
Ota pois nuo kukat pöydälle/pöydältä/pöydällä.
Kenelle/keneltä/kenellä mies antaa rahaa?
Auto on Mikonkadulle/Mikonkadulta/Mikonkadulla.
Saamme kahvia äidillä/äidille/äidiltä.
Kysykää poliisille/poliisilla/poliisilta; hän sanoo kyllä teillä/teille/teiltä missä
Postikatu on.
Kerro meillä/meiltä/meille kaikki.
Mitä äiti ostaa lapselta/lapselle/lapsella?
Soita minulla/minulle/minulta uusi kasettisi!

2 Complete the sentences below, using the same word for all three sentences.

mihin?	missä?	mistä?
Pane kirjat pöy_____!	Ne ovat nyt _____.	Ota ne _____!
Autot tulevat Mikon-ka_____.	Ne ovat nyt _____.	Ne kääntyvät pois _____.
Bill tulee kurssi_____.	Hän on _____.	Hän tulee pois _____.
Kissa istuu ikkuna____.	Nyt se istuu _____.	Pois _____!
Bussi kääntyy (*turns*) oikea_____.	Se on nyt _____.	Se kääntyy _____ vasemmalle.

3 Mrs. Liimatainen walks a great deal. Describe from what street to what street she is walking today to get from A to L.

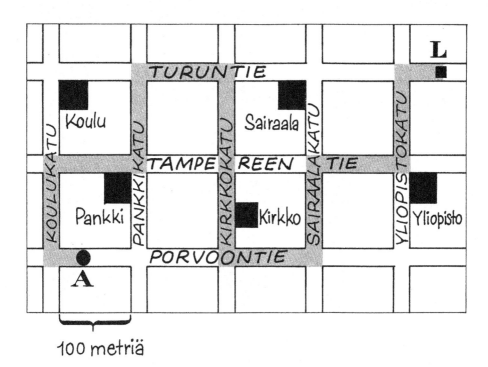

100 metriä

4

Give simple directions to a person who wishes to drive from the spot marked ● on Porvoontie to the university, hospital, church, bank, or school. Use short, easy sentences but try to be as fluent as possible. Suggested sentences:

"You are now on the Porvoo Road. Drive (*aja/a ajan*) about 50 meters. Turn (*käänty/ä käännyn*) to the left, to Bank Street. Drive about 100 meters. The bank is on the left."

You can use either the formal or the informal way of addressing people but be consistent.

---

5 Tidy up the room, putting things in their proper places.

Model: Otan kirjat lattialta ja panen ne hyllylle (*hylly* shelf).

6 Keneltä kenelle tuo kirje (*letter*) on?
Answer the question by using the pairs of words listed below.

Kalle/Liisa	mies/nainen	hra Salonen/rva Salonen
poika/tyttö	minä/sinä	Kallen äiti/Liisan perhe
äiti/lapsi	tämä mies/tuo nainen	nuori poika/kaunis tyttö
hän/me	tyttöystäväni/minä	uusi naapuri/Koivun perhe
te/he	sinä/poikaystäväsi	se liikemies/tämä firma

7 Make sentences out of the words given below. Consider whether to use the ''(on)to'' or the ''from'' case.

minä, antaa, sinä, kahvia
opettaja, kysyä, opiskelija; opiskelija, vastata, opettaja
Liisa, puhua, englantia, rouva Miller
Jean, opettaa, me, ranskaa; hän, oppia, me, suomea
kuka, te, saada, rahaa?
kuka, te, maksaa, kaupassa?
sinä, olla, syntymä/päivä (*birthday*); sinä, saada, nämä kukat, minä

8 Complete:

Min_____ ei ole yhtään rahaa. Aion kysyä Paavo_____, onko hän_____

rahaa. Ehkä hän voi antaa min_____ sata markkaa. — Paavo, voitko sinä

antaa sata markkaa vanha_____ ystävä_____? Voin maksaa ne

sin_____ maanantaina. Etkö voi? No, minä saan kyllä rahaa Matti Mäke-

lä_____. Minä soitan hän_____. Et voi antaa? Sitten minä kirjoitan (äiti)

_____. Minä toivon vain, että hän ei ole min_____ vihainen.

9 Word review.

Ilta Jokisen perheessä. Äiti katsoo televisiota. Juha tulee kukka_____

kädessä. Hän _____ mennä ovelle.

— Hei sitten, äiti!

— Mihin sinä menet, Juha?

— Virtaselle.

— Sinä menet Virtaselle _____ ilta.

— Niin, minä haluan olla Leenan _____, hän on minun tyttö-

ystäväni. Oletko sinä _____, että minä menen heille niin

_____?

— En, Leena on hyvä tyttö. No, tiedätkö sinä jo, mitä te kaksi _____

tehdä? Vai oletteko te vain hyvät ystävät?

— Anna minulle _____, äiti, mutta minä en voi _____

sinulle mitään. Se on _____. Nyt minä menen, hei vain!

— Hei, hauskaa iltaa!

10 On the basis of the facts that you heard on the tape, choose the correct alternative.

 1. a) Sirkka on ulkona Jussin kanssa.
   b) Jussi on Sirkan kotona.
   2. a) Sirkalle tulee kukkapaketti Jussilta.
   b) Sirkalle tulee kukkapaketti Eskolta.
   3. a) Sirkka ei tiedä kuka Esko on.
   b) Sirkka tietää mutta ei halua sanoa kuka Esko on.
   *4. a) Jussi huomaa (*notices*) että osoite ei ole oikea.
   b) Äiti huomaa, että osoite ei ole oikea.
   5. a) Kukat ovat naapurin Helenalle.
   b) Kukat ovat naapurin Sirkalle.
   6. a) Sirkka antaa Jussille anteeksi, että Jussi oli mustasukkainen (*jealous,* lit.
   "*black-socked, black-stockinged*")
   b) Sirkka ei voi antaa Jussille anteeksi. Hän ei ole onnellinen.

Lukemista   Reader

Ritva Mäkinen on nuori kirjakaupan myyjä. Hän on tyttö, joka ei istu aina kotona. Hän on ulkona melkein joka ilta. Maanantaina hän pelaa tennistä ystävänsä Leenan kanssa. Tiistaina hän menee esperanton kurssille. Keskiviikkona ja lauantaina hän tanssii diskossa tai istuu ravintolassa poikaystävänsä Villen kanssa. Torstaina ... niin, en tiedä mitä hän tekee torstaina, mutta perjantai-iltana hän on usein kotona. Ja jos hän on kotona, on hyvin vaikea soittaa Mäkiselle, koska Ritva puhuu puhelimessa Villen kanssa. Jos hän ei ole puhelimessa, hän kirjoittaa. Romaaniako? Ei ei. Hän kirjoittaa vanhalle ystävällensä Kirstille Rovaniemelle tai uudelle ruotsalaiselle ystävälle, joka asuu Tukholmassa, tai hyvälle budapestiläiselle ystävälle. Ritvalle tulee myös paljon postia ulkomailta (ulko/mailla *abroad*). Sunnuntaina Ritva on teatterikurssilla.

— Minä luulen, että minun oikea paikkani on teatterissa, Ritva sanoo usein äidille. Tai ehkä filmissä tai televisiossa.

Äiti ei sano mitään. Hänestä Ritvan oikea paikka on kirjakaupassa tai keittiössä.

Tänään on Ritvan nimipäivä. Puhelin soi. Ei, se on ovikello. Ritva menee ovelle. Siellä on kukkakaupan poika.

— Nämä kukat ovat Ritva Mäkiselle, hän sanoo.

— Kiitos. Katso äiti, nämä ihanat ruusut ovat Villeltä, kyllä hän on kultainen poika.

— Keneltä nuo tulppaanit ovat?

— Minnalta ja Annelta, he ovat minun esperantokurssiltani.

— Entä ne narsissit?
— Ne ovat Leenalta.
— Mihin sinä nyt panet kaikki nämä kukat?
— Villen kukat tälle isolle pöydälle, tulppaanit sohvapöydälle ja narsissit ikkunalle.
— Kai he tulevat kaikki tänään meille kahville?
— Kyllä tulevat. Ja naapurin nuoret tulevat myös.

KYSYMYKSET:

a) Mitä Ritva tekee?
b) Onko Ritva menevä tyttö vai onko hän paljon kotona?
c) Missä Ritvan ulkomaalaiset ystävät asuvat?
d) Missä Ritva haluaisi (*would like to*) olla työssä?
e) Keneltä ovat kauniit tulppaanit sohvapöydällä?
f) Mihin Ritvan ystävät tulevat tänä iltana? Miksi?

14

RAVINTOLASSA ON HYVÄÄ KALAA
THERE'S GOOD FISH AT THE RESTAURANT

1 Complete the following sentences.

Rouva Metsä syö tavallisesti (liha), ei (kala). Hän syö myös (leipä) ja (voi). Tuo pikku poika syö (jäätelö). Hän juo (maito), minä juon (olut), vaimoni juo (vesi). Suomalaiset ja amerikkalaiset juovat (kahvi), mutta englantilaiset juovat tavallisesti (tee).

Haluan (liha). (Mikä liha), (tämä) vai (tuo)? Ravintolassa on tänään (hyvä kalakeitto), voimme syödä (se).

2 You want something to drink. How would you complete these orders?

Pieni kuppi kahvi_____   Iso kuppi kaakao_____

Lasi maito_____   Lasi mehu_____

Pullo viini_____   Pullo hyvä_____ olut_____

3 Complete the following pairs of sentences.

Saanko (kahvi)?	Paljonko (kahvi) maksaa?
(maito)?	(maito)
(jälkiruoka)?	(jälkiruoka)
(jäätelö)?	(jäätelö)
(voi)?	(voi)
(suklaa)?	(suklaa)
(tuo liha)?	(tuo liha)
(tämä leipä)?	(tämä leipä)
(se olut)?	(se olut)

4 Complete.

Otamme (hyvä maito/kylmä maito/hyvä leipä/sama leipä).
Saanko (sama viini/ranskalainen viini/tuo viini/se viini).
Haluatko (tämä olut/suomalainen olut/tanskalainen olut)?
Syö (tämä suklaa/suomalainen suklaa/tuo uusi suklaa)!
Juokaa (kylmä maito/kylmä vesi)!

5 On the basis of the pictures, describe what you have.

6 Nominative or partitive?

a) Onko sinulla (pikkuraha)? On, minulla on (markka).
(Mikä ruoka) teillä on tänään? (Lihakeitto) ja (jäätelö).
Liisalla on (ystävä) Tanskassa.
Onko teillä tänään (työ) kotona vai voitteko tulla meille kahville?
Kenellä on (hyvä sanakirja)?
Kenellä on (kylmä olut)?

b) Osta (uusi radio)!
Olkaa hyvä ja ottakaa (kahvi)!
Puhu (suomi) joka päivä!
Kerro minulle (salaisuus)!
Antakaa meille (tee)!
Antakaa meille (Helsingin kartta)!
Kirjoita (tämä suomalainen sana)!
Ottakaa (taksi)!

c) (Remember to avoid the partitive in the subject.)
(Englanti) on tärkeä (*important*) kieli. Siksi kaikki ihmiset puhuvat (englanti).
Me juomme joka ilta (tee), koska (tee) on hyvä juoma.
(Tämä olut) ei maksa paljon, minä otan (tämä olut).
Juo (vesi), (vesi) ei maksa mitään.

67

7 a) Memorize the dialogue and act it out with another person. Change roles.

 b) You are dining with a friend at Herkku Restaurant. Discuss the menu with him and then give your order to the waitress. (Call the waitress *te*.)

Ravintola
HERKKU

RUOKALISTA

☐ **Kalakeitto**
☐ **Lihakeitto**
☐ **Tomaattikeitto**
tai
☐ **Salaatti**

☐ **Spagetti**
☐ **Paistettu kala**
☐ **Grillimakkara**

☐ **Vaniljajäätelö**
☐ **Suklaajäätelö**
☐ **Kahvi**

---

8 Listen to the following conversation between Antti Jokinen and a waitress at Herkku Restaurant.

Check in the above menu the things Antti decides to take, and answer these questions:

Mitä Antti juo? _____

Paljonko lasku on? _____

9 Word review.

— Onko tämä pöytä _____?

— On kyllä. _____, olkaa hyvä.

— Kiitos. Otan _____ vähän keittoa ja sitten _____

tai kalaa.

— Haluatteko leipää ja _____?

— Ei kiitos. Sitten _____ olutta.

— Mitä _____ haluatte?

— Vanilja_____ ja kahvia.

Hän syö. Sitten hän sanoo: "Neiti, _____!" Hän maksaa. Hän

sanoo vielä: "Hyvää _____!" ja _____.

Lukemista   Reader

Kari Hakonen on Majesteetissa. Hän syö tavallisesti siellä. Se on uusi
kaunis ravintola Turussa. Mitä Kari syö? Hän syö keittoa, kalaa, leipää
ja voita ja juo maitoa. Mitä keittoa hän syö? Tomaattikeittoa. Millaista
kalaa hän syö? Paistettua kalaa. Hän ei syö jälkiruokaa. — Neiti, las-
ku! — Hetkinen vain, sanoo tarjoilija hänelle. Laskunne, olkaa hyvä.
Kari Hakonen maksaa. — Hyvää yötä, neiti! Ja Kari Hakonen lähtee.
   Reino Kivi on samassa ravintolassa vaimonsa Annelin kanssa. —
Missä on vapaa pöytä? — Tuolla vasemmalla on yksi. Pöydällä on ruo-
kalista. — No, mitä me otamme? — Ensin vähän lihaa tai kalaa. — Mi-
nä en ota kalaa ravintolassa, sanoo Anneli. Me syömme kotona aina ka-
laa. Tänään me syömme hyvää lihaa ja juomme ranskalaista viiniä. —
Hyvä on. Neiti, viinilista! Anneli ja Reino syövät myös jälkiruokaa:
Anneli vaniljajäätelöä, Reino suklaajäätelöä ja kahvia. — No Reino,
millainen sinun pihvisi (*beefsteak*) oli? Anneli kysyy Reinolta. — Oikein
hyvä, Reino vastaa. Täällä on hauska syödä. — Niin on, minusta tämä
ravintola on aika hyvä.

KYSYMYKSET:

a) Miksi Anneli ei halua syödä kalaa?
b) Miksi Kari Hakosen lasku on pieni ja Anneli ja Reino Kiven lasku iso?

15

VAIKEA ASIAKAS — A DIFFICULT CUSTOMER

1 Olen ravintolassa. Syön ja juon.

a) Haluan lihaa, koska liha on hyvä_____.

Go on with the following words:

Haluan kalaa — maitoa — kahvia — leipää — mehua — jäätelöä — jälki-ruokaa — keittoa

b) Tämä tee on hyvää. Otan tä_____ tee_____.

Go on with tuo voi — se suklaa — tämä olut — tuo vesi — se mineraalivesi — tämä — tuo — se

2 Complete:

Sauna on (lämmin).   Vesi on (lämmin).
Tämä kirja on (huono).   Tämä paperi on (huono).
Pihvi on (iso).   Liha on (kallis).
Rouva Pesonen on (vanha).   Rouva Pesosen kahvi on (hyvä).

3 Answer the questions.

Millaista tämän ravintolan ruoka on? (hyvä/huono/kallis/halpa)
Millaista tämä kahvi on? (kuuma/kylmä)
Minkälaista tuo vesi on? (kuuma/lämmin/kylmä/hyvä)
Minkälaista tämä musiikki sinusta on? (huono/hyvä/kaunis/primitiivinen)
Millaista ranska on? (vaikea/helppo/kaunis)

4 a) Look at the picture and, taking the numbers in order, ask *mikä tämä on* or
mitä tämä on and answer your questions.

b) Now start again from the beginning, asking *minkälainen tämä on* or *minkä-laista tämä on* and answering your questions.

Suggested adjectives: *uusi, hyvä, kallis, vanha, valkoinen (white), halpa, iso, kylmä ja kova, kallis, lämmin, kuuma.*

5 Word review.

Henkilöt: _____ ja tarjoilija

A. (ruokalista kädessä). ''Päivän salaatti — _____ se on?

T. Se on tomaattisalaattia.

A. Entä tämä ''Päivän kala'', _____ se on?

71

T. Se on oikein hyvää. Se on lohta (nom. *lohi* salmon).

A. No, _____ (I suppose) minä otan _____. Se on

kyllä aika _____, 35 markkaa.

T. Ja mitä te haluatte juoda?

A. Vain vettä. Mutta katsokaa, että se on oikein _____. Se ei saa

olla _____, nyt on niin kuuma päivä.

T. Mitä muuta?

A. Olkaa hyvä ja _____ _____ nämä kukat, minä

olen allerginen ruusuille. Ei muuta.

---

6 A review of opposites.

huono ruma nuori terve vanha halpa hidas kylmä kuuma vapaa
kova helppo laiska sama hyvä onnellinen kaunis uusi sairas kallis
nopea lämmin vaikea ahkera pehmeä varattu

päivä poika rouva vaimo yö herra tyttö mies ottaa tietää kysyä
panna tuoda saada vastata luulla

---

7 A conversation in the restaurant. Imagine that you and your friend are eating
a meal which you ordered in exercise 7b in lesson 14. Make comments about
the dishes, the waitress, the restaurant, the prices etc.

Three useful adjectives: *maukas* tasty, *ihana* lovely, wonderful, *herkullinen*
delicious

---

8 Write down this dictation of nine short sentences which you hear on the tape.
Listen carefully to the length of the end vowels.

Vanha herra Niskanen on hyvin vaikea asiakas. Jos hän on kaupassa tai ravintolassa, kaikki on huonosti. Se pöytä, joka on vapaa, on aina huono.

— Mutta Johannes, sanoo hänen vaimonsa, tämä pöytä on aivan hyvä. Tämä on ikkunapöytä, tässä on hauska istua, voimme katsoa kadulle. Katso, kuinka ruusut kukkivat ja autot ajavat Esplanadilla.

— Me voimme mennä Esplanadille, jos haluamme katsoa kuinka ruusut kukkivat. Mutta me emme ole täällä siksi, me olemme täällä siksi että haluamme syödä hyvää ruokaa.

Se tarjoilija, joka tuo ruokaa herra Niskaselle, on aina liian hidas.

— Miksi sinä olet vihainen tarjoilijalle, Johannes? hänen vaimonsa kysyy häneltä. Tyttö on oikein mukava ja tekee mitä voi. Hän on vain ihminen, ei raketti. Hänellä on paljon työtä ja nyt on kuuma päivä.

— Niin on, mutta miksi kahvi sitten on aivan kylmää?

— Kylmä kahvi kaunistaa.

— Minä en halua olla kaunis, minä olen jo vanha mies, mutta minä haluan että kahvi on kuumaa, lautanen lämmin ja keitto lämmintä, pihvi hyvä, jäätelö kylmää ja tuoli mukava.

— On hyvä istua kovalla tuolilla, sanoo rouva Niskanen. Ei ole hyvä istua aina vain pehmeällä tuolilla.

— Mutta tämä tuoli on kova kuin kivi. Jos sinä haluat istua kivellä, me voimme syödä ulkona metsässä. Mutta tämä on ravintola, ja tämä ravintola on kallis. Sinä et ole realisti. Sinusta kaikki on aina hyvin, tai sinä sanot että kaikki on hyvin. Minä olen realisti. Jos minusta ruoka on huonoa, minä sanon tarjoilijalle että se on huonoa.

— Mutta tarjoilija ei tee ruokaa. Hän vain tuo meille lautaset.

— Kenelle minä sitten voin sanoa, millaista tämän ravintolan ruoka on? Presidentillekö? Vai pääministerille? Neiti, neiti! Viekää kaikki tämä pois ja tuokaa meille lasku!

16

KUINKA MONTA? — HOW MANY?

1 Kaksitoista kysymystä:

Kuinka pitkä James on?
Paljonko hän painaa?
Kuinka vanha hän on?
Miksi hänellä on niin vähän rahaa?
Millaista leipää James syö?
Juoko hän kahvia vai teetä?

Montako ihmistä on Mattilan keit-
tiössä?
Ketkä he ovat?
Mitä he tekevät?
Minkälaiset kissat Tiinalla on?
Kuinka pitkä sinä olet?
Kuinka paljon sinä painat?

2 a) Lehtosen perhe on kahvilassa ja tilaa (*order*)

— kaksi kuppi_____ kahvi_____

— kolme lasi_____ mehu_____

— neljä pullo_____ limonaati_____ (limsa_____)

b) Rva Korte on kukkakaupassa ja ostaa

— 7 tulppaani_____ ja 5 ruusu_____

— 3 hyasintti_____ ja 9 narsissi_____

c) Anna Nikkilän ostoslista (to be read aloud):

1 litra_____ maito_____   6 pullo_____ vichy(vesi) _____

1/2 kilo_____ juusto_____   10 muna_____

3 litra_____ omenamehu_____   12 nakki_____

300 gramma_____ makkara_____   6 iso_____ tomaatti_____

2 paketti_____ kahvi_____   2 pien_____ kurkku_____
                                    (*cucumber*)

3 Count the different things in the picture and complete the following list.

Kuvassa on _____ auto_____, _____ bussi_____, _____ katu_____, _____ pankki_____, _____ kauppa_____, _____ ravintola_____, _____ teatteri_____, _____ museo_____, _____ koulu_____, _____ hotelli_____, _____ poika_____. _____ tyttö_____, _____ mies_____ ja _____ nai_____, _____ kissa_____, _____ koira_____, _____ ihmi_____, _____ (lapsi) _____.

If you wish to make the exercise more challenging, add adjectives to the nouns, making them agree with each other.

Suggested adjectives: *uusi hidas kaunis pieni hyvä kallis moderni vanha uusi halpa mukava nuori pitkä onnellinen valkoinen laiska tavallinen terve*

75

4 Model: Huoneessa on poika. — Huoneessa on monta poikaa.

Huoneessa on pieni poika.
Tuolla on nainen.
Tuolla on kaunis nainen.
Kaupassa on televisio.
Kaupassa on suomalainen televisio.
Pöydällä on puhelin.
Pöydällä on ruotsalainen puhelin.

Kadulla on mies.
Kadulla on nuori mies.
Kaupungissa on museo.
Kaupungissa on uusi museo.
Radioliikkeessä on radio.
Radioliikkeessä on saksalainen radio.
Täällä on uusi hotelli.
Täällä on kallis hotelli.

5 "lasia" or "lasit"?

(*lasi*)   Viekää pois kaksi _____.   Viekää pois _____!

(*banaani*)   Anna minulle nuo _____!   Anna minulle pari _____.

(*kukka*)   Ostamme monta _____.   Ostamme nämä _____.

(*lasku*)   Maksan kaikki _____.   Maksan kolme _____.

(*tomaatti*)   Syökää pari _____!   Syökää nuo _____!

(*sana*)   Kirjoita kaksi _____!   Kirjoita ne _____

                                           suomeksi!

6 Make sentences out of the following words. Should the verb be in the sing. or pl.?

kaksi, tyttö, tulla, sisään
nämä, mies, katsoa, televisiota
täällä, olla, monta, ihminen
kaikki, ihminen, istuu
nuo, henkilö, ymmärtää, espanjaa
pari, turisti, tulla, tänne
kuinka monta, opiskelija, olla, kurssilla?
ne, opiskelija, puhua, jo, vähän suomea

7 Word review.

Eeva Aarnio on yhdeksäntoista _____ vanha. Kuinka _____

_____ hän on? En tiedä, ehkä 169 _____. Hän _____

_____ 54 kiloa. Aarnion perheessä on myös _____ tyttö,

Annikki (17), ja kaksi poikaa, Mikko ja Kari; _____ on 14 ja

_____ 12.

Tänään äiti on vähän sairas ja lapset tekevät _____ keittiössä.

"Kenen _____ on mennä ostoksille?" Eeva kysyy. — "Karin."

— "Minä en halua mennä _____, eikö Mikko voi tulla minun

kanssani?" Ja niin pojat lähtevät ostoksille ostos_____ kädessä.

Siinä on kaksi ja _____ litraa maitoa, 12 nakki_____

ja paljon muuta.

Nyt pojat tulevat jo _____ ja perheen koira tulee myös. Sen

nimi on Musti, koska se on aivan _____.

8 Conversation.

You are shopping for food. You can pick up most of the things yourself, but when you have to buy meat, fish, nonpackaged bread and cheese, you have to talk. Inquire from the sales clerk whether they have certain things, ask about prices, and tell him how much you want of each item.

Suggested phrases for the clerk: *Mitä muuta? Ja sitten? Saako olla muuta?*

Suggested items to buy: steaks, *jauhe/liha* (Am. ground beef, Br. mince), "tea" sausage, "Saturday" sausage, fish, salmon (*lohi lohta*), *silakka* (Baltic herring), edam cheese, emmental cheese, French bread etc. If you don't know the name of something, just point and ask for "some of this", "700 g of that meat" etc.

9 a)

_____ v. _____ v. _____ v. _____ v.

_____ cm _____ cm _____ cm _____ cm

_____ kg _____ kg _____ kg _____ kg

Listen to Part a) of this exercise and write down the figures for Päivi, Pentti, Ari, and Satu.

b) Listen to three short arithmetic problems and write down the answers.

1. _____   2. _____   3. _____

Lukemista   Reader

Henkilöt: Kaarina, Arja.

K. Haluatko vielä vähän kahvia?

A. No kiitos, anna vielä puoli kuppia.

K. Montako palaa sokeria sinä otat?

A. Ei kiitos yhtään.

K. Etkö ota vähän tätä suklaakakkua? Se on oikein hyvää.

A. Kiitos ei. Ei yhtään suklaakakkua. Minä olen dieetillä.

K. Dieetillä? Ja miksi?

A. Miksi ihmiset ovat dieetillä? Minä painan liian paljon. Pekka sanoo, että nainen, joka painaa 65 kiloa, on kuin elefantti.

K. Mutta sinä olet aika pitkä.

A. 173 senttiä.

K. No niin! 65 kiloa on sinulle aivan normaali paino.

A. Niin sinusta. Mutta Pekan ihannenainen (*ihanne* ideal) on tämän vuoden Miss Suomi. Yhdeksäntoista vuotta, 176 senttiä ja 54 kiloa.

K. Ja siksi sinä olet dieetillä.

A. Niin.

K. Onko Pekka sitten sinun ihannemiehesi?

A. No, ei aivan. Tai kyllä hän on, mutta hänellä on niin paljon työtä ja hän on niin menevä mies ... Minun ihannemieheni on tavallinen mukava mies, hän painaa mitä haluaa, mutta hän on paljon kotona, me katsomme vähän televisiota ja soitamme pari uutta kasettia ...
Hän kysyy minulta, mitä lapset tekevät koulussa, ja perjantaina hän tuo minulle ehkä pari ruusua ... No, nyt sinä luulet, että minä en ole onnellinen Pekan kanssa. Kyllä minä olen oikein onnellinen. Mutta ei kiitos suklaakakkua. Minä toivon, että huomenna painan vain 63 kiloa.

KYSYMYKSET:

a) Painaako Arja sinusta liian paljon?

b) Luuletko, että hän ja Pekka ovat onnellinen pari?

c) Miksi luulet niin?

17

JAMESILLA ON RADIO, MUTTA EI TELEVISIOTA
JAMES HAS A RADIO BUT NO TELEVISION

1 Kymmenen kysymystä. (Answer with complete sentences.)

a) Onko Jamesilla kirjahylly?
b) Onko hänellä radio ja televisio?
c) Onko Jamesin huoneessa sohva ja sohvapöytä?
d) Mitä James tekee mukavassa tuolissa?
e) Miksi tämä pieni huone on tarpeeksi suuri Jamesille?
f) Montako vuotta James aikoo olla Suomessa?
g) Mistä hän saa rahaa?
h) Montako huonetta sinun asunnossasi on?
i) Mitä sinun huoneessasi on?
j) Mitä sinun huoneessasi ei ole?

2 Model: Onko teillä auto? — Minulla on auto./Minulla ei ole autoa.

Onko teillä radio? — televisio? — kamera? — puhelin? — sanakirja? — Helsingin kartta? — koira? — kissa? — asunto? — rahaa? — työtä?

3 Model: Minulla on koti. — Minulla ei ole kotia.

Sinulla on poika.
Meillä on ruokalista.
Liisalla on poikaystävä.
Pojalla on ruotsin opettaja.

Hänellä on perhe.
Heillä on suomalais-englantilainen sanakirja.
Markku Laaksosella on vaimo.

79

4 Describe in short sentences what the people in the picture below have and what they do not have.

5 Make sentences with the verb *olla* according to the models. Consider carefully whether *olla* means "to have" or "to be".

> Model: Kalle, auto — Kallella on auto.
> Kalle, opiskelija — Kalle on opiskelija.

insinööri Laaksonen, iso perhe
Veikko ja Ritva Vuorinen, pieni vauva (*baby*)
ulkomaalainen opiskelija, passi (*passport*)
ulkomaalainen opiskelija, Suomessa
tämä poika, monta hauskaa kirjaa

tuo lapsi, hyvä äiti
se mies, köyhä
se mies, vain vähän rahaa
kaunis nainen, kaunis koti
tuo perhe, hyvä asunto
tuo perhe, onnellinen
kuka, hyvä idea?

6 Translate into Finnish.

Are you cold? No, I'm not cold.
We are in a hurry. The bus will leave, we have only five minutes (*minuutti*).
Are you hungry, girls? We aren't hungry but we are a little thirsty.
What's the matter with you (= *Mikä sinulla on*)? I don't know; I don't feel well, I'm sometimes hot and sometimes cold. Maybe I have the flu (= *flunssa*).

7 Describe the pictures with "there is, there is not" sentences. Remember the Finnish word-order.

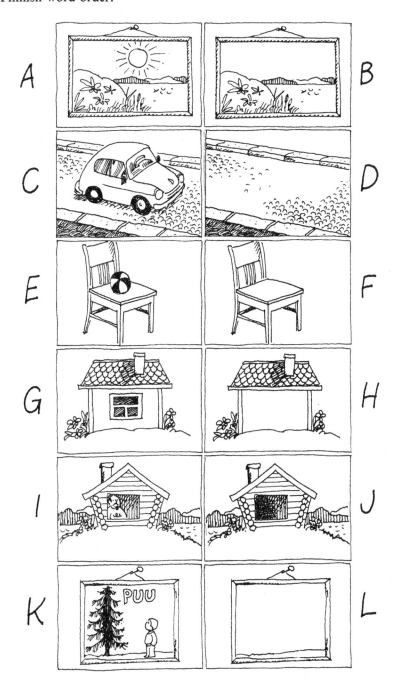

8 Turn the statements into questions.

Liisan asunnossa on puhelin.
Tällä kadulla on hotelli.
Tässä kaupungissa on teatteri.
Tässä talossa on sauna.
Jamesin huoneessa on radio.
Tuossa kirjahyllyssä on sanakirja.
Täällä lähellä on pankki ja posti.
Suomessa on monta yliopistoa.
Porissa ei ole yliopistoa.
Tällä kadulla ei ole ravintolaa.
Tässä huoneessa ei ole puhelinta.

9 Translate into Finnish.

a) There is a car on the street./The car is on the street.
There is a TV in Liisa's room./The TV is in Liisa's room.
There is no dictionary here./The dictionary is not here.

b) There is coffee in the cup. The coffee is mine. Coffee warms (you) up (*lämmittää*).
Look, there is some money over there. The money is on the table.
Money isn't everything.

c) Turku has two universities.   The family has three rooms and a
Ville Virtanen has a very good   kitchen.
apartment.   This man has a good idea.
The apartment has a sauna, too.   That man has no home.
That room has no comfortable chair. This city has a good theater.

10 Word review.

— No niin, tämä on minun uusi huoneeni. _____ näet, se

on aika kiva. Minä kirjoitan aika paljon, ja siksi minulla on iso hyvä

_____. Tuossa mukavassa tuolissa minä _____

_____ paljon, siksi se on kirjahyllyn _____. Minun

sänkyni on huoneen toisella _____.

— Mutta onko tämä huone _____ suuri sinulle?

— On se. Minä aion _____ tässä maassa vain puoli vuotta.

— Mistä sinä saat rahaa?

— Minulla on Suomen valtion _____, ja äiti _____

_____ minulle myös rahaa. Ei usein, mutta _____.

82

Muuten (*by the way*), onko sinulla _____ tai

_____? Minulla on täällä voileipää ja maitoa.

— Ei kiitos, minulla on vähän _____, minun bussini lähtee

16.00. Oli kiva nähdä sinun uusi huoneesi!

11

Conversation.

Two students discuss their rooms. Talk also about how long (*kuinka kauan*) you intend to stay in Finland and how you finance your study. Use short simple sentences, avoid trying to express yourself in a more complicated way.

12 Listen to the following statements. On the basis of the pictures, are the statements right or wrong?

a) _____ b) _____ c) _____ d) _____

e) _____ f) _____ g) _____ h) _____

— Hui kuinka kylmä minulla on!

— Niin, tänään on kylmä päivä. Mutta minulla on lämmin ja hyvä olla, minä olin juuri saunassa. Jano minulla kyllä on!

— Niin, tavallisesti saunassa tulee jano. Haluatko vähän kahvia, se tekee meille hyvää. Tässä on baari aivan lähellä.

— Minä en halua juoda mitään kuumaa. Mutta ehkä siellä on hyvää kylmää olutta.

— On kai.

■ ■ ■

— Tämä on kiva baari.

— Niin, kuten näet, se on aivan uusi. Pieni, mutta tarpeeksi suuri. Täällä voi istua noin kaksikymmentä asiakasta.

— Tuletko sinä tänne usein?

— Ehkä joka toinen päivä, tämä on aivan minun asuntoni lähellä.

— Onko sinulla kiva asunto?

— No, se on pieni huone ja joskus vähän kylmä.

— Miksi sinä sitten asut siellä?

— No, se on aika halpa asunto. Minulla on hyvin pieni stipendi. Ja perheeni voi lähettää minulle vain joskus vähän rahaa.

— Miksi sinä et ole työssä?

— Minä en voi saada työlupaa, koska minä olen opiskelija.

— Oli kiva puhua sinun kanssasi. Mutta nyt minä luulen, että lähden ostoksille. Minulla on jo vähän kiire. Hei sitten!

— Hei hei!

18

TOINEN VAIKEA ASIAKAS
ANOTHER DIFFICULT CUSTOMER

1 Review how to make adverbs from adjectives (7:3).
Complete the following sentences.

Hidas suomalainen puhuu _____, nopea italialainen puhuu

_____.

Kaunis tyttö ei aina tanssi _____.

Hauska puhuja puhuu _____.

Mukavassa tuolissa voi istua _____.

Jos kieli on helppo, ihmiset oppivat sitä _____.

Opiskeleeko ahkera opiskelija _____ vai _____ ?

Vihainen koira haukkuu (barks) _____.

Kun on lämmin ilma, aurinko paistaa _____.

Millainen on tavallinen suomalainen? _____

hän puhuu vähän ja on aika ujo (shy).

2 Review verbs in the list in lesson 10 of the Textbook and in vocabularies after
that. Answer the following questions according to the model. This is an exercise
on the basic form.

Model: Mitä puhuja haluaa tehdä? — Puhua.

Mitä opettaja haluaa tehdä? Entä soittaja/tanssija/laulaja/ostaja/katsoja/ky-
syjä/vastaaja/opiskelija/lukija?

Model: Mitä sinä syöt? — En halua syödä mitään.

Mitä sinä juot/sanot/teet/annat meille/kuulet/näet?

3 Review the present tense affirmative (10:2, 11:1) and do the following drills.

a)

Minä luen. — Liisa lukee myös.

Teen työtä.
Ymmärrän ruotsia.
Tunnen Virtaset.
Aion mennä kahville.
Lähden pois.

Lähetän sinulle rahaa.
Näen huonosti.
Liikun paljon ulkona.
Vaihdan bussia.
Kerron pari vitsiä (*joke*).

b)

He lähtevät pois. — Me lähdemme myös.

He kertovat pari vitsiä.
He ymmärtävät suomea.
He antavat Pekalle rahaa.
He liikkuvat paljon ulkona.
He näkevät hyvin.
He vaihtavat rahaa.

He aikovat olla kotona.
He tuntevat Virtaset.
He kirjoittavat usein.
He tekevät paljon työtä.
He oppivat helposti.

4 Review the present tense negative (12:2) and answer the questions below. (Answer the *sinä* questions with *minä*, *te* with *me*.)

Minä en ota kahvia.
Entä Liisa? Hän ei ota.
Entä Virtaset?
Entä te?
Sinä et lähde täältä.
Entä Liisa?
Entä te?
Entä Virtaset?

Liisa ei ymmärrä espanjaa.
Entä te?
Entä Virtaset?
Entä minä?
Entä sinä?
Te ette tiedä mitään.
Entä sinä?
Entä minä?
Entä Virtaset?

5 Another exercise on the present tense negative. Use *ei . . . eikä* in your negative sentences.

Bill lukee ja kirjoittaa saksaa.
Maija puhuu ja ymmärtää italiaa.
Kalle opiskelee ja on työssä.
Virtasen pieni Satu soittaa ja laulaa.
Vanha sairas nainen kuulee ja näkee hyvin.
Tämä mies syö lihaa ja juo viiniä.

6 Review how to form the imperative sing. and pl. (5:2 and 7:2). Complete the orders or requests according to the model.

(opiskella)	Opiskele ahkerasti!	Opiskelkaa ahkerasti!

(*lukea*) _____ tämä kirja! _____!

(*kirjoittaa*) _____ Liisalle! _____!

(*toimia*) _____ heti! _____!

(*vaihtaa*) _____ tuo radio! _____!

(*kertoa*) _____ vitsi! _____!

(*antaa*) _____ minulle anteeksi! _____!

(*tehdä*) _____ tämä heti! _____!

(*ottaa*) _____ taksi! _____!

(*tulla*) _____ tänne! _____!

7 Complete with the different forms of *tämä*.

Kuka _____ tyttö on? _____ tytön nimi on Mary. _____

tytöllä on kauniit silmät. Hän asuu _____ maassa. Kirjoitan usein

_____ tytölle. Saan myös usein postia _____ tytöltä. Hän ei

puhu _____ kieltä. _____ tytöt ovat Mary ja Maryn sisko (*sis-*

ter).

Repeat the exercise with the pronouns *tuo* and *se*.

8 Complete with the different forms of *mikä* and *kuka*.

_____ kirja sinulla on? _____ on vaikea asiakas?

_____ kirjan hinta on 55,—? _____ kamera tuo on?

_____ bussilla tulet kurssille? _____ on huonot silmät?

_____ tuolille haluat istua? _____ sinä soitat?

_____ kadulta tuo auto tulee? _____ nämä kukat ovat sinulle?

_____ ruokaa meillä on tänään? _____ tulevat tuolla?

_____ ovat viikonpäivät?

9   Remember your genitives? If not, review them in the List in lesson 6 of the Text-
book and after that in each vocabulary.

Kenen kanssa Matti on kuvassa? — Pienen lapsen (kanssa).

Go on with englantilainen nainen/rikas mies/sairas nainen/kaunis tyttö/suo-
malainen perhe/suuri koira/valkoinen kissa/uusi ystävä/lähin naapuri

Paljonko tämä puhelin maksaa? — Mikä tämän puhelimen hinta on?

Go on with tuo asunto/kallis televisio/halpa hotellihuone/parempi radio/läm-
min voileipä (*sandwich*)/hidas auto/paras liha?

10   Translate into Finnish.

This camera must be changed.   This job (= work) must be done.
This language must be learned.   That parcel must be sent.
The film must be seen.   This cassette must be bought.
That novel must be read.   That composition must be heard.

11   Word review (of lesson 18).

a) (Virtasella on aivan uusi televisio. Kalle Virtanen soittaa televisiomyyjälle.)

— Virtanen täällä, päivää. Kuulkaa nyt, se meidän uusi televisio ei

_____. Se on kai _____, siinä on hyvin huono kuva.

— Vai niin.

— Minä luulen että se täytyy _____. Tuokaa meille tänään toi-

nen, _____ televisio.

— No, ehkä minä ensin katson mikä _____ teidän televisiossan-

ne on. Tämä ''Top Star'' on kyllä _____ televisio, mitä meillä on.

b) Jos ihmisellä on hyvät (👁 👁) _____, hän

_____ hyvin.

Jos hänellä on hyvät (😐) _____, hän

_____ normaalisti.

Ihmisellä on kaksi (🖐 🖐) _____, oikea ja vasen.

Hänellä on myös kaksi (👣) _____.

Jos ihminen on pitkä, hänellä on myös pitkät _____ ja

_____.

19

BUSSISSA JA RAITIOVAUNUSSA
ON THE BUS AND STREETCAR

1 a) Useful questions to be asked; fill in the missing endings.

Mikä bussi (tai raitiovaunu) menee Töölö_____, Käpylä_____, Tapiola_____, Haaga_____, Munkki/niem_____ (*niemi, niemen* peninsula), Lautta/saar_____ (*saari, saaren* island), Munkkivuor_____ (*vuori, vuoren* mountain, hill), Westend_____?

Milloin lähtee seuraava linja-auto (= bussi) Turku_____, Pori_____, Kuopio_____, Jyväskylä_____, Oulu_____, Mikkeli_____, Laht_____ (*lahti, lahden* gulf, bay), Joen/suu_____, Espoo_____, Porvoo_____?

Tulet postiin ja kysyt: Paljonko maksaa postikortti Amerikka_____, Neuvostoliitto_____, Kreikka_____, Irak_____?

b) Lähdemme kaikki matkalle. Minä lähden Ruotsi_____, Tanska_____ ja Islanti_____. Salon perhe menee Sveitsi_____, Itävalta_____ ja Jugoslavia_____. Kaikki turistit menevät Pariisi_____, Rooma_____, Moskova_____, Leningrad_____, Lontoo_____.

2 Menemme (hyvä sauna/kuuma sauna/tämä sauna/suomalainen sauna).
Perhe tulee (pieni ravintola/halpa r./kallis r./kiinalainen ravintola).
Rouva Kuusi menee ostoksille (sama kauppa/suuri k./se k.).
Pekka nousee (japanilainen auto/kaunis a./uusi a. *uuteen a.*).
Turistit tulevat (tämä maa/historiallinen m./lämmin m.)
Menen (Liisan huone/kaunis h./tuo h./se h./sinun h.).
(Mikä maa/kaupunki/paikka/talo/huone) te menette?

3	Complete these pairs of sentences, using the words given in parentheses.	
	mihin?	*missä?*

	mihin?	*missä?*
(*auto*)	Smithit nousevat	He ovat nyt
(*raitiovaunu*)	Pieni tyttö menee	Hän on
(*Englanti*)	Mieheni lähtee	Mieheni on nyt
(*Suomi*)	Ulkomaalainen tulee	Hän asuu nyt
(*Helsinki t. Turku*)	Ystäväni Aki menee	Hän haluaa asua
	tai _____	tai _____
(*työ*)	Tänään en mene	Missä Pirkko on _____?
(*huone*)	Menen Matin	Istun nyt Matin
(*keittiö*)	Äiti tulee	Hän tekee ruokaa
(*Lontoo*)	Lähdettekö _____?	Kyllä, ja olemme viisi päivää _____.

4	Answer the questions. Note that each pair will include one "into" and one "(on)to" type of answer.

Mihin raitiovaunu tulee?	a) pysäkki	b) keskusta
Mihin bussi menee?	a) Hämeentie	b) Espoo
Mihin tuo mies menee?	a) työ	b) Töölönkatu
Mihin koira menee?	a) keittiö	b) ovi
Mihin panet rahaa?	a) pöytä	b) pankki
Mihin Liisa panee kukat?	a) vesi (*veteen*)	b) ikkuna

5 Say aloud the Finnish ordinals corresponding to the following cardinal numbers:

1, 2, 3, 6, 9, 12, 15, 20, 24, 31, 39, 48, 57, 66, 73, 85, 91, 100, 200, 365, 1000, 10 000, 100 000, 1 000 000.

6 Look at the picture below and answer the questions.

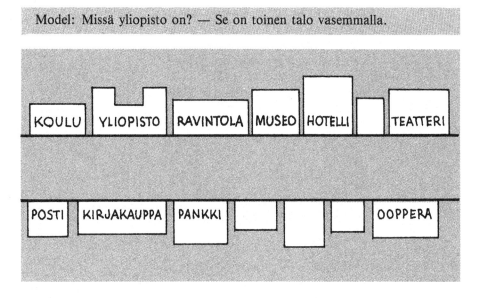

Model: Missä yliopisto on? — Se on toinen talo vasemmalla.

KOULU YLIOPISTO RAVINTOLA MUSEO HOTELLI TEATTERI

POSTI KIRJAKAUPPA PANKKI OOPPERA

Missä on posti? — museo? — ooppera? — pankki? — koulu? — teatteri? — hotelli? — ravintola? — kirjakauppa?

7 Look at the list of the twelve months and answer the questions.

Vuoden kaksitoista kuukautta ovat:
1. tammikuu
2. helmikuu
3. maaliskuu
4. huhtikuu
5. toukokuu
6. kesäkuu
7. heinäkuu
8. elokuu
9. syyskuu
10. lokakuu
11. marraskuu
12. joulukuu

Model:

1985
MARRASKUU
4

Lue: neljäs marraskuu/ta tuhat yhdeksän-
sataa kahdeksankymmentä viisi

Monesko päivä tänään on? Monesko päivä huomenna on?
Monesko päivä oli eilen?
Monesko päivä on joulu (25.12.)?
Monesko päivä on uuden/vuoden päivä?
Kuinka mones päivä on vappu (1.5.)?
Kuinka mones päivä on sinun syntymä/päiväsi (*birthday*)?

8 Hississä.

A. Mikä kerros?
B. Kolmas.
A. Minä asun myös kolmannessa.
B. Minä menen nyt kolmanteen, mutta minä asun neljännessä.

Do similar mini-dialogues with the following pairs of ordinals:

6. kerros/9. kerros   7. kerros/4. kerros
8. kerros/1. kerros   5. kerros/2. kerros

9   Model: Me syömme nyt. — Meidän täytyy syödä nyt.

Me menemme keskustaan.   Sinä vaihdat bussia.
Minä olen tänään kotona.   Suomi vie paperia ja tuo öljyä.
Anu ja Ari ostavat ruokaa.   Tämä nainen ottaa penisilliiniä.
Lapset, te annatte limsaa myös pikku   Tuo mies maksaa nämä laskut.
Timolle.   Minä saan parempaa ruokaa.
Lähdetkö sinä jo?   Kerrommeko me äidille?
Ostaako hän paremmat silmälasit?   Teemmekö nämä harjoitukset?

10 Tell these people what they must do about their problem.

A. Minulla on kova jano. _____

B. Lapsella on nälkä. _____

C. Meillä ei ole yhtään ruokaa kotona. _____

D. Bill tulee Suomeen. Hän ei puhu

   eikä ymmärrä suomea. _____

E. Katso, Gloriassa menee Marilyn

   Monroe-filmi! _____

F. Kuule, kuinka ihana tango, Jussi! _____

G. Ystävämme Susan tulee tänne, mutta

   emme tiedä, milloin. _____

H. Minun työpaikkani ei ole hyvä. _____

I. Seuraava pysäkki on minun pysäkkini. _____

11 Supply the questions to these answers.

James menee *keskustaan*. Me menemme *pankkiin*. Ystäväni lähtee *Australiaan*.
Tämä vaunu menee *Töölöön*. Minun täytyy mennä *työhön*. Tytön täytyy mennä
kouluun. Opiskelija nousee vaunuun *Munkkiniemessä*. Teidän täytyy vaihtaa
Liisankadun pysäkillä. Töölöön menee raitiovaunu *numero 3*. Lauttasaareen
menee bussi *numero 20*.

12 Word review.

— Meneekö tämä bussi _____ (to the Center)? — Ei mene, tei-

dän _____ vaihtaa X:n pysäkillä. — _____ pysäk-

ki se on? — Seuraava pysäkki.

— Kuinka pitkä _____ on Tapiolaan? — 11 km. Aamubussi on

aivan _____, Kallen täytyy _____ koko matka.

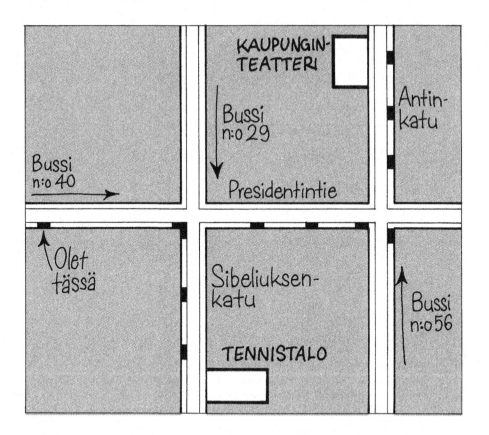

 13 Two conversations.

a) You want to go to *Kaupunginteatteri*. You need advice from the bus driver about the route.

b) This time you are going to *Tennistalo*. Use short simple sentences mainly based on the dialogue of this lesson. Don't worry about repeating things; it adds to your fluency.

14 The tape will tell you what to do about the words of this sentence.

New word: *kirjain* letter (in the alphabet)

Historian opiskelija Arto Lahtinen menee maanantaina

_____ _____ _____ _____ _____ _____

Helsingistä Turkuun bussilla.

_____ _____ _____

Mary kertoo:
Asuntoni on Munkkiniemessä. Koska hyvät ystäväni Jonesit asuvat Lauttasaaressa, lähden tänään Lauttasaareen. Nousen raitiovaunuun, joka menee kaupungin keskustaan. Maksan, sanon: "Myös vaihto." Vaunu tulee Töölöön, olemme jo Mannerheimintiellä. — "Anteeksi, mikä bussi tai raitiovaunu menee Lauttasaareen?" — "Bussi 20." — "Missä minun täytyy vaihtaa?" — "Stockmannin pysäkillä." — "Monesko pysäkki se on?" — "Kolmas." Tulemme Stockmannin pysäkille. Lauttasaaren bussi seisoo jo pysäkillä Ruotsalaisen teatterin lähellä. Nousen bussiin ja sanon kuljettajalle: "Menen Lauttasaareen, osoite on Isokaari 4. Olkaa hyvä ja sanokaa minulle, milloin minun täytyy nousta pois. Kuinka pitkä matka Lauttasaareen on?" — "Noin viisitoista minuuttia. Sanon teille kyllä." Katselen ulos. Ilma on kaunis, aurinko paistaa. Matka on aika lyhyt. — "Seuraava pysäkki", sanoo kuljettaja. — "Paljon kiitoksia", sanon hänelle ja lähden.

KYSYMYKSET:

a) Missä Mary asuu?
b) Mihin hän aikoo mennä?
c) Miksi hän haluaa mennä sinne?
d) Täytyykö hänen vaihtaa? Missä?
e) Missä bussin numero 20 pysäkki on?
f) Kuinka pitkä matka Lauttasaareen on?
g) Mihin osoitteeseen Mary menee?

20

TAPAAMINEN KADULLA
MEETING ON THE STREET

1

Model: Mistä mies tulee? — Talosta.

Herra Smith tulee (kukkakauppa). Suomalaiset ostavat paljon kahvia (Brasilia), ulkomaat ostavat paljon paperia (Suomi). Tuo mies on suomalainen, hän on kotoisin (Kokkola), mutta hänen vaimonsa on englantilainen, kotoisin (Lontoo). Milloin lähdette (Helsinki)? Millä pysäkillä minun täytyy nousta pois (bussi)? Mistä ostatte lihaa, rouva Mäki? (Tuo uusi liike.)

2

Model: Liisa (Suomi, Vaasa)
Mistä Liisa on kotoisin? — Suomesta.
Mistä kaupungista? — Vaasasta.

Go on with Juan (Espanja, Sevilla), Anne (Irlanti, Dublin), Frans (Hollanti, Haag), Petre (Romania, Bukarest), Festo (Tansania, Dar-es-Salaam), minä (..., ...)

3

Take imaginary trips from country to country, from capital to capital, using the map in lesson 3 of the Textbook.

4

How would you thank someone for these things?

Ilta oli hauska. Kiitos _____!
Kahvi oli hyvää.
Tämä kirja on hauska.
Tämä ruusu on kaunis.
Sauna oli kuuma.

How would you say that you are talking about the following topics:

ensi viikonloppu   Me puhumme _____
suomalainen sauna
viime sunnuntai
tämä kaunis huone
Liisan paras ystävä
tuo nuori ulkomaalainen
Oksasen perhe
teidän uusi kotinne

5 Which is the correct alternative?

Miehellä on rahaa pankissa/pankista/pankkiin.
Asiakkaat tulevat ostoksille liikkeestä/liikkeessä/liikkeeseen.
Milloin Virtaset menevät työssä/työhön/työstä?
Me opiskelemme yliopistoon/yliopistosta/yliopistossa.
Lähdetkö ensi viikonloppuna pois kaupungista/kaupungissa/kaupunkiin?
Missä/mistä/mihin te puhutte, kun tapaatte?

6 a) A fluency game with the "in", "into", and "out of" cases. Suppose that you are going from one place to another according to the numbers in the picture. Say aloud what you are doing. Repeat the drill until there is no hesitation.

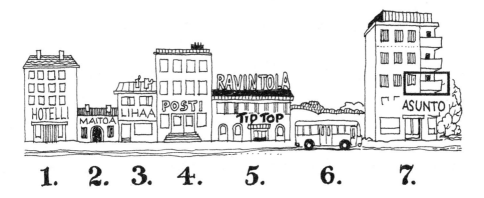

Here's the start:
1. Olen *hotellissa*. Lähden hotelli_____. Menen maitokauppa_____.
2. Olen maitokaup_____ etc.

b) If desired, make the drill more demanding by adding pronouns and/or adjectives to the nouns, for example: tämä hotelli — pieni maitokauppa — hyvä lihakauppa — tuo posti — se ravintola — suuri bussi — oma asuntoni.

7 Make sentences to answer the question *mistä*? Consider whether to use the "out of" or the "from" case.

mies, olla tulossa, ravintola
opiskelija, olla tulossa, suomen kurssi
minä, olla tulossa, työ
ihmiset, olla tulossa, posti
auto, tulla, Turku
auto, kääntyä pois, Mikonkatu
kissa, lähteä pois, sohva
tyttö, tulla, bussipysäkki
perhe, lähteä, sauna
nuoret, tulla, disko

8 Fill in the endings (if needed).

Väinö Lehtonen on toimistossa maanantai_____ perjantai_____, mutta

lauantai_____ ja sunnuntai_____ hän on kotona.

Jussi Oja on työssä ravintolassa. Se on vuorotyötä. Jussin työvuorot ovat seuraavat:

maanantai_____ keskiviikko_____: kahdeksa_____ kolme_____

torstai_____ lauantai_____: kolme_____ yhdeksä_____

ja joskus sunnuntai_____: kymmene_____ viite_____

Milloin teillä on saunavuoro? Joka torstai_____, mutta ei ensi

viiko_____, koska me menemme ensi torstai_____ Kemiin.

9 What are the questions to these answers:

Ville on kotoisin *Kotkasta*. Olen menossa *suomen kurssille*. Olen tulossa *saunasta*. He menevät maalle *perjantai-iltana*. Kaupat ovat auki *maanantaista lauantaihin* ja kiinni *sunnuntaina*. Ahoset menevät kesämökille autolla, *koska sinne on pitkä matka*. Neiti Y. menee tuohon kauppaan ostoksille, *koska siellä on alennusmyynti*.

10 Conversation

a) Alone or with another person, practice telling the time as fluently as possible by moving the hands of a watch to different positions.

    Note that according to the 24-hour system, which is used in official contexts, the hour is always indicated first (17.30, 14.45, 22.05 etc.). Phrases like "puoli", "viisitoista yli", "viittä vaille" are limited to the 12-hour system, which is almost always used in ordinary speech.

    Practice using both systems.

b) Think of answers to the following questions at home in order to be able to discuss the matter fluently in class.

Milloin (mistä mihin) kaupat ovat auki sinun kotimaassasi?
Onko se sama joka päivä?
Milloin pankit ovat auki sinun kotimaassasi?
Kuinka pitkä (mistä viikonpäivästä mihin viikonpäivään) on normaali työviikko sinun kotimaassasi?
Kuinka pitkä on työpäivä sinun kotimaassasi?
Onko se sama myös viikonloppuna?

11 Note down with figures the numerical information given on the tape.

Pekka on työssä _____ päivää viikossa. Viikonloppuna hän ei

ole työssä. Hän pelaa tennistä _____ kertaa viikossa, keskiviik-

koiltana _____ ja lauantaina _____. Maanantaina

hänellä on klubi-ilta _____. Pekan vaimo Marja on myyjä ja hä-

nellä on aika pitkät työpäivät. Joskus hän on työssä _____, jos-

kus _____. Jos hän on työssä lauantaina — tavallisesti joka

_____ viikko — hänen työpäivänsä on _____.

Marja laulaa kuorossa (*choir*) joka torstai-ilta _____. Pekan ja

Marjan lapset ovat koulussa _____ tai _____.

Lauantaina heillä ei ole koulua.

Lukemista   Reader

Tapaaminen kadulla.
— Terve, Mikko!
— Terve terve! Kiva tavata vanha ystävä!
— No niin on! Onko sinulla kiire kotiin?
— No on vähän. Me olemme menossa kesämökille.
— Ai niin, nyt on perjantai. Missä päin sinulla on kesämökki?
— Noin kahdeksankymmentä kilometriä Helsingistä Hämeenlinnaan
  päin. Minun vaimoni on kotoisin sieltä. Me olemme siellä joka vii-
  konloppu, jos ilma on kaunis.
— Millaisella paikalla se on?
— Oikein kauniilla paikalla. Se on aivan järven rannalla ja siellä on
  kaunista metsää joka puolella.
— Kai teillä on myös sauna.
— On on. Kuule, tule meille saunaan tänä viikonloppuna. Näet minkä-
  lainen on Suomen paras sauna. Tulkaa kaikki, meillä on iso mökki
  ja iso sauna.
— Paljon kiitoksia, mutta meidän täytyy olla kaupungissa lauantaina.
  Nyt on melkein joka liikkeessä ale, ja meidän perhe ostaa joka vuosi
  aika paljon alesta. Meillä on suuri perhe, kolme lasta, meidän täytyy
  ostaa, kun kaikki on halpaa.

— Mutta liikkeet ovat auki vain kolmeen, eikö niin? Te voitte lähteä sitten. Matka ei ole pitkä. Jos te lähdette pääkaupungista kello neljä, te olette jo vähän yli viisi meidän mökillä. No, mitä sanot?

— Kiitos kutsusta, me tulemme sitten. Kyllä meistä kaikista on kiva tulla maalle, kun meillä ei nyt ole omaa mökkiä.

— Tervetuloa sitten huomenna! Saunomme ja syömme ulkona ja puhumme kaikesta. Mutta paljonko kello on? Mitä, melkein puoli kuusi! Nyt minun täytyy lähteä kiireesti kotiin, ettei (= että ei) vaimo ole vihainen. Hei sitten ja näkemiin huomenna. Terveisiä perheellesi!

— Kiitos samoin. Näkemiin teidän mökillä!

KYSYMYKSET:

a) Missä ja millaisella paikalla Mikon mökki on?
b) Onko Mikon ystävän perheellä oma mökki?
c) Miksi Mikon ystävä ei ensin halua tulla Mikon mökille?

21

KAUPPATORILLA — IN THE MARKET SQUARE

1

Model: *auto — autoja*   Tuolla on talo/pullo/tyttö/koulu/katu.

bussi — busseja   Täällä on lasi/kuppi/tuoli/turisti/pankki/banaani/appelsiini/tulppaani.

ovi — ovia   Kuvassa on järvi/nuori/lapsi/käsi.

kirja — kirjoja   Siellä on kauppa/kissa/herra/kala/sauna.

kuva — kuvia   Kuvassa on koira/kukka/rouva/poika.

päivä — päiviä   Tuolla on leipä/myyjä/ystävä/hedelmä/pöytä.

radio — radioita   Täällä on televisio/museo/valtio/numero/henkilö.

huone (huoneen) — huoneita   Tässä on perhe/liike/rypäle.

hidas (hitaan) — hitaita   Tuolla on sairas/asiakas.

nainen (naisen) — naisia   Tässä on mies/puhelin/kysymys/vastaus/suomalainen/ulkomaalainen.

2

Look up the picture in exercise 3, lesson 16, describe what things there are in it and ask where the things are.

Model: Kuvassa on kouluja. — Missä koulut ovat?

3

Saanko *omenia* (hyvä omena/parempi omena/iso omena/tanskalainen omena)?

Professori Viisas ostaa *kirjoja* (hyvä kirja/vanha kirja/halpa kirja/suomalainen kirja).

James katselee *tyttöjä* (suomalainen tyttö/englantilainen tyttö/kaunis tyttö).

Perhe syö *munia* (paistettu muna/keitetty 'boiled' muna).

Meillä on *naapureita* (hyvä naapuri/vanha naapuri/uusi naapuri).

Mies vie postiin *paketteja* (suuri paketti/pieni paketti/suljettu paketti).

Liisalla on *ystäviä* (hyvä ystävä/vanha ystävä/uusi ystävä/hauska ystävä).

4

Anna Nikkilän ostoslista n:o 2. Read aloud!

2 kg (omena)	1/2 kg (muna)	Vähän (kukka)
1 kg (banaani)	1/2 kg (tomaatti)	Muutamia (tomaatti)
1 1/2 kg (appelsiini)	400 g (rypäle)	

5 Complete the sentences, considering whether the basic form pl. or the part. pl. is appropriate, and answer the questions with complete, negative sentences.

Minulla on (✎) _____, entä sinulla?

Ihmisellä on (👀) _____. Entä aivan pienellä kissalla?

Liisan huoneessa on (🌷🌸) _____, entä Leenan?

Ravintolassa on (🪑🪑) _____ ja (🪑🪑🪑)
_____, entä metsässä?

Matilla on (👨‍👩‍👧‍👦) _____, entä Eerolla?

Virtasen perheessä on (👧👧) _____ ja (👦👦)
_____, entä Lahtisen perheessä?

Kirjastossa on (📚) _____, entä kukkakaupassa?

Minulla on (❓❓) _____, entä teillä?

6 a) *monta* and *paljon* may be synonyms. Remember, however, that *monta* is used with the part. sing. and *paljon* (if it does not mean "much") with the part. pl. Turn the "monta" sentences into "paljon" sentences.

Model: Kuinka monta opiskelijaa täällä on? —
Kuinka paljon opiskelijoita täällä on?

Kuinka monta opettajaa täällä on? Kuinka monta turistia?
Kuinka monta ulkomaalaista? Kuinka monta ihmistä?
Kuinka monta naista? Kuinka monta miestä?
Montako maata Euroopassa on?
Montako hotellia kaupungissa on?
Montako lasta perheessä on?
Montako poikaa koulussa on?
Montako tyttöä kurssilla on?
Montako kysymystä teillä on?

b) If there is a difference in meaning, *monta* is "not very many", while *paljon* means "a large number".

Pöydällä on monta kirjaa. Kirjastossa on paljon _____.

Meitä on kymmenen, me tarvitsemme monta tuolia. — Meitä on sata,

_____.

Tuolla on monta autoa. — Amerikassa on _____.

Tässä lähellä on monta kauppaa. — Keskustassa on _____

_____.

Huoneessa on monta lamppua. — Kaupassa on _____

_____.

Tuo turisti ottaa monta kuvaa. — Turistin albumissa on _____

_____.

Kotijärven rannalla on monta kesämökkiä. — Suomessa on _____

_____.

---

7 Translate into Finnish.

There are flowers on the table.
The flowers are from Pekka and Pirkko Peltonen.
Flowers cost a lot in winter (*talvella*).
There are books on that shelf.
These books are Liisa's.
Books are Liisa's hobby (*harraste*).
There are cats in this room.
The cats are sleeping (*nukku/a*) on the sofa.
Cats eat meat and drink milk.

---

8 Customer **A** wants a definite number of roses (''these'', ''those'', ''the'' roses etc.). Customer **B** wants an indefinite number (''some of these roses'', ''some of those roses'' etc.). What will Customer **B** say?

A. Saanko nämä ruusut?   B. _____?

Saanko nuo tulppaanit?   _____?

Saanko ne narsissit?   _____?

Saanko nämä tomaatit?   _____?

Saanko nuo omenat?   _____?

Saanko ne banaanit?   _____?

Otan nämä.   _____

Otan nuo.   _____

Otan ne.   _____

9 Word review.

Mikä _____ päivä! Aurinko _____ läm-

·pimästi. Tänään Ulla ei mene torille autolla, hän _____. To-

rilla on paljon muita _____ ja myyjiä, _____

ja miehiä, nuoria ja _____. Tuolla oikealla on omenia ja

muita _____, täällä vasemmalla salaattia ja muita

_____ ja tässä aivan lähellä myös ruusuja ja muita

_____.

Ulla aikoo ostaa pari kiloa uusia perunoita, mutta ne ovat

_____. Voi voi! No, täytyy ottaa sitten vanhoja. Hän ostaa

puoli kiloa viini_____, ne ovat Algeriasta. — Rouva, hyviä

banaaneja! — Kiitos, tänään minä en _____ banaaneja,

meillä on niitä kotona. Mutta antakaa minulle _____ isoja

appelsiineja, joo, noita, kuusi tai seitsemän. Täytyy saada C-vitamiineja.

Sitten Ulla lähtee takaisin kotiin.

10 A shopping conversation in the Market Place.

Suggested things to buy: tomatoes, potatoes (new or old? big or small?), bananas, oranges, apples, grapes, roses, tulips. Ask also about fish and meat. Start your sentences with *saanko, haluan* or *haluaisin* (I'd like), *otan, antakaa minulle* etc.

The vendor will respond with information about the prices, praise his merchandise, regret that he has run out of something, comment on the weather and say that there is a lot of good fish in the Market Place but no meat. He advises the customer to go to the Indoor Market (*halli*) where they have very good meat.

11 Listen to the following conversation.

On lauantai. Minna ja Jouni Paasio ovat menossa torille. Which of the alternatives is incorrect?

1. Jouni ei halua tulla torille
   a) koska ilma on aika kylmä
   b) koska se on normaalisti Minnan työtä
   c) koska hänellä on kotona muuta työtä

2. Minna ja Jouni ostavat kalaa
   a) koska Jouni haluaa kalaruokaa
   b) koska torilla on hyvää kalaa
   c) koska kala on halpaa

3. Minna ja Jouni aikovat ostaa myös
   a) perunoita
   b) tomaatteja
   c) appelsiineja
   d) kukkia

Lukemista   Reader

KIRSTI VUORI MENEE TORILLE

Olen menossa torille. Usein menen sinne raitiovaunulla. Mutta kun aurinko paistaa niin lämpimästi kuin tänään, minusta on hauska kävellä tämä kahdenkymmenen minuutin matka Tehtaankadulta Kauppatorille.

Tulen torille. Siellä on paljon ihmisiä. On tavallisia ostajia, kuten perheenäitejä. Koska tori on yliopiston lähellä, ostoksilla on myös opiskelijoita. He ostavat paljon hedelmiä ja marjoja (marja *berry*), he tarvitsevat vitamiineja. On turisteja kotimaasta ja ulkomailta. Tässä lähellä on muutamia nuoria tyttöjä ja poikia.

— Mistä te olette?

— Kuopiosta.

— Ja mihin te olette menossa?

— Me olemme matkalla Ruotsiin, Norjaan ja Tanskaan.

— Onnea matkalle!

Tuolla seisoo muutamia ulkomaalaisia, ehkä italialaisia. Myös he haluavat ostaa marjoja. Myyjä ei ymmärrä italiaa, italialaiset eivät ymmärrä suomea. Minä puhun vähän italian kieltä.

— He haluavat puolitoista litraa näitä, sanon myyjälle.

Ja turistit saavat marjansa ja myyjä rahansa.

Mutta kuka tuolla tulee! Minna Paasio, paras ystäväni. Torilla on myös kahvipaikka, ja me menemme heti kahville. Juomme ihanaa mustaa kahvia ja puhumme Minnan perheestä ja minun perheestäni. Minnalla ei ole aina helppoa, hänen miehensä on vaikea. Minä ymmärrän Minnaa. Meidän Tiina, joka on neljätoista, on myös vaikea. Minna ymmärtää minua.

— Oli kiva tavata.

— Samat sanat. Terveisiä kaikille!

KYSYMYKSIÄ:

a) Missä Kirsti asuu?
b) Kuinka hän menee torille?
c) Kuinka pitkä matka on?
d) Mitä opiskelijat ostavat paljon?
e) Mitä italialaiset turistit ostavat?
f) Kuka on Minna Paasio?

22

MITÄ NÄMÄ OVAT? — WHAT ARE THESE?

1 Change into the plural.

a) Tämä on hevonen.   Se on eläin.
   Tämä on lehmä.   Se on ihminen.
   Tämä on sika.   Mikä tämä on?
   Tuo on lammas.   Minä olen opiskelija.
   Tuo on kana.   Sinä olet opettaja.
   Tuo on tiikeri.   Hän on ulkomaalainen.
   Se on poni.

b) Ruusu on punainen.   Kukka on vaaleanpunainen.
   Tulppaani on keltainen.   Minkävärinen omena on?
   Kissa on harmaa.   Minä olen nuori.
   Koira on musta.   Sinä olet ystävällinen.
   Hevonen on ruskea.   Hän on mukava.
   Kana on valkoinen.   Tämä on hyvä.
   Järvi on sininen.   Tuo on parempi.
   Metsä on vihreä.   Se on paras.

2 Answer the questions.

a) Mitä ovat Suomi, Egypti ja Uusi Seelanti?
   Mitä ovat Kuopio, Vaasa ja Lahti?
   Mitä ovat hevonen, lehmä ja kana?
   Mitä ovat mies, nainen ja lapsi?
   Mitä ovat omena, banaani ja appelsiini?
   Mitä ovat tulppaani ja ruusu?
   Mitä ovat saksa, englanti ja venäjä?
   Mitä ovat sininen, punainen ja vihreä?

b) Model: Miksi ostat näitä omenia? —
          Koska nämä omenat ovat hyviä.

Miksi ostat noita appelsiineja? (iso)
Miksi ostat niitä perunoita? (halpa)
Miksi ostat näitä tomaatteja? (suuri)
Miksi ostat noita tulppaaneja? (kaunis)
Miksi ostat niitä ruusuja? (punainen)

3 Change into the singular.

> Model: Nämä ovat radioita. — Tämä on radio.
> Ne ovat hyviä. — Se on hyvä.

Nuo ovat eläimiä. Ne ovat hevosia.
Nämä ovat ihmisiä. He ovat amerikkalaisia.
Nuo ovat miehiä. He ovat vanhoja.
Nämä ovat lapsia. He ovat terveitä.
Nuo ovat naisia. He ovat sairaita.
Nämä ovat vastauksia. Ne ovat oikeita.
Nuo ovat kysymyksiä. Ne ovat vaikeita.
Nämä ovat kirjoja. Ne ovat uusia ja kalliita.
Nuo ovat kameroita. Ne ovat parhaita.

4 Complete.

Nämä päivät ovat (kylmä). Lapsen kädet ovat (kylmä).
Sanakirjat ovat (kallis). Maijan silmälasit ovat (kallis).
Pihvit ovat tänään (iso). Matin jalat ovat (iso).
Nämä ihmiset ovat (vanha). Nämä kengät (*shoes*) ovat (vanha).
(Minkälainen) kissat ovat? (Minkälainen) nuo kengät ovat?

5

a) Look at the picture and proceed from 1 to 10, asking *mitä nämä ovat* (and, a couple of times, *mitkä nämä ovat*) and answering your questions.

b) Now start again, asking *millaisia pojat ovat* etc. (and, a couple of times, *millaiset ... ovat*) and answering your questions.

Suggested adjectives: *pieni, kallis, uusi, pitkä, vapaa, kuuma, kaunis, kallis, sairas, hyvä*

6 Use the principal parts of the words given below to complete the four-sentence sets.

poika Matti on _____

_____ koti on Mikkelissä.

Tuolla on viisi _____

Koulussa on paljon _____

perhe Niemisen _____ on pieni.

_____ pojat ovat koulussa.

Talossa asuu viisi _____

Asuuko talossa paljon _____?

nainen Nainen on aina _____

Leila on _____ nimi.

Montako _____ kuvassa on?

Kuvassa on muutamia _____

hauska Tämä on oikein _____ _____

kirja _____ _____ hinta on ... markkaa.

Ostan pari _____ _____

Ostan paljon _____ _____

7 Use -**kin** instead of *myös*.
Meillä on koira, ja meillä on myös kissa.
Kaikki tulevat meille kahville. Myös Paavo tulee.
Hevonen on ruskea, mutta se voi olla myös valkoinen.
Myös Tampere on, kuten Manchester, tehdaskaupunki.
Onko myös ihminen vain eläin?
Myös perheet voivat nyt ostaa tieto/koneita (*computers*).

8 Word review.
Tämän päivän lapset eivät tunne _____ niin hyvin kuin lapset kolmekymmentä vuotta sitten. He syövät munia, mutta eivät tiedä, minkälaisia _____ ovat. He syövät lampaan tai sian lihaa, mutta eivät tiedä, millainen on _____ tai _____.

108

Maalla he näkevät vain traktoreita, ei kauniita ruskeita _____.

He eivät tiedä, että maito tulee _____ ja

_____ lampaasta. Eläin_____ he kyllä

näkevät paljon Afrikan eksoottisia eläimiä, kuten _____ ja

_____.

Minkä_____ tomaatit ovat? Punaisia.

Entä minkä_____ banaani on? _____.

Yöllä kaikki kissat ovat _____.

Kuka tuo nainen on, joka on _____ Greta Garbo?

9 "Conversation" in the form of a drill. Look at the picture in exercise 3 in lesson 16. Taking turns with another student, ask what the things in the picture are and what they are like. Answer the questions.

Suggested pairs of nouns and adjectives:

auto/uusi	bussi/hidas	ravintola/kallis
kauppa/hyvä	hotelli/halpa	nainen/ystävällinen
koulu/iso	katu/kaunis	ihminen/tavallinen
mies/pitkä	teatteri/moderni	kissa/valkoinen
koira/laiska	poika/mukava	pankki/suuri
museo/vanha	tyttö/nuori	lapsi/terve

10 Three animals describe themselves on the tape. What animals are they? Write your answers here.

Eläin A on _____   Eläin B on _____

Eläin C on _____

Lukemista   Reader

Minulla on nuori ystävä, naapurini pieni poika. Hän on tyypillinen tämän päivän kaupunkilaislapsi, joka tuntee televisiosta robotit, raketit ja supermiehet ja eläintarhasta tiikerit, leijonat, elefantit, seeprat ja kirahvit, mutta ei tunne tavallisia kotieläimiä. Tänään, kun menen Peltolalle, vien Arille pari pientä kuvakirjaa. Sitten katselemme niitä yhdessä.

— *Toi* on koira ja *toi* on kissa . . .
— Mitäs koira sanoo?
— Koira sanoo "hau hau".
— Ja mitä kissa sanoo?
— Kissa sanoo "miau". *Kato*[1] täti kuinka isoja *nää* koirat *on*.
— Eivät ne ole koiria, ne ovat hevosia. Tiedätkö sinä mitä hevonen sanoo? Se sanoo "ihahahaa".
— *Noi on* lehmiä, *eiks joo*? Lehmä sanoo "ammuu".
— Niin sanoo. Tiedätkös sinä, että maito tulee lehmästä?
— Ei tule. Maito tulee kaupasta. *Mä* tiedän, *mä oon* usein kaupassa äidin kanssa.
— Kysy äidiltä, niin äiti kertoo sinulle mistä maito tulee kauppaan. Tiedätkös sinä mitä nuo ovat tuossa kuvassa?
— *Tossako* kuvassa? En.
— Ne ovat lampaita. Lammas sanoo "mää". Ja siitä tulee villaa. Sitten tämä kuva, mitäs siinä on?
— Kukko ja kana. *Mä* tiedän mitä ne *tekee*. Ne *munii*.
— Kana munii, ei kukko.
— Kukko sanoo "kukko kiekuu".
— Ja kana "kot kot".
— Täti, *mä* haluaisin nähdä paljon eläimiä. *Musta* ne *on* kivoja.
— Me voimme mennä joskus yhdessä maalle, eikö niin? Siellä minä voin näyttää sinulle hevosia ja lehmiä ja kanoja.
— Ja lampaita.
— Ja lampaitakin, aivan niin.

[1] *katso*

Could you "translate" the colloquial style used by Ari (printed here in italics) into standard Finnish?

23

MATTI SUOMELAN PÄIVÄOHJELMA (I)
MATTI SUOMELA'S DAILY PROGRAM (I)

1 Answer the questions.

Milloin aurinko nousee? (aamu)
Mihin aikaan sinä nouset? (7)
Mihin aikaan sinä menet työhön? (8.30)
Kuinka kauan sinä olet työssä? (7 h)
Milloin ihmiset ovat työssä? (aamu- ja iltapäivä)
Milloin he katsovat televisiota? (ilta)
Mihin aikaan ovat television iltauutiset (*news*)? (20.30)
Milloin ihmiset lepäävät? (yö)

Express the clock-times in two ways (''half past eight'', ''at eight-thirty'').

2 Say what you like and what you do not like or do not care for (note that *välittää* is mostly used in negative sentences). Suggestions for things you might like or dislike:

kahvi	teatteri	suomalainen sauna
tee	ooppera	Helsinki
maito	baletti	suomen kieli
olut	pop-musiikki	Sibelius
viini	rokki	suomalainen ruoka
suklaa	klassinen musiikki	urheilu (*sports, athletics*)
voileipä	jazz	matkustaminen
syöminen	televisio	lukeminen

_____ _____ _____

_____ _____ _____

Complete the sentences.

Matti pitää (tämä työ/tuo työ/se työ).
Bob pitää (englantilainen aamiainen/kiinalainen ruoka/italialainen pizza).
Kaikki pitävät (kaunis ilma/hyvä päivällinen/vapaa viikonloppu).
Minä en pidä (tuo hirveä musiikki/tämä vaaleanpunainen väri/se uusi filmi).
Norjalaiset pitävät (kala), mutta amerikkalaiset eivät paljon välitä (se).
Ranskalainen pitää vain (paras ruoka) ja (paras viini).
Minä pidän (sinä), jos sinä pidät (minä).
Me pidämme (te), jos te pidätte (me).
Hänestä kaikki on hauskaa, hän pitää (kaikki).
Villestä ei mikään ole hauskaa, hän ei pidä (mikään).

4

Make a few verbal nouns in -**minen** according to the model sentence. (Take the stem from the 3rd pers. pl. present tense: *tavata* to meet, *tapaa/vat* — *tapaa/minen* meeting.)

> Model: On hauska lukea. — Lukeminen on hauskaa.

On hauska tanssia.   On hauska laulaa.
On hauska opiskella.   On hauska syödä.
On hauska kävellä.   On hauska matkustaa.

Review lesson 11:1 and write the present tense of a few verbs with **k p t** changes.
   (*voida* verbs have no **k p t** changes.)
puhua verbs:

auttaa	*tehdä* (only inf. irregular)
minä _____	minä _____
sinä _____	sinä _____
hän _____	hän _____
me _____	me _____
te _____	te _____
he _____	he _____

pitää	*tuntea*

minä _____   minä _____

sinä _____   sinä _____

          hän _____   hän _____

me   _____   me   _____

te   _____   te   _____

          he _____   he _____

tulla and *haluta* verbs:

ajatella	*tavata*

     minä _____   minä _____

     sinä _____   sinä _____

     hän _____   hän _____

     me   _____   me   _____

     te   _____   te   _____

     he   _____   he   _____

merkitä verbs (see 10:2 or 27:1) have no **k p t** changes.

6   a) Reread the following paragraph, using *minä* instead of *hän* (or Liisa) as the subject.

Liisa lukee usein naapurin pikku Päiville ja kertoo hänelle satuja (*fairy tales*). Liisa pitää Päivistä paljon. Liisa tapaa paljon lapsia ja ymmärtää lapsia hyvin. Hän lähtee joskus viikonloppuna Päivin kanssa eläintarhaan ja näyttää hänelle eläimiä. Hän antaa Päiville kuvakirjoja. Hän tekee Päivin kanssa paperinukkeja. Hän soittaa ja laulaa Päivin kanssa. Kun hän on matkalla, hän lähettää Päiville postikortteja. Hän opettaa Päiville piirtämistä (*drawing*) ja auttaa häntä aina kun voi.

b) Reread the following paragraph, using *he* instead of *te* as the subject.

Te kirjoitatte, että te aiotte tulla tänne ensi viikolla. Te tapaatte täällä ystäviä ja näette aika paljon Helsinkiä ja muuta Suomea. Luulen, että te tiedätte aika paljon Suomesta. Teettekö te matkaohjelmanne itse? Koska te liikutte autolla, te tarvitsette uusia hyviä tiekarttoja. On hyvä, jos te opitte muutamia sanoja suomea (*kiitos, olkaa hyvä, yksi, kaksi, kolme*). Pidättekö te saunomisesta? Kai te soitatte meille vielä, milloin te lähdette Lontoosta ja milloin te tulette Helsinkiin.

| 7 | Nouns also have two distinct **k p t** patterns in their inflection. |

Gen.sing. has weak grade (Nouns ending in one vowel)	Gen.sing. has strong grade (Nouns ending in a cons.: **huone** words)

Sing.

				Sing.	
Nom	tyttö				hidas
Part		ä			ta
Gen			tytö|n	hitaa|n	
"on"			llä	lla	
"from"			ltä	lta	
"onto"			lle	lle	
"in"			ssä	ssa	
"out of"			stä	sta	
"into"		ön		seen	

Plur.

			Plur.	
Nom		tytö|t	hitaa|t	
Part	tyttö|jä		hitaita	

Sing.

		Sing.	
Nom	kauppa		liike
Part	_____		_____
Gen	_____		_____
"on"	_____		_____
"from"	_____		_____
"onto"	_____		_____
"in"	_____		_____
"out of"	_____		_____
"into"	_____		_____

Plur.

Nom	_____	_____
Part	_____	_____

8 Complete.

(*pankki*)   Matti menee _____; hän ottaa rahaa

_____.

(*konsertti*)   Oksaset menevät _____;

_____ jälkeen he syövät ravintolassa.

(*kaupunki*)   Pidätkö tästä _____? Leena asuu maalla, hän

ei halua muuttaa (*move*) _____.

(*kukka*)   Perhonen (*butterfly*) lentää _____

_____.

(*koti*)   Menemme Liisan uuteen _____. Pidämme Lii-

san uudesta _____.

(*paikka*)   Miehellä ei ole työ_____. Hän oli samassa

työ_____ monta vuotta.

(*asunto*)   Mikä tämän _____ hinta on? Aiomme muut-

taa uuteen _____.

(*liike*)   Tässä _____ on ruotsalaisia autoja.

Ostatko auton tästä _____?

Mihin _____ sinä olet menossa?

(*hidas*)   En halua ajaa _____ autolla. Tuolla menee

kaksi _____ autoa.

9 Knowing the **k p t** changes is important if, for instance, you want to look up Finnish words in a dictionary and use them properly in different contexts.

a) Here are some new words, both nouns and verbs, given in their basic forms and strong grade. Use them in the right-hand sentences, in which they will all have weak grade.

lakki cap   Tämän _____ hinta on 48,—.

laki law   Fysiikan opiskelija tietää kaikki fysiikan

_____.

sota war   Milloin kaikki _____ loppuvat?

Pentti   _____ sukunimi on Ollikainen.

pappi clergyman   _____ puhuvat sunnuntaina kirkossa.

papu bean   Lapset, syökää kaikki nuo _____!

kenkä shoe   Tytön _____ ovat liian pienet.

lentää to fly   Huomenna me _____ Pariisiin.

piirtää to draw Sinä _____ hyvin, pikku ystävä.

kulta gold   Tiedätkö, mikä _____ hinta nyt on?

b) Here the new words are given in a context and in weak grade. What do you
   think are their basic forms, which you will need in order to look them up
   in a dictionary?

                                                   Basic form

Kaikki *serkut* tulevat meille kylään huomenna. _____

Nuo *hatut* eivät ole kauniita.   _____

Ystäväni L. asuu *Hangossa*.   _____

Sillalla on paljon autoja.   _____

Tahdon vain auttaa sinua.   _____

Kesämökillä *kylvemme* aina saunassa.   _____

10 Find the questions.

Minä nousen *seitsemältä*. Syömme aamiaista *kello puoli kahdeksan*. Antti *syö
voileipää ja juo teetä*. *Koska hän ei pidä kahvista*. Olen työssä *seitsemän tuntia*.
Päivällisen jälkeen *luen usein suomea*. *En, en pidä* teestä. *Ei*, Eeva *ei pidä siitä*,
hän pitää kahvista.

11 Word review.

Aamulla me syömme _____, kello 11—13 syömme

_____ ja kello 16—18 syömme _____.

Aamiaisen _____ menen työhön. Kävelen sinne,

_____ kun on oikein kylmä ilma. Illalla minä

_____ lehtiä tai kirjoitan _____. Meillä

on paljon kirjoja, koska pidämme _____. Tavallisesti minä

myös _____ vaimoani, koska hänellä on paljon työtä. —

116

Juovatko teillä lapset ja _____ aamulla kahvia? Lapset eivät

juo _____ kahvia, he juovat maitoa.

---

12 Conversation.

With a fellow student, interview each other about your daily habits from morning till early evening. Don't try to say very complicated things, and keep to the simple style of the dialogue.

---

13 Listen to this description of Bob Miller's daily program and answer the questions.

a) Mikä on Bobin ammatti (*profession, occupation*)?
b) Nouseeko hän joka päivä seitsemältä?
c) Mitä hän *ei* syö aamiaiseksi:

☐ munia   ☐ juustoa   ☐ makkaraa   ☐ leipää   ☐ kalaa

d) Miksi hän ei juo teetä?
e) Miksi hän ei kävele toimistoonsa?
*f) Syökö hän lounasta ja päivällistä kotona?
g) Mitä hän tekee päivällisen jälkeen:

☐ hänellä on suomen tunti   ☐ hän lukee romaaneja

☐ hän kirjoittaa suomea   ☐ hän kirjoittaa kirjeitä

h) Millaisesta musiikista hän pitää?
i) Onko hänellä televisio ja radio?

Lukemista   Reader

Me nousemme normaalisti neljännestä yli seitsemän ja syömme aamiaista heti sen jälkeen. Ville syö pari munaa (paistettua tai keitettyä), voileipää, makkaraa ja juustoa, ja juo pari kuppia mustaa kahvia. Hän pitää hirveästi kahvista. Minä en välitä siitä, minusta tee on parempaa. Minä juon kaksi kuppia teetä ja syön paahto/leipää (*toast*) juuston tai marmelaadin kanssa. Minä olen myös suuri jogurtin ystävä, mutta Ville ei välitä siitä.

Kello 7.45 seisomme sitten lähimmällä bussipysäkillä ja menemme bussilla kaupunkiin. Tavallisesti bussi on täynnä ja meidän täytyy seisoa koko matka, noin kaksikymmentä minuuttia. Ville nousee bussista

117

Stockmannin pysäkillä, minä seuraavalla. Ville on töissä isossa firmassa Stockmannin lähellä, minä pienessä kirjakaupassa Isolla Roobertinkadulla. Työpäivämme pituus on kolme tuntia aamupäivällä ja neljä tuntia iltapäivällä. Lounasta Ville syö firman ruokalassa ja minä pienessä baarissa kirjakaupan lähellä. Lounas on aika huono, mutta minulla ei ole aikaa eikä rahaa mennä parempaan paikkaan.

Päivällinen meidän perheessä on tavallisesti viideltä tai puoli kuudelta, paitsi viikonloppuna. Teemme aina keittiötyöt yhdessä. Päivällisen jälkeen me lepäämme vähän. Minä kirjoitan kirjeitä ja Ville lukee lehtiä tai kirjoja. Minäkin pidän lukemisesta, mutta kirjeetkin täytyy kirjoittaa, ja Ville ei välitä siitä työstä. Hän sanoo, että hänellä ei ole koskaan inspiraatiota. Ne miehet!

KYSYMYKSIÄ:

a) Syövätkö Ville ja hänen rouvansa samoja ruokia aamiaiseksi?
b) Kuinka kaukana kaupungista he asuvat?
c) Kuinka pitkä heidän työpäivänsä on?
d) Mikä helpottaa Villen rouvan keittiötöitä?
c) Miksi Villen rouva kirjoittaa perheen kaikki kirjeet?

24

MATTI SUOMELAN PÄIVÄOHJELMA (II) — MATTI SUOMELA'S DAILY PROGRAM (II)

1 When answering the questions, consider whether the nouns will be in outer or inner local cases.

a) Mihin sinä menet? (posti)   (ostaa hedelmiä)
(tanssia)   (kukkakauppa)
(maksaa laskuja) (kahvi)
(koti)   (juoda kahvia)
(uida *swim*)   (tavata ystäviä)

b) Missä Eila on?   (ravintola)   (katsoa tv:tä)
(syödä)   (kauppa)
(kauppatori)   (nukkua)
(metsä)   (kävellä)
(lukea tenttiä *read* (viedä kirjeitä
for an exam)   postiin)

2 Complete with suitable verbs in their proper form.

Menemme teatteri_____ _____ Shakespearea.

Olemme ravintola_____ _____.

Miehet menevät baari_____ _____ olutta.

Vanhemmat menevät kauppatori_____ _____ ruokaa.

Lapset ovat uimahalli_____ _____.

Opiskelijat tulevat yliopisto_____ _____.

Nuoret ovat illalla disko_____ _____.

3

	missä?	mistä?	mihin?
pöytä	Kynät ovat _____	Otan kynät _____	Panen kynät _____
laatikko box	Kynät ovat _____	Otan ne _____	Panen ne _____
autotalli garage	Auto seisoo _____	Ottakaa se _____!	Pankaa se _____!
Mikonkatu	Auto on nyt _____	Se kääntyy _____ Esplanadille.	Toinen auto tulee _____
kaupunki	Bussi on _____	Bussi lähtee _____	Bussi tulee _____
pysäkki	Bussi on _____	Bussi lähtee _____	Bussi tulee _____
tori	Linda H. on _____	Nyt hän lähtee _____	Nyt hän tulee _____
koulu	Pekka A. on _____	Hän lähtee _____	Hän tulee _____

4 Model: Me olemme kaupassa. — Tule sinäkin kauppaan!

Me olemme Helsingissä.
Me olemme Turussa.
Me olemme Hangossa.
Me olemme kaupungissa.
Me olemme Lahdessa.
Me olemme vedessä.
Me olemme pöydässä (*at table*).
Me olemme paremmassa pöydässä.
Me olemme neljännessä pöydässä.

5 Review the expressions of time in lessons 20:2 and 23:1 and translate the following sentences.

We'll go dancing on Friday evening this week or next week. Matti works in an office from nine to half past twelve and from one to half past four.
Pekka gets up at six in the morning and goes to bed (= to sleep) after ten in the evening.
I'll stay in this country from (the year) 1986 to (the year) 1988.
They hope we can meet next Saturday.
We visit friends almost every week.

6 You recall that the subject is rarely in the partitive (except in "there is, there are" sentences). The rule also applies to expressions like "monta poikaa", "paljon poikia", "muutamia poikia". Study the model sentences and correct the mistakes in the following sentences.

Model:

Tuolla on	lapsia.	Lapset	
	muutamia lapsia.	Muutamat lapset	leikkivät (play).
	monta lasta. paljon lapsia.	Monet lapset	

~~Koululaisia~~ uivat uimahallissa.

~~Monta miestä~~ pelaavat tennistä.

~~Paljon rouvia~~ ostavat kalaa torilla.

~~Muutamia lapsia~~ ovat allergisia.

~~Nuoria~~ pitävät modernista musiikista.

~~Paljon kukkia~~ ovat punaisia.

~~Muutamia tulppaaneja~~ ovat melkein mustia.

~~Monta kissaa~~ pitävät kalasta.

~~Paljon suomalaisia sänkyjä~~ ovat kovia.

~~Appelsiineja~~ eivät ole kalliita.

7 Word review.

Suomelat eivät välitä mennä usein illalla ulos, he _____ iltansa

kotona. Heillä on paljon levyjä ja uusi _____ ja he kuuntelevat

aina musiikkia, _____ _____ menevät nukkumaan.

He eivät mene _____ usein maalle, _____ ovat vii-

konloppuna kaupungissa. Mutta he eivät ole yksin, heille tulee

_____ tai he menevät _____. He ovat myös paljon

_____, kun ilma on kaunis.

121

8 On the basis of the pictures, describe how the Virtanen family will spend their evening and weekend.

9 Interview each other about your evening and week-end program.

10 Look at the pictures in exercise 8. On the basis of what you see in them, are the following statements true or false? Correct the false ones.

a) ___ b) ___ c) ___ d) ___ e) ___ f) ___ g) ___ h) ___

11 Write a minimum of 100 words on the topic of *Päiväohjelmani*. Use short, simple sentences. Try to think in Finnish.

Lukemista   Reader

— Meillä on televisio, sanoo Martti Vasama, mutta minä en ymmärrä miksi. Vaimo ja lapset pitävät siitä kyllä. Joka ilta päivällisen jälkeen he menevät katsomaan televisiota ja tulevat sieltä vain pari kertaa keittiöön ottamaan voileipää ja maitoa. Mutta joka kerta kun minä menen katsomaan televisio-ohjelmaa, siellä on hirveän romanttisia sarjaohjelmia tai amerikkalaisia revolverigangstereita tai kovin realistisia elokuvia tämän päivän nuorisosta, täynnä seksiä ja väki/valtaa (*violence*). Ja siitä minä en välitä.

— Sinä et tiedä mitä puhut, sanoo hänen vaimonsa. Sinä katsot aivan liian vähän ja sinulla on aina huono onni. Televisiossa on parempiakin ohjelmia. Siellä on eläinfilmejä ja dokumenttiohjelmia, lapset voivat oppiakin televisiosta paljon. Kyllä sarjaohjelmatkin voivat olla hyviä, ja sitten on kivoja vanhoja filmejä, ulkomaisia ja kotimaisia — sinäkin pidät Chaplinista ja Greta Garbosta ja Marilyn Monroesta. Ja on musiikkiohjelmia ja jalkapalloa ja niin edelleen.

— No, minä tulen taas katsomaan tämän illan ohjelmia. Mitä ohjelmaa siellä on? Anna minulle lehti, niin katson. 18.00 Pieni talo preerialla ... 19.30 Dallas ... ei kiitos. Mutta sinä olet oikeassa, kyllä täällä on yksi ohjelma minullekin.

— Ja mikä se on?

— Ilta/uutiset (*news*).

Onko sinusta Martti Vasama oikeassa siinä mitä hän sanoo televisiosta? Miksi? Miksi ei?

25

MUISTATKO SINÄ MINUT VIELÄ?
DO YOU STILL REMEMBER ME?

1 Complete the question with the pronoun given on the left and answer with a complete negative sentence.

(*minä*) Tunnetko _____? _____

(*hän*) Näetkö _____? _____

(*he*) Tapaatko _____? _____

(*te*) Kutsuuko hän _____? _____

(*me*) Muistatteko _____? _____

2 Fill in the blanks with correct forms of suitable personal pronouns or the pronoun *kuka*.

Hei sitten, Leena! Oli kiva tavata _____.

Missä Heikki on? En löydä _____ mistään.

Tuolla tulevat Mäkiset. Tunnetteko te _____?

Äiti, vie _____ katsomaan Lumikkia (*Snow-White*)! sanovat lapset.

Minä istun aina kotona, Tapio ei vie _____ koskaan ulos.

Missä Virtaset ovat, en näe _____ missään.

Muistatko vielä _____? Minä olen Hännisen Liisa.

Hyvät ystävät, minä kutsun _____ kaikki huomenna nimipäivä-kahville.

Mene pois, en halua tavata _____ milloinkaan!

Onko Tiina kaupungissa? On, minä näen _____ illalla.

Halloo, minä en kuule mitä sinä sanot ... _____ sinä tuot sun-nuntaina päivälliselle?

3 Translate.

I love you. I must see you soon (*pian*). Where can I meet you? May I call you? Can I invite you for dinner tomorrow? Can I take you to the movies? Tell me: do you love me, too?

4 Use the word italicized in the first sentence properly inflected in the other sentences of each set below.

Suomelat ovat *suomalainen* perhe. Pidämme kovasti tästä _____

perheestä. Tunnetteko te monta _____ perhettä? Kyllä, me

tunnemme aika paljon _____ perheitä.

  Punainen on kaunis väri. Suomessa näkee maalla paljon

_____ puutaloja. Pidättekö te _____ vä-

ristä? Asumme pienessä _____ talossa. Mihin Pekka menee?

Tuohon _____ taloon.

  Matti on *tavallinen* nimi. Ritva ja Liisa ovat _____ naisen

nimiä Suomessa. Lihapullat ovat _____ ruokaa. Minä pidän

_____ ruuasta ja juomasta, en kaviaarista ja samppanjasta.

  Tuolla tulee rouva *Oksanen*. Antakaa tämä paketti rouva

_____! Aion kysyä rouva _____, voiko

hän tulla meille kahville. Rouva _____ lapset ovat vielä pie-

niä. Katsokaa rouva _____, eikö hänellä olekin kaunis hattu

(*hat*)?

5

Kuka auttaa teitä tässä työssä?
Mikä kirja sinulla on?
Mistä Paavo saa rahaa?
Koska meidän Maija oppii matematiikkaa?
Missä teillä on televisio?
Kenen tämä markka on?
Milloin sinulla on vapaa-aikaa?
Mihin Liisa on menossa?
Kenelle Ville soittaa?

6

> täällä — täältä — tänne
> tuolla — tuolta — tuonne
> siellä — sieltä — sinne

Complete the following sentences.

Meidän täytyy tavata. Tuletko sinä si_____ tä_____ vai tulenko

minä tä_____ si_____?

Missä te olette? Tä_____. Mistä te olette tulossa?

Tuo_____. Mihin te olette menossa? Tuo_____.

Liisa, tule tä_____. Katso tuo_____! Si_____ seisoo mies,

kuka hän on? En tiedä, en näe häntä tä_____ tarpeeksi hyvin.

7

Word review.

Suuri musta auto _____ Mannerheimintieltä Aleksanterin-

kadulle. Autosta nousee kaksi miestä. Minä tunnen _____.

He ovat minun vanhat koulu_____ Kalevi ja Urpo. Me

olimme kahdeksan vuotta samalla _____, niin että minä

tunnen _____ hyvin. _____ hyvin, kuin-

ka ujo pieni poika Kalevi oli koulussa. Nyt hän on suuri nimi politiikassa ja mi-

nä olen _____, että hän painaa _____

sata kiloa. Urpo on diplomaatti, pitkä elegantti herra, joka

_____ minut usein päivälliselle, kun on kotimaassa, ja

lähettää minulle kauniita _____ Tokiosta tai Rio de Janei-

rosta, kun on ulkomailla, _____ Suomesta.

— No terve, Matti, hauska nähdä _____

_____! Kuule, tule meidän kanssa lounaalle, vai onko si-

nulla aikaa?

— Kiitos vain, _____ _____, kun saan

tavata vanhoja tovereita! Kertokaa nyt mitä teille kuuluu!

8 Listen to the dialogue and complete the story which follows.

Marja soittaa Liisalle ja kertoo, että hänellä on _____. Hänen ni-

mensä on _____. Liisa tuntee hänet hyvin, koska he

ovat _____. Liisa haluaa kutsua molemmat ystävän-

sä _____. Mutta heillä ei ole aikaa, koska _____

_____

Siksi Liisa menee sinne _____. Matka ei ole pitkä, vain

_____.

Lukemista   Reader

Minun nimeni on Kristiina.
Minun paras ystäväni on Ulla. Tavallisesti minä tapaan hänet jo aamul-
la koulumatkalla tai ainakin sitten koulussa. Minä olen huono englan-
nissa, ja Ulla auttaa minua siinä. Ulla taas on huono matematiikassa,
ja minä autan häntä siinä. Usein kun me tulemme yhdessä koulusta, mi-
nä tuon hänet meille juomaan limsaa (= limonaatia) ja syömään jääte-
löä, ja usein Ulla vie minut heille pelaamaan Monopolia.
   Meillä molemmilla on pieni punainen albumi. Siihen toiset lapset ja
opettaja saavat kirjoittaa pieniä runoja. Ulla kirjoitti (*wrote*) minulle:
   Kristiinalle
   Kolme sanaa sinulle:
   Ole ystävä minulle!
   toivoo paras ystäväsi Ulla
Meidän Tommi kirjoitti:
   Ole aina iloinen
   niin kuin kolmen markan hevonen!
Hah hah!
Opettaja kirjoitti:
   Onnen salaisuus on ahkera työ.
   Opettajasi Saara Vakava
Ulla soittaa minulle joka ilta tai minä soitan hänelle. Minä kerron hä-
nelle kaikki salaisuuteni ja hän kertoo minulle omansa. Mutta me emme
kerro niitä kenellekään muulle ihmiselle. Meillä on myös omat salasa-
namme. Jos Ulla näkee minut ensin kadulla, hän sanoo "roiskis!" Ja
jos minä näen hänet ensin, minä sanon "huiskis!" Mutta luuletkos että
minä kerron sinulle, mitä ne merkitsevät?

KYSYMYS:

Kuinka vanhoja sinusta Kristiina ja Ulla ovat? Miksi luulet niin?

26

LIISA SALO LÄHTEE MATKALLE
LIISA SALO TAKES A TRIP

---

1   Model: Tuolla on tyttö. — Näen tytön.

Tuolla on kauppa/kaupunki/kuppi/leipä/pöytä/lehti/pankki/lamppu/ranta/
presidentti/poika/jalka/silta (*bridge*).

2   Make sentences according to the model.

Osta radio tai televisio! — Ostan radion, mutta en osta televisiota.

Syö omena tai appelsiini!	Syön _____
Syö pizza tai pihvi!	Syön _____
Osta elokuvalippu tai teatterilippu!	Ostan _____
Lähetä paketti tai kirje!	Lähetän _____
	_____
Kirjoita oikein tuo sana ja tämä sana!	Kirjoitan oikein _____
	_____
Anna meille Liisan osoite ja Leenan osoite!	Annan teille _____
	_____
Kutsu Heikki ja Mikko saunaan!	Kutsun _____
	_____
Kutsu kahville Aholan perhe ja Koskisen perhe!	Kutsun kahville _____
	_____
Vie teatteriin äitisi ja tätisi!	Vien teatteriin _____
	_____

3 Use the pairs of words according to the model.

Mitä Pekka haluaa? (jogurtti ja lusikka)
— Hän haluaa jogurttia ja lusikan.
— Sinun täytyy antaa hänelle jogurttia ja lusikka.

kahvi ja kuppi/kynä ja paperi/tee ja kuppi/olut ja lasi/muna ja suola (*salt*)/
nakki ja sinappi (*mustard*)/pihvi ja pippuri (*pepper*).

4 Look at the pictures and answer the questions.

Model: Miksi nainen menee kauppaan? — Hän ostaa kirjan.

Mitä hän tekee sitten
kotona?

Mitä poika tekee?
Miksi?

Mitä sinä näet
tässä kuvassa?

Minkä tyttö kirjoittaa?
Mitä hän sitten tekee?

Model: Kalle ja minä tanssimme diskossa.
— Liisa näkee Kallen ja minut.

Kalle ja me kävelemme kadulla.
Kalle ja sinä istutte ravintolassa.
Kalle ja te tapaatte kahvilassa.
Kalle ja hän ovat elokuvissa.
Kalle ja he juovat olutta baarissa.

6 Translate into Finnish.

We need (some) flowers. I'll go and buy the flowers right now.
Do you want to eat some grapes? You can eat all these grapes.
Mrs. Koivu will pay (some) bills. She'll pay the bills today.
The Lipponens will invite a few guests. They will invite the guests for dinner.
We shall meet a few friends on Sunday. We'll meet these friends at a restaurant.

7 Make sentences out of the following words:

turisti, ottaa, hotellihuone
minä, nähdä, kauppa, kaunis, rypäle
"saada, minä, yksi kilo?"
ihmiset, juoda, kahvi; minä, juoda, myös, kaksi, kuppi
sinä, tarvita, hyvä sanakirja
sinä, tarvita, lukeminen
tyttö, syödä, suuri omena; kaikki ihmiset, syödä, hedelmä
rouva Salmi, ostaa, uusi kahvikuppi
"saada, minä, 12, kuppi?"
jos, sinä, myydä, (sinun) auto, minä, ostaa, sinun auto
jos, sinä, myydä, (sinun) stereot, minä, ostaa, sinun stereot

8 Change into singular.

Model: Me tapaamme vanhoja tovereita.
— Minä tapaan vanhan toverin.

Naiset ostavat kauniita ruusuja.
He ostavat kalliita matkalippuja.
Te kutsutte vieraita.
Te näette tuolla hyvin vanhoja miehiä.

Opettajat tekevät vaikeita kysymyksiä.
Me annamme oikeita vastauksia.
Perheet tarvitsevat parempia asuntoja.

9 Answer with complete, negative sentences.

Model: Tapaatteko tänään Virtaset? — Emme tapaa tänään Virtasia.

Viettekö te nämä kirjeet postiin?   Haluatteko te nuo kasetit?
Ostatteko te ne kirjat?   Tunnetteko te nuo ihmiset?
Opitteko te nämä sanat?   Ymmärrättekö te ne asiat?
Luetteko te nämä tekstit?

10 Complete and answer the questions.

Jim on ollut Suomessa (vuosi). Kuinka kauan sinä olet ollut Suomessa?

Jimillä on suomen tunti (once) _____ viikossa. Kuinka usein sinulla on suomen tunti?

Jim kävelee (kilometri) joka päivä. Kuinka pitkän matkan sinä kävelet joka päivä?

Millä tavalla sinä menet töihin ja kuinka kauan se vie?

Kuinka usein sinä menet saunaan?

Kuinka kauan sinä normaalisti nukut?

Kuinka kauan sinä olet työssä?

Kuinka kauan sinä olet lounaalla?

Kuinka kauan sinä olet kesälomalla? Entä talvilomalla?

11 Find the questions to the following answers.

Liisa Salo matkustaa *yöjunalla* Vaasaan. Yöjuna lähtee Helsingistä *klo 23.00.* Juna saapuu Vaasaan *aamulla.* Liisa ostaa asemalta *kaksi naistenlehteä.* Liisa kävelee joka päivä *kolme kilometriä.* Liisalla on saksan kielen kurssi *kerran viikossa.* Liisa aikoo olla kurssilla *vuoden.*

12 Word review.

Minusta _____ on paras tapa matkustaa, mutta kallis. Tavallisesti matkustan _____, koska en halua viettää koko päivää matkalla. Pari kertaa vuodessa ostan uuden _____, niin tiedän junan _____ ajat meidän asemalta ja myös mihin aikaan junat _____ meidän asemalle. Kun lähden matkalle, _____ matkalaukkuuni vain vähän _____, niin ei tarvitse mennä _____ asemalle, vaan voin kävellä. Asemalla ostan _____ ja jos makuuvaunu ei ole täynnä, myös _____. Koska en polta tupakkaa, en matkusta tupakka_____. Koska minusta on hauska katsoa ulos, otan aina _____, jos saan.

Conversation.

a) On the basis of the time-table on this page, inquire about the departures and arrivals of the train between Helsinki and a few other stations. Take turns in inquiring and giving information. Use the 24-hour system.
(Note: *mäki mäen mäkeen, lahti lahden lahteen.*)

Aikataulu Helsinki—Martinlaakso

Martinlaakso	7.42	7.57	8.12	8.27	8.57
Louhela	7.43	7.58	8.13	8.28	8.58
Myyrmäki	7.45	8.00	8.15	8.30	9.00
Malminkartano	7.47	8.02	8.17	8.32	9.02
Kannelmäki	7.49	8.04	8.19	8.34	9.04
Pohjois-Haaga	7.51	8.06	8.21	8.36	9.06
Huopalahti	7.53	8.08	8.23	8.38	9.08
Ilmala	7.55	8.10	8.25	8.40	9.10
Pasila	7.57	8.12	8.27	8.42	9.12
Helsinki	8.02	8.17	8.32	8.47	9.17

Helsinki	15.27	15.42	15.57	16.12	16.27	16.42	16.57	17.12	17.27	17.57	18.27	18.52
Pasila	15.32	15.47	16.02	16.17	16.32	16.47	17.02	17.17	17.32	18.02	18.32	18.57
Ilmala	15.34	15.49	16.04	16.19	16.34	16.49	17.04	17.19	17.34	18.04	18.34	18.59
Huopalahti	15.36	15.51	16.06	16.21	16.36	16.51	17.06	17.21	17.36	18.06	18.36	19.01
Pohjois-Haaga	15.38	15.53	16.08	16.23	16.38	16.53	17.08	17.23	17.38	18.08	18.38	19.03
Kannelmäki	15.40	15.55	16.10	16.25	16.40	16.55	17.10	17.25	17.40	18.10	18.40	19.05
Malminkartano	15.42	15.57	16.12	16.27	16.42	16.57	17.12	17.27	17.42	18.12	18.42	19.07
Myyrmäki	15.44	15.59	16.14	16.29	16.44	16.59	17.14	17.29	17.44	18.14	18.44	19.09
Louhela	15.46	16.01	16.16	16.31	16.46	17.01	17.16	17.31	17.46	18.16	18.46	19.11
Martinlaakso	15.47	16.02	16.17	16.32	16.47	17.02	17.17	17.32	17.47	18.17	18.47	19.12

b) You are taking a trip by train from Helsinki to Oulu. Buy a single ticket, inquire about the time of departure and arrival, and about the platform. Try to get a sleeping berth (there aren't any) and a seat ticket on an express train. Specify what kind of car and seat.

Some figures to help you:
Departure from Helsinki at 20.00 (platform 8), arrival in Oulu 7.38
(the next morning *seuraavana aamuna*)

Anna-Maija Uusitalo aikoo matkustaa Helsingistä Kuopioon.
Listen to the tape and answer the following questions.

 Uusi sana: *jono* line, queue

Kysymykset:
a) Mihin aikaan yöjuna Kuopioon lähtee Helsingistä?
b) Mihin aikaan se saapuu Kuopioon?
c) Miltä laiturilta se lähtee?

*d) Mikä taksiaseman puhelinnumero on?
 e) Mikä Anna-Maijan osoite Helsingissä on?
 f) Millaisen matkalipun Anna-Maija ostaa?
*g) Miksi hän ei voi matkustaa tupakkavaunussa?
 h) Miksi hän ei voi matkustaa aamujunassa?
 i) Mistä hän saa paikkalipun Kuopion yöjunaan?

Lukemista   Reader

Vanha rouva Tuuri on menossa Joensuuhun tapaamaan ystäväänsä.
— Lennä sinne, äiti, hänen poikansa sanoo. Lentäminen on paras tapa
matkustaa.
— Eikä ole. Minä en pidä lentämisestä. Ihminen ei ole lintu. Minä me-
nen junalla, minulla on aikaa.
— Minä päivänä sinä lähdet? Perjantaina? Ahaa, sitten sinulla on vielä
viikko aikaa. Mutta minä voin ostaa sinulle huomenna paikkalipun,
jos haluat.
— Ei tarvitse. Minulla on jo. Minä ostan paikkalipun aina niin aikai-
sin, että saan varmasti ikkunapaikan.
Menee taas pari päivää. Rouva Tuurin matkalaukku seisoo jo ulko-
oven lähellä.
— Mutta isoäiti, sanovat lapsenlapset. Sinä matkustat perjantaina. Sii-
hen on vielä kolme päivää.
— Parempi kolme päivää liian aikaisin kuin kolme minuuttia liian
myöhään. Minä en pidä kiireestä.
Sitten tulee perjantai.
— Mihin aikaan sinun junasi lähtee? kysyvät kaikki.
— Kello kaksitoista. Mutta jos te viette minut asemalle kello yksitoista,
niin minulla on hyvää aikaa. Täytyy ostaa lukemista. Ja entäs jos
minun paikkalippuni onkin tupakkavaunuun ja se täytyy vaihtaa?
— Mutta äiti, ei sinun tarvitse mennä niin aikaisin. Liput tulevat tieto-
koneesta, ne ovat varmasti oikein. Eikä sinun tarvitse tehdä mitään.
Minä tulen kanssasi asemalle ja autan sinua.
— Olenko minä sinusta niin vanha, etten voi itse auttaa itseäni? Kuinka
minä sitten voin matkustaa Joensuuhun ja taas takaisin kotiin?
— Hyvä on, aivan kuten sinä haluat, äiti.
Asemalla rouva Tuuri ostaa matkalippunsa, naistenlehden ja Sime-
nonin dekkarin (detective story). Hän pitää Simenonista. Hän kysyy
asemamieheltä, missä Joensuun juna on. Hän kysyy samaa asiaa vielä
toiseltakin asemamieheltä, ja koska molemmat vastaavat samalla taval-
la, hän menee sille laiturille ja löytää junansa ja vaunansa.

Vaunussa istuu jo mies (noin 40) ja polttaa tupakkaa. Ilma on jo aivan sinistä tupakasta.

— Onko tämä vaunu 68? kysyy rouva Tuuri.

— On.

— Ulos täältä sitten, nuori mies. Täällä ei saa polttaa.

— Mikäs Napoleon te olette? Katsokaa tuonne, tämä on tupakkavaunu.

Rouva Tuuri katsoo. Se *on* tupakkavaunu.

■■■

Rouva Tuuri kertoo tästä usein. Ja joka kerta kun hänen poikansa lähtee matkalle, rouva Tuuri sanoo:

— Lähde tarpeeksi aikaisin asemalle. Se tietokone voi antaa sinullekin paikkalipun tupakkavaunuun.

VIIME VIIKONLOPPU — LAST WEEKEND

1 | Complete the following conjugations on the basis of the forms given.

inf.	viedä	_____	_____	_____	_____	_____	_____
minä	_____	lepäsin	_____	_____	_____	_____	_____
sinä	_____	_____	tanssit	_____	_____	_____	_____
hän	_____	_____	_____	kertoi	_____	_____	_____
me	_____	_____	_____	_____	näimme	_____	_____
te	_____	_____	_____	_____	_____	tunsitte	_____
he	_____	_____	_____	_____	_____	_____	auttoivat

2 | Conjugate in the present and past affirmative the verbs *saapua, löytää, kuunnella, pakata.*

3 | Model: Kun tulen kotiin, syön. — Eilen, kun tulin kotiin, söin.

Eilen | kun sinä _____ kotiin, sinä _____

kun Pekka _____ kotiin, hän _____

kun me _____ kotiin, me _____

kun te _____ kotiin, te _____

kun he _____ kotiin, he _____

Conjugate similarly:

Teen työtä koko päivän. — Eilen minä _____

4   Model: Ilma on kaunis. — Ilma oli kaunis.

Saavun Turkuun aamulla; aamujuna saapuu kello 8.
Lähdemme matkalle. Kalle lähtee mukaan.
Näen koulutoverisi asemalla. Kaikki näkevät tämän tv-ohjelman.
Pidättekö tästä filmistä? Pitääkö Heikki siitä?
Lähetän postikortin perheelleni. Kalle lähettää kukkia Liisalle.
Kirjoitatko kotiin? Mitä he kirjoittavat sinulle?
Otan pihvin. Liisakin ottaa pihvin.
Annamme myyjälle 20 markkaa, hän antaa 2 markkaa takaisin.
Sinä vaihdat Englannin puntia, nuo turistit vaihtavat dollareita.
Autan Kaijaa; hänkin auttaa minua.
Lapsi syö banaanin ja juo maitoa.
Tarjoilija tuo meille ruokaa ja vie lautaset pois.

5   Make sentences.

eilen, minä, kuunnella, paljon, radio
ajatella, sinä, eilen, tätä asiaa?
kuka, katsella, eilen, televisio?
me, nousta, eilen, myöhään
olla, te, viime sunnuntaina, kaupunki?
minne, pojat, mennä, hetki sitten?

6   Answer the questions.

Lennätkö usein, kun matkustat? En, mutta eilen minä _____

Löydätkö usein sieniä (*mushrooms*)? En, mutta eilen _____

Ymmärrätkö sinä Pekkaa? En, mutta kauan sitten _____

Tiedätkö sinä mitään psykologiasta? En, mutta kauan sitten

_____

Tunnetko sinä hyvin Sami Lehtisen? En, mutta kauan sitten

_____

7   Add the missing past tense.

Me halusimme levätä vähän ja me _____.

Me halusimme tavata pääministerin ja me _____.

Me halusimme pakata laukut ja me _____.

Me halusimme vastata hänelle "ei" ja me _____.

8 Retell the following sequence of events imagining they occurred yesterday.

Nousen kello 7.30. Syön voileipää ja juon kahvia. Lähden työhön. Olen työssä muutamia tunteja. Tulen ulos kadulle. Tapaan tuttavani, sanon "hei". Ostan lehtikioskista iltalehden. Soitan puhelinkioskista Villelle. Minulle tulee nälkä. Käyn baarissa, otan pihvin ja ranskalaisia perunoita. Luen samalla iltalehden. Saan laskun ja maksan sen. Haluan kävellä kotiin. Kävelen vähän matkaa, mutta minulla on liian vähän aikaa, minun täytyy mennä loppumatka raitiovaunulla. Kotona katselen tv-ohjelmaa. Pidän siitä. Kirjoitan kirjeen ja vien sen postilaatikkoon. Katson kelloa; näen, että se on puoli yhdeksän. Kun tulen takaisin kotiin, minulla on jano ja juon teetä. Ajattelen vähän viikonlopun ohjelmaa. Opiskelen vielä vähän, vaikka kello on jo paljon. Puoliyön aikaan menen nukkumaan ja nukun hyvin seitsemän tuntia.

Read it once more, imagining that these events happened to Pekka.

9 Look up the series of pictures in exercise 8, lesson 24, and describe what the Virtanens did during that evening and how they spent their weekend.

10 Tell us how Bill toured a) Europe and b) Finland during his stay here ("he went from France to England, from England to Holland" etc.).

a) Ranska—Englanti, Englanti—Hollanti, Hollanti—Kreikka, Kreikka—Turkki, Turkki—Neuvostoliitto/Venäjä, Neuvostoliitto/Venäjä—Suomi

b) Helsinki—Espoo, Espoo—Vantaa, Vantaa—Hanko, Hanko—Turku, Turku—Tampere, Tampere—Lahti, Lahti—Lappeenranta, Lappeenranta—Joensuu, Joensuu—Saarijärvi, Saarijärvi—Oulu, Oulu—Rovaniemi, Rovaniemi—Helsinki

11 Model: Ville menee Helsinkiin. — Ville käy Helsingissä.

Perhe menee saunaan joka viikko. Perhe meni kesämökille.
Vanhemmat menevät työhön. Tytöt menivät elokuviin.
Suomalaiset menevät usein maalle. Opiskelija meni kirjastoon.
Menettekö usein Turkuun? Menitkö eilen diskoon?
Mihin menemme viikonloppuna?
Savonlinna on kaunis kaupunki. Menkää sinne!
Tule joskus meille kahville!

12 The pronoun *jokin* has a regular inflection, except that the endings are inserted between **jo-** and **-kin** (see also Appendix 3:II of the Textbook). Add *jo/kin* in its proper form to the following sentences.

Naantali — mikä se on? _____ kaupunki Suomessa.

Missä Bill nyt asuu? _____ suomalaisessa kaupungissa.

Kenestä he puhuvat? _____ uudesta laulajasta.

Kenelle he aikovat kirjoittaa? _____ ministerille.

Mitä sinä haluaisit juoda? _____ kylmää.

Mihin Virtaset menivät? _____ juhlaan.

13 What are the questions to these answers?

Matkustimme *viime viikolla* Tukholmaan. Matkustimme viime viikolla *Tukholmaan*. Matkustimme sinne *autolautalla* (*lautta* ferry). Matka kesti *viisitoista tuntia*. Tapasimme tuttavia ja katselimme Tukholmaa. *Kyllä,* meillä oli oikein kivaa.

14 Word review.

— Mitäs _____ kuuluu, Jorma? — No, ei _____.
Kävimme maalla viikonloppuna. — Menittekö sinne eilen vai jo
_____? Ja kuinka kauan matka _____? — Vain
puoli tuntia. Ilma oli ihana, ja meillä oli oikein _____. Mitä sinä
_____ teit? — Ai minä? Meillä oli ranskalainen vieras, ja me
_____ Turussa. Turku on historiallinen kaupunki ja siellä on pal-
jon _____. Vieraani oli Turussa _____ _____, ja
hän piti siitä paljon. — Oliko tiellä paljon _____? Ei menomat-
kalla, mutta kyllä _____matkalla.

Conversation about a weekend trip to Jyväskylä on the basis of the outline given here in pictures; *or* conversation about an interesting trip you have taken.

A. viikonloppu?
B. Helsinki→Jyväskylä/lauantai, J:kylä→Helsinki/sunnuntai

A.

B.

A.

B. Hki→J:kylä 3 1/2 h, J:kylä→Hki 4 h;

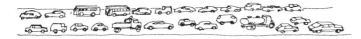

A. mitä tehdä, J:kylä?

B. 12.30   17.00   19.00

A. ostaa, jotakin?

B.

16 Here are two topics. Choose one of them and write about it (minimum 100 words). (Avoid telling what you did not do, as the negative past has not yet been introduced.)

a) Viime viikonloppu
b) Hauska matka

17 Listen to the description of Marjatta Saari's class reunion and answer the questions.

a) Missä Marjatta Saari asuu?
b) Miksi hän käy usein Rovaniemellä?
c) Millä tavalla Marjatta matkusti luokkakokoukseen?
*d) Montako poikaa ja tyttöä tuli luokkakokoukseen?
e) Millä tunnilla he kävivät vanhassa koulussansa?
f) Mitä he tekivät Liisa Järvisen kodissa?
*g) Mitä kulttuuriohjelmaa heillä oli illalla?
h) Mihin aikaan kokouksen ohjelma loppui?
i) Missä seuraava luokkakokous on?

Lukemista   Reader

Viime lauantaina kävimme Hvitträskissä. Hvitträsk (lue *viitresk*) on suuren suomalaisen arkkitehdin Eliel Saarisen (1873—1950) koti Kirkkonummella Helsingin lähellä.

Hvitträsk, jossa Eliel Saarisella oli toimisto ja asunto ja jossa ensin asui kaksi muutakin arkkitehtia, Saarisen ystäviä, on melkein kuin linna. Se on kauniilla paikalla mäellä, jolta vie tie alas järven rantaan. Siellä on paljon vihreitä puita ja erilaisia kukkia. Talo on kansallisromanttista tyyliä (*style*), tehty kivestä ja puusta. Saarinen toimi siellä tämän vuosisadan alussa parikymmentä vuotta, samaan aikaan kuin Sibelius sävelsi Ainolassa Helsingin pohjoispuolella. Hvitträskissä kävi paljon vieraita kotimaasta ja ulkomailta, ja Saarinen piirsi taloja ei vain Suomeen, vaan myös Amerikkaan ja Australiaan. Saarisen työ on esimerkiksi (*for instance*) Helsingin asematalo.

Ajoimme Hvitträskiin autolla, ja ajomatka kesti noin 50 minuuttia Helsingin keskustasta. Kävimme katsomassa eri huoneita. Saarinen itse piirsi kaikki tuolit ja muut huonekalut ja hänen vaimonsa kutoi (kutoa *to weave*) tekstiilit. Hvitträskissä on samoja kukkiakin kuin Saarisen perheen aikana, ja vaikka talo nyt on museo, se on todella vieläkin kuin koti.

Saariset muuttivat (muuttaa *to move*) tästä kauniista kodista Yhdysvaltoihin vuonna 1923. Amerikassa Saarinen opetti ja asui Cranbrookin akatemiassa Michiganin valtiossa. Hänen poikansa Eero Saarinen (1910—1961) oli hänkin tunnettu arkkitehti.

Kävelimme myös järven rantaan. Kun nousimme takaisin mäelle, kävimme katsomassa Eliel Saarisen ja hänen vaimonsa hautaa Hvitträskin metsässä. Kaikesta kävelemisestä ja katselemisesta meille tuli kova jano, ja menimme kahville pieneen kahvioon (= kahvilaan), ennen kuin lähdimme ajamaan takaisin pääkaupunkiin.

KYSYMYKSIÄ:

Kuka Eliel Saarinen oli?
Mitä tyyliä Hvitträsk on?
Mihin hän lähti Hvitträskistä?
Missä hänen hautansa on?

Hvitträsk

28

PUHELINKESKUSTELU
TELEPHONE CONVERSATION

1 Group the following twelve verbs according to their verb type and write their principal parts.

hiihtää to ski	*jäädä* to remain	*tulkita* to interpret
leipoa to bake	*kuolla* to die	*reagoida* to react
luoda to create	*surra* to mourn	*lainata* to borrow
tarjota to offer	*kulkea* to go, travel	*julkaista* to publish

voida verbs: _____

(*voin voi*) _____

_____

puhua verbs: _____

(*puhun puhui*) _____

_____

tulla verbs: _____

(*tulen tuli*) _____

_____

haluta verbs: _____

(*haluan halusi*) _____

merkitä verbs: _____

(*merkitsen merkitsi*)

2 You have here the principal parts of two new verbs. Fill in the gaps in the following sentences with suitable forms of these verbs.

a) *keittää keitän keitti* to cook, boil

Minun täytyy _____ perheelleni joka aamu kananmunia. Tavallisesti minä _____ neljä, mutta naapurin rouva _____ kuusi, koska hänellä on neljä lasta. Mutta tänä aamuna minä _____

vain yhden ja naapurin rouvakin _____ vain yhden, koska olimme molemmat yksin kotona.

b) *hakea haen haki* to fetch, go and get

— Voitko sinä _____ minulle kaupasta vähän kermaa (*cream*),
Pekka?

— Minä _____ heti.

Pekka on kiva, hän _____ minulle usein tavaraa kaupasta. Tänä aamuna minä _____ torilta vihanneksia ja kukkia, Pekka

_____ kaupasta maitoa ja lihaa.

---

3 Could you "guess" the basic forms of the verbs italicized in the sentences below?

Kello *löi* 12.	_____ to strike, beat
Kiinalaiset *viljelevät* riisiä.	_____ to cultivate, grow
Joskus *herään* yöllä ja *valvon* kauan.	_____ to wake up
	_____ to stay awake
Lahtiset *vuokrasivat* asunnon.	_____ to rent
Missä Punkaharju *sijaitsee?*	_____ to be located

---

4 Complete by using proper forms of *aikoa, haluta, tahtoa, osata, voida, saada, täytyä* (note that sometimes more verbs than one are possible).

_____ minä häiritä teitä vähän?

Koirat eivät _____ lentää.

_____ te polttaa? Tässä on tupakkaa.

Missä me _____ syödä hyvin, mutta halvalla?

Minä _____ löytää itselleni työpaikan. Minun _____

saada rahaa.

Mihin Simo _____ matkustaa ensi viikolla?

Tämä ulkomaalainen ei _____ mennä työhön, koska hänellä ei

ole työlupaa.

Pekka, sinä et _____ mennä ulos leikkimään näin myöhään.

_____ sinä puhua espanjaa? Kuka _____ hyvin

venäjää?

Aivan pieni lapsi ei _____ kävellä eikä puhua.

5 Translate into Finnish.

We intend to go to Rovaniemi, and the Virtanens intend to come along (*mu-kaan*).
I'd like to take French lessons.
You must think it over (= think of the matter).
Can you drive the car (*autoa*)? Yes, I can.
Pekka cannot drive now; he drank a couple of beers.
They had to leave very early.
You mustn't smoke so much.
From the hill (*mäki,* gen. *mäen*) they could see a pretty little lake.

6 Use the "polite" conditional in the following sentences.

Saanko viisi kiloa perunoita?
Voitko sinä antaa minulle sata markkaa? Minä maksan sen takaisin ylihuomenna.
Haluan kysyä, mihin aikaan juna saapuu Kokkolaan.
Autatteko te meitä vähän?
Onko teillä aikaa tulla meille kylään perjantai-iltana?
Meidän täytyy nyt levätä.
Etkö sinä halua levätä?
Etkö sinä kerro minulle miksi olet niin surullinen (*sad*)?

7 Mitä sinä tekisit, jos sinulla olisi vapaa ilta?

A. Minä _____ kivan romaanin.

B. Minä en _____ kivaa romaania,

   minä _____ kirjeitä.

C. Minä en _____ kirjeitä, minä _____

   televisiota.

D. Minä en _____ televisiota, minä _____

   musiikkia.

E. Minä _____ _____ musiikkia,

   minä _____ pianoa.

F. Minä _____ _____ pianoa,

   minä _____ venäjää.

G. Minä _____ _____ venäjää,

   minä _____ vieraita.

H. Minä _____ _____ vieraita,

   minä _____ kylään.

I. Minä _____ _____ kylään,

   minä _____ tyttöystäväni diskoon.

J. Minä _____ _____ tyttöystävääni diskoon,

   minä _____ saunassa.

K. Minä _____ _____ saunassa,

   minä _____ kahvia ja _____ suklaa-

   kakkua.

L. Ja minä en _____ mitään, minä

   _____ vain laiska.

Do the exercise again, this time with different subjects:

B. Liisa ei ... C. Me ... D. Te ... E. Sinä ... F. Liisa ... G. Me ...
H. Virtaset ... I. Sinä ... J. Te ... K. Liisa ja Maija ... L. Monet ...

8 Make *jos* sentences out of the words given below ("if something happened, something else would happen").

jos, aurinko, paistaa, me, lähteä, kesämökki
jos, Pekka, tulla, meille, me, keskustella, yhdessä, politiikka
jos, lapsi, olla, väsynyt (*tired*), se, nukkua
jos, Kalle, saada, parempi palkka, hän, voida, ostaa, oma asunto
Bill, ymmärtää, suomalaisia, jos, he, puhua, hitaasti
hän, pitää, sauna, jos, se, ei olla, aivan niin kuuma
tämä mies, ei lähteä, Ruotsi, jos, hän, olla, työtä, Suomi
me, käydä, usein, teillä, jos, te, ei asua, niin kaukana
jos, minä, olla, paljon rahaa, minä, matkustaa, paljon

9 -han (-hän).

a) Replace the question tag *eikö niin, eikö olekin* with the suffix -**han** (-**hän**).

Liz. Hui kuinka kylmä ilma!
Bill. Niin, me olemme Suomessa, eikö niin? Suomi on kylmä pohjoinen maa, eikö niin?

■ ■ ■

Liz. Rouva Jussila puhuu hirveän hyvin ranskaa.
Bill. Hän on belgialainen, eikö olekin?

■ ■ ■

Liz. Täällä on kaunista, eikö olekin?
Bill. Minä sanoin sinulle, eikö niin, että täällä on kaunista.

b) Translate.

I wonder if Liisa is at home? I wonder if she knows that we are here?
I wonder where the children are? I wonder what mother will say?
I wonder who that man was?

10 Fill in the gaps with *sitten* or *silloin*.

Menimme lauantaiaamuna ostoksille. _____ oli vielä kylmä.

_____ tulimme takaisin kotiin. Kello oli _____

kymmenen. _____ tuli lounasaika. Istuimme jo pöydässä.

_____ puhelin soi. Siellä oli ystävämme Risto Kunnas. "Tunnet-

teko te Lohjan vanhan kirkon?" hän kysyi. — "Me kävimme Lohjalla pari

vuotta _____, mutta _____ kirkko oli suljettu."

— "No, _____ te varmasti lähdette meidän kanssa katsomaan

sitä." — "Sopii hyvin. Milloin lähdemme?" — "Me syömme ensin vähän ja

_____ me tulemme teille."

— "Hyvä on, hei vain, näkemiin."

11 What are the questions to these answers?

Minä haluaisin *keskustelu*tunteja. Haluaisin *kaksi* tuntia viikossa.
Haluaisin tunnit *illalla*. Olen työssä *puoli viiteen* saakka.
Minä osaan (puhua) *englantia, ranskaa ja vähän suomea*.

12 Word review.

— Hyvää päivää, onko Marja Luoma _____? — Kyllä, olen

_____. — Anteeksi, että _____ teitä, mutta mi-

nulla on teille asiaa. Te annatte suomen kielen tunteja, _____?

— Kyllä minä annan. Te osaatte jo suomea, te kai haluaisitte _____

tunteja? — Aivan niin, kaksi _____ viikossa. — _____

teille maanantai-ilta? — Maanantai ei _____, olen iltatyössä kel-

lo kahdeksaan _____. — No, sitten esimerkiksi tiistaina. Voim-

meko _____ jo tällä viikolla?

13 Conversation.

a) Call a Finnish person, who gives lessons, and agree with her on taking easy conversation lessons. Discuss the times (how many times a week?), the price, when to begin, the teacher's address and phone number etc.

b) Call Mr. Lammio, the manager of a Finnish firm. Explain that you are a foreign student who would like a summer job (*kesätyötä*). He inquires about your age, country, what you do in Finland, what kind of work you can do etc. You give him the information and tell him that you will do any kind of work (*mitä työtä vain*); you have a scholarship but not in summer (*kesällä*) and that you have a work permit. Agree on meeting him at his office at the time he suggests.

14 On the basis of what you have just heard on the tape, are the following statements true or false?

 Totta vai ei?

a) Whitneyt osasivat jo puhua vähän suomea, kun he tulivat Suomeen.
b) Opettajan löytäminen oli vaikeaa, mutta suomalainen tuttava auttoi heitä.
c) Rouva Whitney sanoi, että suomen puhuminen oli hänestä vaikeaa, mutta että hän ymmärsi suomea helposti.
*d) Herra Whitney halusi kaksi tuntia viikossa ja rouva Whitney yhden.
e) Suomen tunnit olivat illalla, vaikka se sopi huonosti herra ja rouva Whitneylle.

147

Ulla tiesi jo joulukuussa, mitä hän tekisi seuraavalla lomalla: hän matkustaisi Italiaan. Hän ottaisi ensin italian tunteja. Helsingissä olisi varmasti helppo löytää joku, joka opettaisi hänelle tätä kaunista kieltä; Helsingissähän on niin paljon ulkomaalaisia. "Onkohan italia vaikea kieli?" hän ajatteli. "Ei kai." Hän osasi jo sanoa "mamma mia" ja "ciao". Niin, sitten hän menisi kesätyöhön. Kyllähän nuori ihminen, joka haluaa tehdä työtä, aina löytäisi jonkin työpaikan. Hän olisi työssä viikonloppunakin ja saisi sillä tavalla enemmän rahaa. Hänellä olisi aika paljon rahaa heinäkuun lopussa. Sen jälkeen hän ostaisi interraillipun ja matkustaisi elokuun ajan Italiassa toisesta kaupungista toiseen. Hän kävisi Venetsiassa ja katselisi sitä gondolista. Hän kävisi Firenzessä, ottaisi kuvia Rooman Pietarinkirkosta ja näkisi ehkä itse paavin. Hän menisi Napoliin ja Caprille, hän uisi sinisessä Välimeressä, hän ostaisi eleganteja italialaisia vaatteita (*clothes*). Ei, eihän hänellä olisi niin paljon rahaa, että hän voisi ostaa niitä. Mutta voisihan hän katsella niitä, se ei maksaisi mitään. Ja jos hänellä olisi oikein hyvä onni, hän tapaisi ehkä nuoren miehen, jolla olisi mustat silmät ja joka tanssisi kuin nuori Nurejev.

Mutta aina ei käy niin kuin Ullat ajattelevat ja toivovat. Ensin oli vaikea löytää opettajaa. Sitten opettaja oli huono — tai ehkä Ullalla oli huono kielipää. Yhden kesätyöpaikan Ulla kyllä löysi, mutta firma oli niin kaukana ja palkka niin pieni, että Ullan täytyi sanoa kiitos ei. Mutta pian sen jälkeen onni kääntyi: Ulla tapasi Karin. Karilla oli harmaat silmät, hän oli ujo ja tanssi niin kuin ujo suomalainen poika tanssii. Mutta hän piti Ullasta hirveästi ja Ulla piti hänestä hirveästi, ja molemmat ovat nyt hyvin onnellisia. Voi olla, että he menevät Italiaan hää(*wedding*)matkalle, jos heillä on tarpeeksi rahaa. Jos ei, he menevät Kuopioon, josta Kari on kotoisin. Ja sekin on ihan kivaa.

KYSYMYS:

Onko sinusta tällä tarinalla (*story, tale*) onnellinen vai onneton loppu?

29

LIISA JA KALLE KATSELEVAT PERHEKUVAA
LIISA AND KALLE ARE LOOKING AT A FAMILY PICTURE

1 a) Add the proper poss. suffixes.

	täti	äidinkieli	pieni poika	vanhat tuttavat
minun				
sinun				
hänen				
meidän				
teidän				
heidän				

b)
Mikä sinun (kotikaupunki) on?
Minun (asunto) on kaukana keskustasta.
Hänen (suku) on kotoisin Karjalasta.
Missä heidän (kesämökki) on?
Elääkö teidän (isoäiti) vielä?
Minun (palkka) nousi viime kuussa.
Onko teidän (työlupa) vielä voimassa (*valid*)?
Minusta sinun uusi (kasetti) oli huono.
Meidän (aika) on atomi- ja tietokoneaikaa.

c)
Tämä on minun (kirja, huone, osoite).
Tämä on sinun (nimi, veli, lapsi, sanomalehti).
Tuo on hänen (puhelin, avain, levysoitin).
Meidän (aamiainen, päivällinen, lounas) oli hyvä.
Teidän (kysymys) oli vaikea; minun (vastaus) voi olla väärä.
Mihin aikaan heidän (kokous) on tänään?
Mikä on hänen (salaisuus)?
Anna minulle (sinun) käsi!
Tuolla seisovat Anna-Liisa ja hänen (mies).

2 Omit *minun, sinun, hänen, meidän, teidän, heidän* when possible.

Minun isäni on 50-vuotias.
Hänen osoitteensa on Lapinkatu 35 B.
Onko tämä sinun autosi vai Pekan?
Antaisitko minulle heidän puhelinnumeronsa?
Tunsimme hyvin hänen serkkunsa.
Pikku Pekka osaa jo syödä itse hänen puuronsa.
Leena antoi meille hänen oman sanakirjansa.
Leivon itse minun leipäni.

3 Change into the plural.

Ystäväni tuli eilen meille. Vanha ystäväni tuli eilen meille.
Tämä tuttavamme asui Oulussa. Tämä hyvä tuttavamme asui kauan Oulussa.
Heidän lapsensa kävi siellä koulua. Heidän pieni lapsensa kävi siellä koulua.

4 Answer the questions using the words given below.

Kenet tapasit eilen?
ystävä — (minun) ystävä — (minun) vanha ystävä
serkku — (sinun) serkku — (sinun) tamperelainen serkku
naapuri — (teidän) naapuri — (teidän) uusi naapuri
poika — heidän poika — heidän pieni poika
vanhemmat — (minun) vanhemmat — (sinun) vanhemmat

5 Use the parallel suffix of the 3rd pers. (prolongation of the vowel + **n**) whenever possible.

Perhe istui autossansa. He tulivat kesämökiltänsä.
He ajoivat kahdessa tunnissa kotiinsa.
Siinä heidän kotinsa jo oli! He pitivät paljon kodistansa.
Isä rakasti televisiotansa, lapset kissaansa ja äiti kukkiansa.

6 Add correct poss. suffixes.

(Minun) asunnossa_____ on kolme huonetta. (Meidän) kaupungissa_____ asuu 10 000 henkeä. (Teidän) maassa_____ on paljon järviä. (Sinun) kodissa_____ on paljon kukkia. Heidän toimistossa_____ on usein ylityötä. Ostimme kukkia isoäidille_____. Lapset ostivat makkaraa kissalle_____. Pidättekö työstä_____?

Lapset eivät aina pidä koulusta_____. Onko (sinun) äidillä_____ sisaria ja veljiä? Teidän pojalla_____ on hyvä musiikkikorva. Hänen isällä_____ on vain yksi veli.

150

7 Answer the questions on the basis of the pictures. Use complete sentences, including poss. suffixes ("his car", "her TV" etc.).

Missä mies istuu? Mihin poika menee?

Mistä nainen ja mies tulevat?

Mitä nainen katsoo?

Kenelle hän kirjoittaa? Millä hän ajaa?

Liisa   poikaystävä   Liisan koira

Kenestä Liisa pitää? Minkä Liisa
Ketä Liisa rakastaa?   näkee?

8 Say, with complete sentences, what these people have.

isä, olla, auto
minun isä, olla, Fiat
hänen isä, olla, Volvo

äiti, olla, romaani
sinun äiti, olla, Mika Waltarin romaani
heidän äiti, olla, Veijo Meren romaani

sisko, olla, piano
teidän sisko, olla, viulu
hänen sisko, olla, kitara

Kalle-veli, olla, paljon levyjä
sinun veli, olla, rock-levyjä
heidän veli, olla, jazz-levyjä

9 a) Make sentences out of the following words.

ulkomaalainen, opiskella, suomen kieli
ihmiset, odottaa, juna, asema
me, ajatella, te, usein
naapurit, auttaa, me, viime viikonloppu
katsoa, te, television sarjaohjelma (pl.)?
ranskalaiset, rakastaa, viini

b) Replace *pitää* with *rakastaa*.

Minä pidän sinusta.
Suomalaiset pitävät saunasta.
Risto pitää musiikista.
Kenestä Liisa pitää?

Pidätkö sinä minusta?
Italialaiset pitävät oopperasta.
Minä pidän vanhemmistani.
Pidätkö sinä siitä?
Mistä sinä pidät?

---

10 Read aloud the dates of some important Finns.

Mikael Agricola, Suomen kirjakielen isä (1510—1557) (lue: vuodesta ... vuo-teen ...; numbers uninflected)
Elias Lönnrot (lue lönruut), Kalevalan julkaisija (1802—1884)
J.L. Runeberg (lue ruuneber), Suomen kansallisrunoilija (1804—1877)
J.V. Snellman, filosofi ja valtiomies (1806—1881)
Aleksis Kivi, kirjailija (1834—1872)
Jean Sibelius, säveltäjä (1865—1957)
Alvar Aalto, arkkitehti (1898—1976)

---

11 Kysymyksiä.

a) Minä vuonna henkilö on syntynyt, jos hän on nyt 26-vuotias?
b) Kuinka vanha henkilö on, jos hän on syntynyt v. 1949?
c) Mikä sinun syntymäpäiväsi on?
d) Paljonko sisaria ja veljiä sinulla on?
e) Onko sinulla paljon serkkuja ja pikkuserkkuja?
f) Elävätkö vanhempasi vielä?
g) Elävätkö molemmat isoisäsi ja isoäitisi vielä? Kuinka vanhoja he ovat?
h) Missä maassa sinun sukulaisesi asuvat?

---

12 Find the questions to these answers:

Timo on *17-vuotias*. Hän on syntynyt *vuonna 1966*. *Ei*, Villen isä on *kuollut*.
Kaisa menee naimisiin *Raimon* kanssa.

---

13 Word review.

Isän tai äidin sisar on _____, isän veli on _____

ja äidin veli on _____. Onko serkkusi Riitta tässä kuvassa edessä

vai _____? Olli ja Marja-Liisa eivät ole vielä _____,

mutta kylläkin jo kihloissa. Ja luulen, että he menevät pian _____.

Kuinka vanha Marja-Liisa on? Hän on 23-_____.

14 Keskustelu. Discuss your families, if possible on the basis of a family picture or pictures. Talk also about your larger family (*suku*), how many aunts, uncles etc. you have, where they live, what they do, within the limits of your vocabulary.

15 Write about 100—150 words about the topic *Rakas perheeni* or *Rakas sukuni*.

16 Kuunteluharjoitus.

Fill in the blanks in the pedigree on the basis of the information which you hear on the tape.

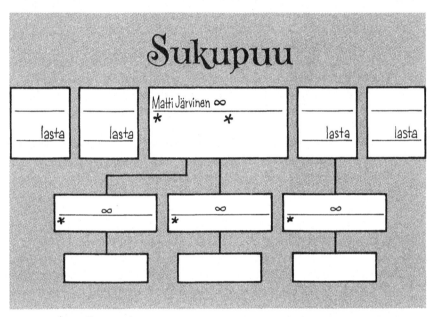

✱=syntymävuosi

Janne ∞ Ulla =
Janne on naimisissa Ullan kanssa

On the basis of the pedigree, answer the following questions.
a) Kuinka vanhoja ovat Matti ja Kaija Järvinen?
b) Kuinka suuri perhe Pekalla on?
c) Kenen kanssa Riitta on naimisissa?
d) Kuinka vanha Jussi on?
e) Mikä sukulainen Matti Järvinen on Minnalle?
f) Mikä sukulainen Mikko on Pekalle?
g) Mikä sukulainen Olavi on Riitalle?
h) Montako tätiä Pekalla on?
i) Montako serkkua Jussilla on?
j) Montako veljeä Minnalla on?

Viime heinäkuussa äitini suvulla oli sukukokous Saarijärvellä, josta äidin isovanhemmat olivat kotoisin. Kokoukseen saapui noin kuusikymmentä sukulaista joka puolelta Suomea. Muutamat asuvat vieläkin Saarijärvellä tai sen lähellä, monet tulivat Jyväskylästä ja jotkut Helsingistä ja Lapista saakka. Siellä oli isoisiä ja -äitejä, setiä, enoja ja tätejä, lastenlapsia, veljenpoikia ja -tyttäriä, sisarenpoikia ja -tyttäriä, serkkuja ja pikkuserkkuja.

Kokous kesti viikonlopun. Lauantaina söimme lounasta Järvelän talossa, jossa äidin isovanhemmat elivät kymmenen lapsensa kanssa ja tekivät pitkän päivätyönsä. Lounaalla oli vain vanhoja saarijärveläisiä maalaisruokia ja -juomia. Monille meistä ne olivat uusia, mutta lapsetkin söivät niitä hyvällä ruokahalulla.

Lounaan jälkeen lähdimme katselemaan Saarijärven kaunista luontoa (*nature, scenery*), joka inspiroi Suomen kansallisrunoilijaa J.L. Runebergia, kun hän asui Saarijärvellä vuodesta 1823 vuoteen 1825. Kävimme katsomassa historiallista taloa, jossa hän asui ja joka seisoo vielä tänäänkin samalla paikalla.

Illalla oli sukujuhla (juhla *festival occasion, party, entertainment*), jossa oli mukavaa ohjelmaa. Enoni Jorma, joka on hyvä puhuja, puhui siitä, mitä sukutraditiot merkitsevät meidän kaikkien elämässä. Serkkuni Markku lauloi kauniilla baritonillaan Valentinin aarian Gounod'n oopperasta Faust, pikkuserkkuni Eeva-Liisan poika ja tytär lauloivat duettoja ja setäni Asko soitti kanteleella[1] suomalaisia kansanlauluja (kansa *folk, people*). Lopuksi kaikki, vanhat ja nuoret, tanssivat vanhoja tansseja, kuten polkkaa, valssia ja masurkkaa. Se kaikki oli hauskaa, mutta ehkä parasta oli vain tavata sukulaisia, keskustella heidän kanssaan ja kuulla heidän uutisiaan. Me nauroimme paljon ja joskus vähän itkimmekin yhdessä.

Sunnuntaiaamuna menimme kaikki Saarijärven kauniiseen kirkkoon ja veimme kukkia Järvelän sukuhaudalle. Järvelän talo tarjosi meille vielä lähtökahvit. Kun ilmakin oli kaunis ja lämmin, sukukokouksemme oli todella onnistunut (*successful, a success*). Varmasti kaikki toivovat, että meillä olisi pian seuraava tapaaminen.

---

[1]kantele *Suomen kansallissoitin*

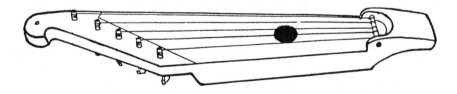

30

KATSOKAA TÄNNE JA HYMYILKÄÄ!
LOOK HERE AND SMILE, PLEASE!

1 a) Use the informal imperative (affirmative or negative) of the verbs given
   below to complete the following paragraph.

Kuinka voit elää tervettä elämää:

_____ liian paljon sisällä, vaan _____ paljon ulko-

na, _____, _____ tai _____ pol-

kupyörällä. _____ liian paljon autolla.

_____ paljon hedelmiä ja vihanneksia, mutta _____ liian paljon

sokeria.

_____ liikaa (= liian paljon) alkoholia.

_____ tupakkaa.

_____ tarpeeksi, _____ liian pitkiä työpäiviä.

_____ kahdeksan tuntia yössä.

_____ hyvää musiikkia. _____ hyviä kirjoja,

_____ skandaalilehtiä.

_____ liikaa yksin, vaan _____ ystäviäsi,

_____ heidät kylään tai _____ itse kylässä.

Jos sinulla on ongelma (= probleema), _____ sitä yksin,

vaan _____ siitä ystäväsi kanssa.

_____ optimisti, _____ aina parasta.

Verbit: *istua — liikkua — kävellä — juosta — ajaa — ajaa — syödä — syödä
— juoda — polttaa — levätä — tehdä — nukkua — kuunnella — lukea — lukea
— olla — tavata — kutsua — käydä — ajatella — keskustella — olla — toivoa*

b) Do the exercise once more, this time using the formal imperative.

2 Translate into Finnish, using a) the sing., b) the plural form of the imperative.

Don't leave yet! Don't wait for us (*meitä*)! Don't disturb him! Don't always repeat the same thing! Don't buy that dictionary, it isn't good! Don't come here now! Don't take that pen! Don't always tell us that old joke (= *vitsi*)! Don't answer in English! Don't give them my phone number!

3 Imperative with the direct object. Complete:

Minä ostan auto_____. Osta auto_____! (Älä osta auto_____!)

Minä teen se_____. Tee se_____! (Älä tee s_____!)

Minä luen kirja_____. Lue kirja_____! (Älä lue kirja_____!)

Kirjoitan kirje_____. Kirjoita kirje_____! (Älä kirjoita kirje_____!)

Syön omena_____. Syö omena_____! (Älä syö omena_____!)

mutta:

Kutsun hän_____ kahville. Kutsu hän_____ kahville. (Älä kutsu hän_____

kahville!)

Ostan kirjepaperi_____. Osta kirjepaperi_____! (Älä osta kirjepaperi_____!)

4 Answer the questions, including postpositions in your answers.

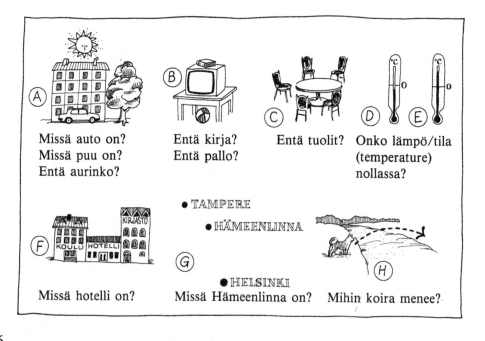

Missä auto on?   Entä kirja?   Entä tuolit?   Onko lämpö/tila
Missä puu on?   Entä pallo?   (temperature)
Entä aurinko?   nollassa?

● TAMPERE

● HÄMEENLINNA

Missä hotelli on?   Missä Hämeenlinna on?   Mihin koira menee?

● HELSINKI

5 Fill in the blanks with correct postpositions which you will find in the alphabetical list below.

Haluaisimme matkustaa Japaniin Siperian _____.

Tässä liikkeessä on ale tämän viikon _____.

Älä mene tämän oven _____, Niemiset asuvat tässä!

Bill asuu Suomessa Aholan perheen _____. Hän asuu samassa huoneessa Risto Aholan _____.

Lentokone lensi kaupungin _____.

Postpositiot: *aikana, kanssa, kautta, luona, ohi, yli.*

6

Anna	Kirsti	Jouni
Tapani	Jaana	Jukka
Minna	Anneli	Petri

Tässä istuu yhdeksän koululaista luokassaan. Anna, Kirsti ja Jouni istuvat edessä.

a) Kerro missä Minna istuu, missä Jaana istuu jne.

b) Nyt sinä olet Jaana. Kerro missä Anneli istuu, missä Jukka istuu jne.

c) Nyt aloitat: "Jaana istuu keskellä. Anneli istuu hänen _____"
jne.

7 Use words of the series *tässä — tästä — tähän, tuossa — tuosta — tuohon, siinä — siitä — siihen* instead of *täällä — täältä — tänne* etc.

Liisa. Miksi tämä tuoli on täällä? _____
Äiti. Se on siellä, koska Pekka pani sen sinne.

_____   _____

Liisa. Se on tiellä (*in the way*), minä panen sen tuonne.

_____

■ ■ ■

Isä. Miksi tuo tuoli on tuolla? _____
Liisa. Se on siellä, koska minä panin sen sinne.

_____   _____

Isä. Se on tiellä, minä panen sen tänne._____

8 Complete the questions with proper forms of *kumpi*.

_____ on parempaa, liha vai kala?

_____ pidät enemmän, musiikista vai tanssista?

_____ haluat, kahvia vai teetä?

_____ aiot soittaa, Liisalle vai Maijalle?

_____ sait kirjeen, Villeltä vai Kallelta?

_____ maahan haluaisit matkustaa, Belgiaan vai Hollantiin?

_____ nimi Antero on, tytön vai pojan?

_____ autolla haluaisit ajaa, Fiatilla vai Rolls Roycella?

9 Sanakertaus.

Nyt kuvan ottaminen _____, tulkaa kaikki mukaan! Isoisä, se

tuoli on liian painava, älä _____ sitä itse! _____

tuoli sinusta on parempi, tämä vai tuo toinen? Kuule Jaana, sinä olet taas

_____ mahdoton, sinä _____ meitä kaikkia. Mik-

si sinä juokset, etkö voisi istua _____ tuossa äidin edessä? Mitä,

Mustiko kuvaan? No, _____ sitten Musti keittiöstä, mutta nope-

asti, jos _____. No niin, ovatko nyt kaikki _____?

_____ nyt oikein kauniisti! Selvä on, kiitoksia kaikille.

10 On the basis of the description you will hear on the tape, draw the interior of the room.

Looking at your drawing, describe what there is in the room and what the people and animals in it are doing.

Lukemista   Reader

Vanha, yli 80-vuotias isoäitini asuu Heinolan kaupungissa. Kun kävin siellä viime kesänä, hän sanoi minulle:
— Pekka, haluaisitko sinä katsoa tätä vanhaa perhekuvaa? Sen otti hyvä ystävämme tohtori Mikkola, joka kuoli jo monta vuotta sitten. Tässä keskellä olemme isoisäsi ja minä.
— Kuinka kaunis sinä olit nuorena, isoäiti! Ja kuinka kaunis hattu sinulla oli!
— No, en tiedä, olinko kaunis vai en, ja tässä kuvassa olin jo yli 30-vuotias, mutta hattu oli todella hieno. Pidin siitä hyvin paljon. Isoisä toi sen minulle, kun hän kävi Pariisissa. Niin, tuossa ovat sitten lapset. Tunnetko tämän pitkän pojan, joka seisoo isoisän vieressä? Etkö? Hän on sinun Paavo-setäsi. Hänen edessään on sinun isäsi.
— Kuinka vanha isä oli tässä kuvassa?
— Hetkinen, minun täytyy ajatella . . . Hän oli noin 9-vuotias. Hän oli siihen aikaan aika villi poika. Sinun isäsi vieressä seisoo Veikko-setäsi. Hän oli niin aurinkoinen lapsi, hänelle kaikki oli helppoa, me odotimme hänestä paljon. Mutta sitten tuli talvisota ja Veikko kaatui jo ensimmäisen viikon aikana (*kaatua* to fall; to be killed in battle). Se oli suuri suru, mutta elämä menee eteenpäin ja aika parantaa.
— Sinun edessäsi on Aino-täti, eikö niin?
— On. Ja tämä pikku tyttö, jolla on niin suuret silmät ja joka nauraa niin iloisesti, on sinun tätisi Kerttu. Hän on tässä kuvassa noin 5-vuotias.
— Niin, minä muistan että me lapset kutsuimme häntä nimellä ''naurava täti''. Me rakastimme häntä kovasti. — Sinulla oli paljon työtä, isoäiti, näin ison perheen kanssa.
— Niin oli, mutta se oli hauskaa aikaa. Meillä kävi aina paljon vieraita, lapsetkin toivat kotiin omia tovereitaan. Voi kuinka mukavaa meillä oli! Mutta nyt isoisä ei enää elä, ja niin monet muutkin ystävät ovat kuolleet . . . Mutta katsotaan nyt muitakin kuvia!
Ja kauan aikaa me katselimme vanhoja kuvia isoäidin albumista.

KYSYMYKSIÄ:

a) Miksi isoäidin hattu oli niin hieno?
b) Montako lasta Pekan isovanhemmilla oli?
c) Elävätkö he vielä kaikki?
d) Millainen lapsi Pekan isä oli?
e) Minkä nimen Pekka ja muut lapset antoivat Kerttu-tädille?

31

KUN BUSSI EI TULLUT
WHEN THE BUS DID NOT COME

1 Model: Tänään │ (minä) luin lehden, mutta eilen en lukenut.

│ (sinä) _____   _____

│ hän   _____   _____

│ (me)   _____   emme lukeneet.

│ (te)   _____   _____

│ he   _____   _____

Conjugate similarly:

Kuuntelin tänään radiota, mutta eilen _____ _____

Tapasin tänään tuttavia, mutta eilen _____ _____

Nousin tänä aamuna myöhään, mutta eilen _____ _____

2 Model: Olitteko kotona? — Emme olleet.

Nousitteko kuudelta? Joitteko kahvia? Menittekö työhön? Kävittekö ostoksilla? Tapasitteko tuttavia? Ostitteko iltalehden? Söittekö kotona? Kuuntelitteko musiikkia? Luitteko jotakin?

3 Complete with the affirmative or negative past tense forms of the verbs listed below.

Elikö tämä henkilö viisaasti vai tyhmästi?

Hän _____ aina sisällä. Hän _____ paljon ulkona, hän _____, _____ eikä _____ polkupyörällä. Hän _____ paljon hedelmiä eikä vihanneksia.

Hän _____ paljon alkoholia ja _____ tupakkaa.

Hän _____ tarpeeksi, vaan _____ liian pitkiä työ-

päiviä. Hän _____ hyvää musiikkia. Hän _____

hyviä kirjoja, vaan skandaalilehtiä. Hän _____ liian paljon yk-

sin, hän _____ paljon ystäviään, _____ heitä ky-

lään eikä _____ itse kylässä. Jos hänellä _____

ongelma, hän _____ sitä yksin eikä _____ siitä ys-

tävänsä kanssa. Huomaat kai, että hän _____ optimisti.

Verbit: *istua — liikkua — kävellä — juosta — ajaa — syödä — juoda — polttaa — levätä — tehdä — kuunnella — lukea — olla — tavata — kutsua — käydä — olla — surra — keskustella — olla*

---

4 | Model: Minä olin elokuvissa. — Minä en ollut elokuvissa.

Sinä sait kirjeen.
Matti teki tupakka/lakon (*lakko* strike).
Me ymmärsimme tämän asian.
Te tiesitte sen.
He tunsivat hänet.
Minä näin mitä tapahtui.
Me tanssimme koko yön.

---

5 | Mitä henkilöt A—J tekivät ja mitä eivät, kun heillä oli vapaa ilta?

A. Minä _____ kivan romaanin.

B. Minä en _____ romaania, minä _____ kirjeitä.

C. Minä en _____ kirjeitä, minä _____ tv:tä.

D. Minä _____ tv:tä, minä _____ musiikkia.

E. Minä _____ musiikkia, minä _____ pianoa.

F. Minä _____ pianoa, minä _____ venäjää.

G. Minä _____ venäjää, minä _____ vieraita.

H. Minä _____ vieraita, minä _____ kylään.

I. Minä _____ kylään, minä _____ kahvia.

J. Ja minä _____ mitään, minä _____ vain laiska.

6 Make the questions negative.

Vastasitko sinä äidin kirjeeseen?
Tapasiko Liisa Kallen?
Lepäsittekö te juoksun jälkeen?
Tykkäsivätkö muut tästä uudesta levystä?
Pakkasiko Pekka kaikki matkatavarat?
Huomasitko sinä sen kauniin tytön?
Tarvitsitteko te sanakirjaa?
Häiritsikö huono ilma matkaanne?

7 Model: En nukkunut hyvin. — Nukuin hyvin.

Nuo ihmiset eivät puhuneet suomea.
Lapset eivät auttaneet äitiä.
En nähnyt eilen heitä.
Liisa ei tiennyt, mitä tapahtui.
Äiti ei käynyt kaupassa.

Kalle ei maksanut liikaa.
Lapsella ei ollut nälkä.
Emme olleet lauantaina työssä.
Hän ei ymmärtänyt asiaa oikein.
Emme tarvinneet rahaa.

8 When completing the following sentences, consider whether *te* refers to one person or more than one person.

Herra Lehtovuori, te ette ymmärtä_____ mitä minä kysyin. Lapset, te ette eilen

muista_____, mitä sanoin teille. Ettekö kuul_____ uutista, neiti Salo? Ettekö

juo_____ maitoa loppuun, Pekka ja Mikko? Miksi ette pitä_____ elokuvasta,

tohtori Metsä? Miksi ette vastan_____, kun huusin teille, pojat?

9 Combine the sentences with the relative pronoun *joka*.

Tuolla on auto/lautta (*ferry*). Se menee Ruotsiin.
Savon pääkaupunki on Kuopio. Kuopiossa voi nähdä paljon savolaisia.
Kadulla seisoi poliisi. Häneltä kysyin, missä Sibeliuksen puisto on.
Asun hotellihuoneessa. Huoneesta näen koko kaupungin.
Kuvassa on isoäitini. Rakastan häntä suuresti.
Kadulla on raitiovaunu. Siihen nousee paljon ihmisiä.
Eilen alkoi kielikurssi. Kurssille tuli 30 henkeä.
Katso tuota turistia! Hänellä on Helsingin kartta.
Tunnetteko te nuo ihmiset? He tulevat tänne.
Puistossa oli ihania ruusuja. Katselimme niitä kauan.

| 10 | Complete with the pronoun *joka*.

Peter on ulkomaalainen, _____ asuu Suomessa. Tämä nuori mies, _____ tunnen hyvin, opiskelee sosiologiaa. Hänellä on tyttöystävä, _____ kanssa Peter ehkä menee naimisiin.

Eilen Peter, _____ on pitkä matka keskustaan, odotti pysäkillä bussia, _____ ei tullut. Hän ajatteli perhettään, _____ hän aikoi kirjoittaa illalla. Hän ajatteli kotiaan, _____ vanhemmat olivat nyt yksin, ja veljeään ja sisartaan, _____ opiskelivat Oxfordissa. No, nyt tuli iso sininen bussi, _____ nousi pysäkiltä paljon ihmisiä, mutta se ei ollut Peterin bussi. Peter katseli pientä kauppaa, _____ tuli koko ajan ulos ostajia, ja ajatteli suomen kurssia, _____ hän oli menossa. Sitten pysäkille tuli vanha herra, _____ Peter kysyi kelloa. Mutta vanha herra vastasi hänelle kielellä, _____ Peter ei ymmärtänyt.

| 11 | Käännös.

I have a sister who can speak Japanese. My sister, who has a good head for languages (*kieli/pää*), travels a lot. Japan is a country which she likes very much. She has a Japanese friend to whom she often writes. The friend lives in Kioto, which my sister would like to visit. My sister, whose name is Eeva, knows a few Japanese students who intend to come to Europe next year.

| 12 | Choose the correct relative pronoun(s).

Professori osaa kiinaa, joka/mikä on vaikea kieli.
Professori osaa kiinaa, joka/mikä ei ole tavallista Suomessa.
Tämä on paras kirja, jonka/minkä tiedän.
Nämä ovat asioita, jotka/mitkä täytyy tuntea.
Nämä ovat henkilöitä, jotka/mitkä täytyy tuntea.

13 Sanakertaus.

Vieläkö sinä seisot ja _____ bussia? Ota jo taksi!

Tuo poika, joka tulee tänne päin, on _____ Ari

_____ Kari.

Me emme osaa _____ mihin matkustaisimme kesälomalla.

Vihainen johtaja _____ miehelle: "Ulos täältä!"

Puhukaa niin _____, että voin kuulla mitä sanotte!

Etkö sinä _____, Liisa, että minulla on uusi laukku?

14 On the basis of what you hear on the tape, are the following statements about Martti Jalava's bad luck yesterday true or false?

 a) Aurinko ei paistanut, oli kylmä ilma.
b) Aamulla jääkaapissa ei ollut makkaraa eikä maitoa.
c) Sanomalehti ei tullut.
d) Martin kello ei käynyt.
*e) Hänen täytyi odottaa bussia kauan eikä siinä ollut istumapaikkoja.
f) Hänen kollegansa ei tullut työhön.
g) Hän oli itsekin väsynyt.
h) Hänen täytyi lähteä toimistosta kotiin kello kahdelta.

15 "Keskustelu". Two students look at the pictures below and take turns in describing them with "joka" sentences. Example: *Kuvassa C on talo, jonka edessä on auto*. Note that you can make more than one sentence to describe each picture.

Henkilöt: äiti, Mikko.
— Mikko, tulepas tänne. Minä keskustelin tänään sinun opettajasi kanssa.
— Mitä, et kai sinä soittanut opettajalle?
— Ei tarvinnut, hän soitti tänne. Hän sanoi, että sinä tulit taas tänä aamuna hirveän myöhään kouluun.
— Enpäs tullut, opettaja liioittelee (*exaggerates*). Onko sinusta puoli tuntia hirveän paljon?
— On. Ajattele, mitä tapahtuisi, jos kaikki tulisivat niin myöhään! Sitten sinä häiritsit opetusta biologian tunnilla.
— En häirinnyt. Opettaja muistaa väärin. Ei se ollut biologian tunti.
— Ruokatunnilla sinä otit toisen pojan polkupyörän ...
— En ottanut, se oli Niskasen Leenan.
— Ja ajoit sillä metsään ja se meni rikki.
— Ei se mennyt rikki siellä metsässä, se oli jo rikki ennen kuin minä ajoin metsään. Ja se meni rikki vain ihan vähän.
— Sitten sinä puhuit rumasti opettajalle.
— En puhunut. Minä puhuin ihan normaalisti, ihan niin kuin kaveri kaverille.
— Opettaja ei ole sinun kaverisi. Hän sanoi sitten vielä, että sinun englannin kokeesi (koe kokeen *test*) meni taas huonosti.
— Eipä mennyt. Viime kerralla minä sain nollan, nyt tuli neljä[1], se on neljä numeroa parempi.
— Pari päivää sitten sinä nukuit musiikkitunnilla.
— En nukkunut. Luuletko sinä, että musiikkitunnilla voi nukkua, kun kaikki laulaa tai musiikki soi hirveän kovaa? Opettaja vain luuli, että minä nukuin, kun minulla oli silmät kiinni.

[1]Vain arvo/sanat (*grades, marks*) 10—5 ovat hyväksyttyjä (pass).

32

VAATTEITA OSTAMASSA (I)
SHOPPING FOR CLOTHES (I)

1 Before you do this exercise, review exercise 6, lesson 15 (adjectives and their opposites).

Sano nytkin vastakohdat! Adjektiivit ovat:

ensi eri erilainen hyvä köyhä laiha varattu lyhyt mahdollinen musta lihava paha pieni pitkä mahdoton rikas sama samanlainen suuri valkoinen vapaa viime

2 Käännös.

This apple is as red as that one.
Sami and Simo are equally tall.
An American is not so shy as a Finn.

3 Are these statements true or false? Correct the false ones.

Intiaanit ovat vaaleampia kuin suomalaiset. Villapuku on liian lämmin talvella. Pidän pop-musiikista yhtä paljon kuin sinfoniamusiikista. Suomalaiset tytöt/pojat ovat yhtä hauskoja kuin oman maani tytöt/pojat. Amerikkalaiset autot ovat pienempiä, hitaampia ja halvempia kuin eurooppalaiset. Keltainen väri on kauniimpi kuin vihreä. Lapset pitävät enemmän punaisesta kuin harmaasta. Pikkukaupunki on rauhallisempi ja siistimpi kuin suurkaupunki. Suomalainen on tavallisesti italialaista ujompi. Lihavat ihmiset ovat mukavampia kuin laihat.

4 Model: New York, Rooma — vanha. Rooma on vanhempi kuin New York/Rooma on New Yorkia vanhempi.

Helsinki, Lontoo — suuri. Televisio, radio — kallis. Miehen puku, naisen puku — halpa. Matti, Urpo — tavallinen nimi. Oma lapsi, toisen lapsi — rakas. Espanja, Lappi — lämmin. Junamatka, lentomatka — hauska. Isoisä, pojanpoika — nuori. Suomi, ranska — vaikea kieli.

5 Look at the picture and form short sentences of comparison, using the adjectives indicated.

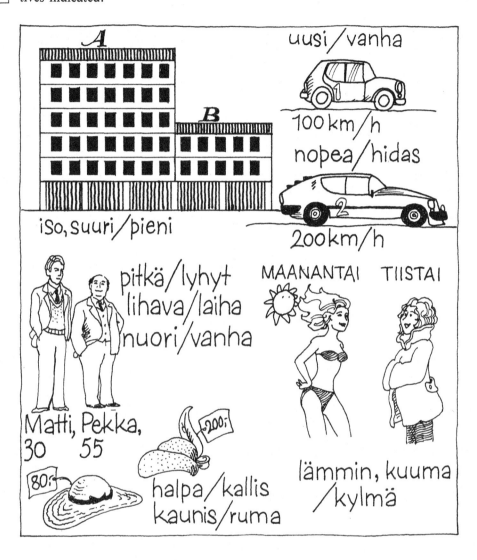

6 Complete the following questions with comparatives of the adjectives. (Note that *kumpi* is inflected exactly like all comparatives.)

Kumman haluat, pienemmän vai iso_____ sanakirjan?

Kummasta pidät, tumm_____ vai vaale_____ puvusta?

Kummassa asut, vanh_____ vai uu_____ talossa?

Sinulla on kaksi veljeä. Kummalla on punainen auto, vanh_____ vai

nuor_____?

Kummalle veljellesi soitit tänään, vanh_____ vai nuor_____?

Kumpaa käytät sateella, par_____ vai huon_____ takkiasi?

Kumpaan haluaisit muuttaa, kalli_____ vai hal_____ asuntoon?

---

7 A couple of drills with comparatives in cases other than the basic form.

a) Tee on hyvää. Kahvi on par_____.

Englanti on vaikeaa. Entä suomi?
Hiihto on helppoa. Entä kävely?
Lukeminen on hauskaa. Entä tanssiminen?
Ruoka on kuumaa. Entä kahvi?
Syksyllä voi olla kylmää. Entä talvella?
Keväällä voi olla lämmintä. Entä kesällä?

b) Tämä puku on pieni. Haluan iso_____.

Tämä puku on kallis/liian vaalea/ruma.
Tämä kamera on huono.
Tämä asunto on kylmä/liian suuri.

c) Teillä on aika vanha asunto. — Me muutamme uudempaan.

Meillä on aika pieni/huono/kylmä/epämukava/kallis asunto.

d) Tulppaanit ovat kauniita. — Ruusut ovat kauniimpia.

Nämä vaatteet ovat kalliita. Nuo _____

Omenat ovat hyviä. Banaanit _____

Nuo värit ovat tummia. Nämä _____

Nämä opiskelijat ovat nuoria. Nuo ovat vielä _____

Kevätpäivät ovat lämpimiä. Kesäpäivät _____

Nämä pojat ovat pitkiä. Nuo pojat _____

Eilen olimme laiskoja. Tänään olemme vielä _____

8 Complete with proper forms of *parempi:*

Onko ihminen _____ kuin muut, jos hän asuu _____

asunnossa, saa _____ palkan, syö _____ ruokaa,

ajaa _____ autolla ja käyttää _____ vaatteita?

9 Using your dictionary, try to complete these comparisons according to the model "laiha kuin mannekiini". The words you need are listed below in alphabetical order.

hidas kuin	_____	kaunis kuin	_____
kevyt kuin	_____	kova kuin	_____
kuuma kuin	_____	köyhä kuin	_____
lyhyt kuin	_____	nopea kuin	_____
pitkä kuin	_____	ruma kuin	_____
terve kuin	_____	tyhmä kuin	_____
vanha kuin	_____	vapaa kuin	_____

Choose among these words:

aasi — ajatus — etana — höyhen — kanan lento — kirkon rotta — kivi — kuva — nälkävuosi — pukki — sauna — synti — taivaan lintu — taivas

10 Complete with proper forms of *sama, samanlainen, eri, erilainen:*

Matti A. asuu _____ kaupungissa kuin hänen veljensä Tom-

mi: Matti Turussa, Tommi Tampereella. Heidän siskonsa Annikki asuu myös

Tampereella, aivan Tommin lähellä, _____ kadulla. Matilla

ja Tommilla on _____ asunto, kolme huonetta ja keittiö,

mutta Annikilla on _____: hän asuu omassa talossaan, jossa

on kuusi huonetta.

11 Cross out the wrong alternative. (Do it quickly without consulting the list on p. 100 in the Textbook. Then check the answers and count your points. Maximum: 15. 12—15 *very good,* 9—11 *good,* 7—8 *fair.*)

Keskustassa on suuria/suureja pankkia/pankkeja,
        pieniä/pienejä kioskia/kioskeja,
        uusia/uuseja bussia/busseja,
        nuoria/nuoreja turistia/turisteja.
Suomessa on paljon järviä/järvejä ja
        vähän kaupunkia/kaupunkeja.
Sairaalassa on paljon lääkäriä/lääkäreitä.
Suomen koululaiset oppivat paljon kieliä/kielejä.
Näetkö noita lapsia/lapseja?
Osta parempia/parempeja kasettia/kasetteja!

12 Answer these questions with complete sentences, using in each answer one of the words listed below. (Each word should be used only once.)

järvi — käsi — kylmä vesi — lapsi — lehti — lumi — ovi — Suomi — uusi vuosi — vesi

Mihin koira menee kun se haluaisi mennä ulos?
Mihin maahan turistit tulevat, jos he haluavat saunoa paljon?
Mitä lapset tarvitsevat, jos haluavat tehdä lumilinnoja?
Minkä rannalla suomalainen kesämökki usein on?
Mihin menet, kun uit?
Mitä juot, kun sinulla on kuuma ja jano?
Missä on uutisia?
Millä tavalla sanot suomeksi "Happy New Year"?
Mihin otat kynäsi, kun kirjoitat?
Pesosen perheessä on poika ja kaksi tyttöä. Paljonko lapsia heillä on?

13 Sanakertaus.

Kun Aili M. oli 17-vuotias, hän oli aika _____ tyttö (paino 50

kg), mutta nyt hän on keski-ikäinen ja _____ (paino 80 kg). Kun

hän ostaa _____, hänen täytyy aina _____ monta

pukua, ennen kuin hän löytää oikean _____. Silloin hän aina

ajattelee: "Minun täytyy syödä _____ kuin tähän saakka." Tällä

kertaa Aili ostaa mustan hameen ja valkoisen _____. — Minkä

_____ tämä hame on? hän kysyy myyjältä _____ ... markkaa.

— Niinkö kallis! — Kallis? Ei _____! Se on italialainen hame ja

viimeistä muotia (*fashion*).

170

14 Keskustelu.

You are shopping for women's clothes in a department store. You look at the clothes, then try on various things, discussing the size, color etc. with a friend or with the saleslady who freely gives you her personal opinions. Finally, you decide what to take and what to leave and why.

15 On the basis of the dialogue which you will hear on the tape, choose the correct alternatives.

Pirjo ja Mari käyvät naisten vaatetusosastossa.

1. a) Kun tytöt menevät kauppaan, he aikovat ostaa vaatteita.
   b) Tytöt aikovat vain katsella.
2. a) Sininen väri sopii hyvin Pirjolle.
   b) Punainen väri sopii hyvin Marille.
3. a) Molemmat tytöt pitävät pariisilaisvaatteista.
   b) Toinen heistä ei välitä pariisilaisvaatteista.
*4. Tavallisesti, kun tytöt ostavat vaatteita,
   a) Mari koettaa monta pukua.
   b) molemmat päättävät nopeasti, minkä puvun he ottavat.
5. a) Pirjo on pitempi kuin Mari.
   b) Mari on pitempi kuin Pirjo.

Lukemista   Reader

Liisa on tyttö, joka osaa pukeutua. Seuraavassa hän kertoo vaatteistaan. Mutta jotakin on hullusti. Lue, mitä Liisa kirjoittaa, ja korjaa sitten virheet.

"Kun olen työssäni matkatoimistossa, minulla on tavallisesti päälläni värikäs hiihtopuku. Jos menen illalla teatteriin, panen päälleni valkoisen puuvillapuseron ja sen ihanan lumivalkoisen, pienen pienen hameen! Mutta jos aiomme mennä teatterista tanssimaan hienoon yöklubiin, niin siellä on kyllä paras tanssia lämpimät ulkovaatteet päällään. Kun tulen kotiin, vaihdan ylleni siistin hameen ja puseron ja menen nukkumaan. Hyvää yötä!

Lauantaiaamuna menen tavallisesti uimahalliin uimaan ranskalainen silkkipyjama ylläni, ja päivällä, kun pelaan tennistä työtoverini Tiinan kanssa, minulla on musta surupuku. Tänä lauantaina äitini haluaa minut mukaansa kansanmusiikki- ja kansantanssi-iltaan. Luulen, että menen sinne uudessa uimapuvussani. Luulisin, että monet ihmiset tulevat sinne sellaisessa.

Sunnuntaina käymme Kallen kanssa hiihtämässä. Panen päälleni pitkän tulipunaisen iltapukuni, josta Kalle pitää niin paljon. Sunnuntaina on myös naapurin isoisän hautajaiset (*funeral*). Otan vaatekaapista uuden hienon kirkkaanvihreän villapukuni. Päivällisen jälkeen sunnuntaina minulla on tapana mennä kävelylle lumiseen metsään. Siellä minä en tarvitse vaatteita ollenkaan, voin olla ihan alasti. Mutta jos on paljon pakkasta, menen usein kävelyn jälkeen saunaan. Istun siellä noin puoli tuntia kansallispuku päälläni.''

Kerro mikä olisi sopivampi vaatetus:

Työssä _____

Teatterissa _____

Yöklubissa _____

Yöllä sängyssä _____

Uimahallissa _____

Tenniskentällä _____

Kansanmusiikki- ja kansantanssi-illassa _____

Hiihtämässä _____

Hautajaisissa _____

Kävelyllä lumisessa metsässä _____

Saunassa _____

33

VAATTEITA OSTAMASSA (II)
SHOPPING FOR CLOTHES (II)

Note to be read before doing the gen. pl. exercises:

If part. plurals are your weak point, it pays, at this stage, to devote time to a thorough review of them. The quickest way of doing this is to look up the lists following lesson 21 and lesson 40 of the Textbook.

While reviewing the part. plurals, form at the same time corresponding gen. plurals of each word type, until the procedure becomes automatic and fluent.

As regards the parallel gen. pl. (*lasten*), it is also fairly common with many *pieni* and *vastaus* words.

1

Model: Rouva Hill ostaa hedelmiä.
— Mikä hedelmien hinta on tänään?

Rouva Hill ostaa vihanneksia/kukkia/omenia/appelsiineja/banaaneja/viinirypäleitä/perunoita/tomaatteja/näitä kukkia/noita omenia/niitä rypäleitä.

Model: Pikku Pekka katselee kuvia. Kuvissa on eläimiä.
— Pekka katselee eläimien kuvia.

Pekka katselee lehmiä/poneja/lampaita/sikoja/kanoja/kissoja/koiria/tiikereitä/leijonia/kirahveja/elefantteja/näitä lintuja/noita kaloja/niitä karhuja (karhu *bear*).

2

What would be the more commonly used forms of the gen. plurals in the following sentences?

Tavaratalossa on tavallisesti *miehien, naisien* ja *lapsien* vaatetusosastot. Minun on vaikeata muistaa *ihmisien* nimiä. *Suomalaisien* ja *ruotsalaisien* historia oli yhteistä vuoteen 1809 saakka. *Eteläeurooppalaisien* temperamentti on erilainen kuin *pohjoiseurooppalaisien*.

3 a) Model: Liisa keskustelee ystävän kanssa.
— Liisa keskustelee ystävien kanssa.

Liisa keskustelee hyvän ystävän/toverin/vanhan toverin/tytön/tämän tytön/pojan/tämän pojan/naisen/sen naisen/miehen/tämän miehen/sukulaisen/tuon sukulaisen/turistin/sen turistin kanssa

b) Go on changing gen. sing. forms to gen. pl.

Bussilipun hinta nousee.
Kirjeen ja paketin postimaksu nousee.
Ministerin työ on tärkeää.
Sellaista on ihmisen elämä.
Onko lapsen hoito naisen vai miehen työtä?
Äidin vapaa-aika ei ole pitkä.
Tehtaan työläiset haluavat lyhyemmät työpäivät.
Anneli on lapsen ja vanhemman, nuoren ja vanhan, kauniin kukan ja pienen linnun, vihreän metsän ja sinisen järven ystävä.

Kysyn mustan puvun hintaa.
Eurooppalaisen perheen koko pienenee.
Tuon kauniin maan asukkaat puhuvat saksaa.
Tämän keltaisen ruusun väri on kaunis.
Tunnetko tuon afrikkalaisen valtion ulkopolitiikkaa?
Äitini on vanhan suomalaisen elokuvan innokas (*enthusiastic*) katselija.
Opettajan ja opiskelijan yhteistyö on tärkeää.

4 Tämä vanhojen tavaroiden kauppa ostaa ja myy mitä vain.

Model: *lamppu* Se ostaa ja myy lamppuja.
Se on lamppujen ostaja ja myyjä.

Go on with the following words: pöytä — sohva — tuoli — kirja — kartta — kasetti — äänilevy — kamera — lasi — lautanen — kahvikuppi — lehti — postimerkki

5 Using *vieressä, välissä, vasemmalla puolella, oikealla puolella* and gen. plurals, say where the things and people in the picture are.

If you want to make the exercise more challenging, add adjectives to the nouns, e.g. pitkät miehet — kalliit autot — miellyttävät naiset — ihanat kukat — uudet kirjat — kivat tytöt — korkeat puut — terveet pojat — mustat linnut.

6 Complete the following paragraph by using gen. pl. forms of the words in parentheses.

Leena oli retkellä (*retki* picnic, excursion) (muutamat ystävät) kanssa. He pyöräilivät (suuret metsät) ja (pienet kylät ja kaupungit) kautta meren rannalle, jossa oli Leenan (sukulaiset) kesämökki. He viettivät muutamia päiviä (nämä ystävälliset ihmiset) kanssa. He asuivat parissa teltassa (*teltta* tent) (kauniit puut) alla. (Nämä puut) lähellä oli paljon hyviä mustikoita, joita he söivät. He uivat meressä Leenan (serkut) kanssa. Usein he keskustelivat Leenan (isovanhemmat) kanssa. Isoisä kertoi heille paljon merestä ja (merimiehet) elämästä.

7 Käännös.

Those men's hobby is football (*hobby* harraste).
These children's schoolday is too long.
These are Maija's cats. Their names are Mirri and Mörri.

8 Add the poss. suffixes.

Menen ulos ystävien kanssa.
Menemme ulos toverien kanssa.
Pojat menevät ulos kaverien kanssa.

Mari menee ulos molempien vanhempien kanssa.
Mene ulos toverin kanssa!
Menkää ulos kaverien kanssa!

9 Model: Voisimmeko mennä kahville? — Mennään kahville!

Voisimmeko nousta jo?
Voisimmeko ajatella asiaa?
Voisimmeko lähteä jo?
Voisimmeko kääntyä nyt?
Voisimmeko lentää sinne?

Voisimmeko käydä ostoksilla?
Voisimmeko kertoa isälle?
Voisimmeko nukkua myöhään?
Voisimmeko soittaa heille?
Voisimmeko odottaa heitä vielä?

Now make these suggestions negative. Consider what to say instead of "vielä" and "jo".

10 Model: Toivoisin, että puhuisimme suomea. — Puhutaan suomea!

Toivoisin, että auttaisimme heitä. (inf. _____)

Toivoisin, että kirjoittaisimme heille. (inf. _____)

Toivoisin, että näkisimme huomenna. (inf. _____)

Toivoisin, että olisimme tänään kotona. (inf. _____)

Toivoisin, että veisimme heille kukkia. (inf. _____)

Toivoisin, että emme häiritsisi heitä. (inf. _____)

Toivoisin, että emme lähtisi vielä. (inf. _____)

Toivoisin, että emme tapaisi häntä enää. (inf. _____)

Toivoisin, että emme aloittaisi kokousta vielä. (inf. _____)

Toivoisin, että emme päätä tätä asiaa vielä. (inf. _____)

11 Complete with a suitable "let us do" sentence:

Minulla on nälkä, _____!

_____ mitä televisiossa on tänä iltana!

Oletko sinäkin väsynyt? _____!

Kaikki pikku Mikan vaatteet ovat liian pieniä.

_____!

Nyt tulee taas viikonloppu. _____!

Jaanalla on nimipäivä. _____!

_____, hän odottaa varmasti kirjettä meiltä.

12 Change the following statements to "let us do" sentences, considering the form of the direct object.

Virtaset ostivat videon. — Ostetaan mekin _____!
Virtaset ottivat talviloman.
Virtaset tekivät Kreikan-matkan.
Virtaset viettivät viikonlopun Pariisissa.
Virtaset toivat Pariisista hienon maton (*carpet*).
Virtaset koettavat saada hienomman asunnon.
Virtaset kutsuvat jonkun ministerin kylään.

13 Rewrite the following paragraph in a more colloquial style. (Example: *Me lähdetään huomenna lomamatkalle.*)

Me lähdemme huomenna lomamatkalle. Me menemme autolla. Ennen kuin me teemme tämän automatkan, me ostamme hyvän autokartan. Me ajamme ensin Tampereelle. Me katselemme kaupunkia, käymme Sara Hildénin museossa ja syömme lounasta Näsinneulassa. Sitten me jatkamme (*continue*) matkaa Tampereen—Jyväskylän tietä ja me saavumme Jyväskylään iltapäivällä. Siellä me koetamme löytää hotellihuoneen, mutta jos emme löydä, me aiomme lähteä samana päivänä Kuopioon. Mutta ensin me lepäämme vähän Jyväskylässä. Me teemme pienen kierto/ajelun (*tour*) ja nousemme Harjulle katsomaan Jyväskylää ja sen ympäristöä (*surroundings*). Jos meillä on nälkä, me voimme syödä siellä jotakin. Tai ainakin me juomme kahvia.

Kuopiossa me tapaamme pari opiskelutoveria ja asumme heillä. Me olemme siellä pari päivää, näemme Puijon mäen ja ortodoksisen museon, ja sitten kai me käännymme jo takaisin Helsinkiin päin. Me tulemme kotiin Lahden kautta.

Me toivomme vain, että ilma olisi kaunis ja kaikki menisi mukavasti.

14 Sanakertaus.

Miehen puvussa on takki ja _____. Takin alla miehellä on

_____, joka voi olla valkoinen tai värillinen. Monet miehet osta-

vat _____ paitoja, joita ei tarvitse _____, koska

ne ovat helpompia hoitaa (*to take care of*). Vaaleat paidat ovat tavallisempia

kuin _____. Mitä _____ paidat ovat? Erittäin

usein puuvillaa, mutta on myös esim. n_____-paitoja. Jalassa

miehellä kuten naisellakin on sukat ja _____. Jos on kylmä, hä-

nellä on kädessä _____, jotka ovat tavallisesti nahkaa. Väriä

miehen puvulle antaa _____, joka voi olla yksi- tai monivärinen.

Poikien ja nuorten miesten housuja ovat erikoisesti _____

housut ja _____.

15 Keskustelu.

a) You are shopping for men's clothes. You have a friend with you, and you talk together about the things you intend to buy; *or*
b) You carry on a shopping conversation with a sales-clerk.

16 On the basis of what you hear on the tape, complete the following short paragraph.

Matilla on vain _____ ja T-paitoja, mutta nyt hän tarvitsee

oikean _____. Hän lähtee vaatetusliikkeeseen

_____ kanssa ensi _____, koska silloin

on hyvää aikaa. Hän aikoo mennä kauppaan, jonka nimi on

_____. Minkävärisen puvun hän aikoo ostaa?

_____. Hän saa myös kaksi uutta paitaa,

_____ ja _____. Lopuksi Matti ostaa

_____ kengät ja _____ solmion.

Lukemista   Reader

Kun isovanhempamme olivat nuoria, ihmisten vaatetus oli kokonaan toisenlainen kuin nykyisin. Aika oli vähemmän demokraattinen; vaatetuksesta oli esim. helppo nähdä, mistä sosiaaliluokasta ihminen oli, koska rikkaiden vaatteet olivat hyvin erilaisia kuin köyhien, kaupunkilaisten erilaisia kuin maalaisten jne. Vaatteiden täytyi olla niin hienoja kuin mahdollista, niiden mukavuus oli vähemmän tärkeää. Vapaa-ajan vaatteita ei ollut. Kun isoisä lähti kävelylle, hän oli melkein yhtä hieno kuin johtajansa päivälliskutsuilla, ja isoäiti nousi Alpeillekin pitkä hame yllään ja hattu päässään. Lasten vaatteet olivat melkein samannäköisiä kuin vanhempienkin, ne olivat vain pienempää kokoa. Muistat ehkä itsekin koulupoikien hienot puvut ja solmiot vanhoissa koulukuvissa.

Muoti vaihteli myös isoisän aikana, mutta ei niin nopeasti kuin nykyisin. Isoäidin ei samalla tavalla tarvinnut seurata pitkien hameiden, puolipitkien hameiden, minihameiden ja erilaisten muotivärien nopeaa vaihtelua. Nuoret eivät vielä osanneet ajatella, että heillä voisi olla oma nuorisomuotinsa, eivätkä he tienneet mitään farkuista — eikä isoisän tarvinnut maksaa muotifarkkujen kalliita hintoja. Mutta vaatteet antoivat paljon työtä perheen naisille. He tekivät paljon vaatteita kotona, ja vaatteiden silittämisessä ja muussa hoidossa oli myös paljon työtä.

Totta vai ei?
a) Nykyinen vaatetus on paljon demokraattisempaa kuin isovanhempiemme aikana.
b) Vaatteiden mukavuus oli tärkeä asia siihenkin aikaan.
c) Isovanhempamme eivät vielä tunteneet erikoisia vapaa-ajan vaatteita.
d) Lapsilla ja nuorilla oli oma muotinsa, joka tietysti oli erilaista kuin meidän aikanamme.
e) Naisilla oli paljon työtä vaatteiden valmistuksessa ja hoidossa.

34

MÄKISET OVAT KUTSUNEET VIERAITA
THE MÄKINENS HAVE INVITED SOME GUESTS

1 Conjugate in all persons of the sing. and pl.

Minä olen ollut työssä monta vuotta.
Minulla on ollut hyvä työpaikka.
Olen aina pitänyt työstäni.

2 a) Answer the question, using all the verbs listed below.

Mitä sinä olet tehnyt tänään, Ville?

Verbit: *nousta aikaisin, syödä aamiaista, tulla työhön, istua toimistossa monta tuntia, käydä lounaalla, tilata teatteriliput, ostaa iltalehti, jatkaa (to continue) työtä, keskustella uudesta projektista ja tavata tärkeitä ihmisiä*

b) Mitä tapahtui?   Mitä on tapahtunut?

Eilen luin suomea.   Tänäänkin olen _____

Eilen aurinko paistoi.   Tänäänkin _____

Viime viikolla kuuntelimme paljon   Tälläkin viikolla _____
musiikkia.
                                           _____

Viime viikolla monet viettivät päivän-   Tälläkin viikolla _____
sä rannalla.
                                           _____

Viime kuussa me kävelimme paljon.   Tässäkin kuussa _____

                                           _____

Viime kuussa kylmyys häiritsi loman-   Tässäkin kuussa _____
viettäjiä.
                                           _____

Viime vuonna matkustimme paljon.   Tänäkin vuonna _____

                                           _____

Viime vuonna meillä oli monta haus-   Tänäkin vuonna _____
kaa hetkeä.
                                           _____

179

c) Model: Riitta asuu Rovaniemellä. — Onko hän asunut siellä kauan?

Harrastamme tennistä. Serkkuni opiskelee historiaa. Pikku Liisa soittaa pianoa. Me tunnemme Mattilat. Mary ja Tim hiihtävät (*ski*) jo hyvin. Meillä on video. Hänen täytyy ottaa paljon lääkkeitä (*medicine*).

3

a) Complete the following statements with a negative verb in the perfect tense.

Olen aina halunnut matkustaa, mutta (minä, ei olla rahaa).
Pekka on etsinyt asuntoa, mutta (ei löytää).
Lehtoset ovat myyneet asuntonsa, mutta (ei saada hyvää hintaa).
Sinä olet tiennyt tämän asian, mutta (ei kertoa sitä meille).
Rva Isola on sovittanut monta pukua, mutta ne (ei sopia).
Pirjo ja Erkki ovat saaneet vauvan, mutta (ei vielä valita nimeä).

b) Model: Eilen minä lensin ensi kertaa.
 — Etkö sinä ole lentänyt koskaan ennen?

Eilen minä kävin saunassa ensi kertaa.
Eilen Liisa ajoi autoa ensi kertaa.
Eilen hän tanssi tangoa ensi kertaa.
Eilen me söimme silakoita (*Baltic herrings*) ensi kertaa.
Eilen Virtaset näkivät Chaplin-filmin ensi kertaa.
Eilen he joivat samppanjaa ensi kertaa.

4 Make sentences out of the words given below. Note that in each pair of sentences, one must include the perfect tense and the other must include the past tense.

lukea, sinä, tämä, kirja? minä, lukea, se, eilen
nähdä, sinä, tämä filmi? minä, nähdä, se, viime viikolla
maksaa, sinä, tämä lasku? minä, maksaa, se toissapäivänä
lähteä, Pekka, jo, Englanti? hän, lähteä, viikko sitten
löytää, Liisa, asunto? hän, löytää, se, jo viime kuussa
selittää, opettaja, tämä asia? hän, selittää, se, viime tunti
syödä, te? me, syödä, vähän aikaa sitten
lähteä, he? he, lähteä, tunti sitten
saapua, he? he, saapua, eilen illalla

5 Käännös.

a) — Have you heard anything about Matti?
 — Yes, I have; I met him yesterday.

— Well, what has he been doing lately (= *viime aikoina*)? Nobody has seen him.
— He has traveled a lot. And he has had a lot of work at the office between the trips.
— What about his wife, has she been well?
— She hasn't been very well. Matti has been helping her a lot at home.
— No wonder (*ihme*) that he hasn't had time to meet his friends.

b) Note well the small but important difference between the negative past and the negative perfect.

I didn't do it.	I haven't done it.
The sun didn't shine.	The sun hasn't been shining.
You didn't tell us everything.	You haven't told us everything.
They didn't disturb us.	They haven't disturbed us.
Weren't you there, boys?	Haven't you been there, boys?
We didn't have any money.	We haven't had any money.

6 Fill in the blanks in the following paragraph by using either the past or the perfect tense of the verbs listed below.

Eilen minulla _____ pitkä työpäivä ja minä

_____ hyvin väsynyt. Mutta viime yönä minä

_____ kymmenen tuntia, ja tänään minä

_____ kuin uusi ihminen. Minä _____

ahkerasti kotitöitä, _____ pari kirjettä,

_____ viisi kilometriä, _____ ostoksilla

ja _____ perheelleni tavallista parempaa ruokaa. Kello viisi

muut _____ kotiin ja heillä _____ hirveä

nälkä. He _____ ruuan loppuun kymmenessä minuutissa ja

Anu _____: "Minä _____ kos-

kaan näin hyvää ruokaa!" Kaikki muut _____ samaa miel-

tä. Päivällisen jälkeen he _____ minua keittiössä. Nyt me

vanhemmat _____ kauan aikaa televisiota; lapset

_____ läksynsä (*homework*) ja menevät kohta nukkumaan.

Verbit: *olla — olla — nukkua — olla — tehdä — kirjoittaa — kävellä — käydä — tehdä — tulla — olla — syödä — sanoa — saada — olla — auttaa — katsella — tehdä*

7 Answer the questions orally or in writing, using complete sentences.

Missä ja milloin olet syntynyt?
Missä maassa ja kaupungissa olet elänyt pääosan elämästäsi?
Mitä kieltä olet puhunut lapsesta saakka?
Mitä muita kieliä olet harrastanut?
Kuinka kauan olet käynyt koulua tai opiskellut?
Kuinka vanha olit, kun aloitit koulun?
Oletko opiskellut jotakin koulun jälkeen? Mitä ja missä?
Milloin olit ensi kertaa Suomessa?
Kauanko olet nyt asunut Suomessa?
Kuinka olet viihtynyt?
Oletko tavannut Suomen presidentin?
Oletko ollut suomalaisessa saunassa?
Oletko syönyt kala/kukkoa (*Savo fish and pork pie*)? Entä Karjalan piirakoita (*Karelian pasties*)?
Oletko lukenut jonkin suomalaisen kirjan? Minkä? Millä kielellä?
Oletko kuullut Suomen kansallis/eepoksen nimen? Oletko lukenut sitä?

8 Käännös.

This is a book. That is paper. These are books; they are the best books of the year.
This book is a useful (*hyödyllinen*) one. Paper is useful. Books are often useful.
This is a tennis ball. That is tennis. Tennis and football are games. They are father's favorite (*lempi-*) games.
A tennis ball is not big. Tennis is exciting (*jännittävä*).
Tennis and football are exciting. It is exciting to play tennis. It is exciting that we won last time. It is always exciting at the tennis-court (*tennis/kenttä*).
These are mother's scissors (*sakset*). They are new.
Scissors (many pairs) are not expensive. The girl's cheeks (cheek *poski posken*) were red. Apples are red. My cousin's wedding was nice. Weddings are usually great fun.

9 Complete this long exercise by using the words in parentheses in their proper forms.

Matti on (poika). Hän on (nuori). Tämä on (liha). Se on (nuori). Matti ja Liisa ovat (lapsi). He ovat (nuori). Mitä tämä on? Se on (jälkiruoka). Onko se (hyvä)? Tuo on (kirjoituskone). Onko se (hyvä?) Ei, se ei ole oikein (hyvä). Nuo ovat myös (kirjoituskone). Ne ovat aika (hyvä). Kaija on hyvin (hiljainen *quiet, silent*). Hänen elämänsä on hyvin (hiljainen). Yöllä on (hiljainen). Tämä on (kahvi). Neiti, tämä kahvi on (kylmä)! Viime päivät ovat olleet (lämmin). Ovatko sinun jalkasi varmasti (lämmin)? Tanssi(minen) on (kiva). Tämä romaani ei minusta ollut (kiva). Nuo ihmiset olivat todella (kiva). On (kiva), jos voit tulla mukaan. Leenan kutsut (*party*) olivat (kiva). Eila, älä ole (hassu *silly, funny*)! On (hassu), että aina puhut tuosta samasta asiasta. Kyllä me nauroimme, lapset olivat niin (hassu). Kysymyksesi on (helppo). Onko englanti (helppo)? Nämä kysymykset olivat hyvin (helppo). On (helppo) arvostella (*criticize*) muita ihmisiä. Elämä on (ihana). Pukusi on (ihana). On (ihana), että saamme suuremman asunnon. Metsässä on (ihana). Syksyllä puut ovat (ihana). Oli (ihana) kuunnella hänen soittoaan. On (mahdollinen), että lähdemme maalle. Onko (mahdollinen) saada opintolaina? En usko, että laina on (mahdollinen). Tässä elämässä kaikki on (mahdollinen). Se on (tosi)! Onko tämä harjoitus liian (pitkä)? Se on vähän liian (pitkä), eikä tämä asia ole (helppo). Niinkö? Ehkä sinä olet vain (väsynyt). Silloin kaikki on (vaikea). Ehkä me olemme jo kaikki aika (väsynyt). On (hyvä), että voimme lopettaa.

Now check your exercise for mistakes and count your points. Maximum score: 50 points. 45—50 *erinomainen* (= *erittäin hyvä*), 35—44 *hyvä*, 25—34 *tyydyttävä* (fair, satisfactory).

10 a) The verb *jäädä* behaves just like *tulla, mennä,* and other verbs denoting motion (cp. *Tule tänne!/Jää tänne!* or *Menen kotiin/Jään kotiin* or *Mihin Kalle jäi?*)

Build a few *jäädä* sentences:

mennä, sinä, disko, vai, jäädä, sinä, koti?
minun, sateen/varjo (*umbrella*), jäädä, juna; se, jäädä, joko, Turku, tai, Tampere
Liisa, ei lähteä, hiihtää; hän, jäädä, lukea romaania.

mi_____, lapset, jäädä? he, ei haluta, tulla sisään; he haluta, jäädä,

ul_____

b) Translate. (Note that you will need three different verbs for *stay* in these three sentences.)

— How long do you intend to stay in Finland?
— A week. I'll stay with the Virtanens.
— Do you know that Diana will stay in Finland? She's getting married to a Finn.

11 a) **-kin/-kaan (-kään)**

Model: Hänkin opiskelee. — Ei hänkään (*or* hänkään ei) opiskele.

Pekkakin osaa saksaa.   Tuletko sinäkin juhlaan?
Minäkin olen onnellinen.   Heilläkin oli hauskaa.
Me tunnemme heidätkin.   Oletteko te tavanneet hänetkin?

b) Agree to the following statements, using **-kin** or **-kaan (-kään)**.

Model: Minä olen väsynyt. — Niin minäkin.
          En ole yhtään väsynyt. — En minäkään.

Minä pidän saunasta. Mutta minusta liian kuuma sauna ei ole kiva. Meillä on saunavuoro kerran viikossa. Meidän sauna ei ole koskaan liian kuuma. Me uimme aina saunan jälkeen.

12 Sanakertaus.

Risto soittaa serkulleen, joka on työssä Ruotsissa.

No hei, Minna, miten sinä olet _____ Tukholmassa?

— Ihan hyvin. Minä olen ollut täällä _____ kaksi kuukautta, eikä minulla ole ollut yhtään _____ Suomeen. Minulla on ollut paljon _____, en ole ollut yksin. Olen myös _____ asuntoa, ja sitten minä olen alkanut _____ kovasti ruotsia, olen mennyt kurssille.

— Et kai sinä aio _____ Ruotsiin?

— En tiedä vielä. Minun työni on kyllä hyvin _____. Ja minä olen sitä _____, että nuoren ihmisen täytyy asua vähän aikaa myös ulkomailla. Katsotaanhan nyt!

13 Write a letter to your friend, telling him what you have been doing lately.

14 Keskustelu.

a) A Finnish newspaperman is interviewing you about your stay in Finland; *or*
b) One or two foreign students are visiting a Finnish family. They interview you about your country, your life at home etc.

15 Haastattelu.

Henkilöt: haastattelija, ulkomaalainen opiskelija.

Uusia sanoja: *toissa kesänä* the summer before last, two summers ago; *keskittyä* to concentrate on something

On the basis of the interview which you just heard on the tape, complete the following paragraph.

Jan Herwitz on kotoisin _____.

Hän on ollut Suomessa _____ kertaa, ensimmäisen kerran

_____. Nyt hän on täällä,

koska hän _____. Hän on nyt

ollut täällä _____ ja aikoo olla

_____. Hän viihtyy Suomessa

_____, koska _____

_____. Hänestä Suomi on aika

erilainen maa kuin USA, esimerkiksi koska _____

_____. Jan aloitti suomen

kielen opiskelun _____. Viime

vuonna hän luki suomea aika intensiivisesti, _____

_____. Hän on sitä mieltä,

että suomen kieli on _____.

Mutta amerikkalaiselle voi olla vaikeaa puhua suomea Helsingissä, koska

_____. Helsingin ulkopuolella

Suomessa Jan on käynyt esim. _____

_____.

Lukemista   Reader

Kirje, jonka juuri olen saanut eräältä ystävältäni.

New Yorkissa 15.10.19...

Hyvä ystävä!

Anna minulle anteeksi, etten ole kirjoittanut Sinulle ennen. Minulla ei todellakaan ole ollut aikaa. Tosin (= on totta, että) olen ollut tässä suurkaupungissa jo lähes kaksi viikkoa, mutta minulla on ollut mahdottoman paljon ohjelmaa koko ajan. Viime päivinä olen sitä paitsi etsinyt asuntoa, mutta en ole vielä löytänyt oikein sopivaa. Hyvät asunnot ovat kalliita, halvat asunnot huonoja. Tähän saakka olen siis asunut pienessä hotellissa. Huoneeni on siisti, mutta tietystikin kallis ja epäkodikas.

Kysyt kai, miten olen viihtynyt täällä Atlantin toisella puolella. Olen viihtynyt tavattoman (= erittäin) hyvin eikä minulla ole ollut yhtään koti-ikävä. Olen tavannut pari maanmiestäkin, Hannu Ahosen ja Pauli Siron, jotka Sinäkin kai tunnet, ja olemme yhdessä katselleet tätä maailmankaupunkia. Hannu ja Pauli ovat olleet täällä jo puoli vuotta. Olemme käyneet kerran teatterissa ja olemme koettaneet saada lippuja oopperaankin, mutta se on aika vaikeaa.

Minulla on siis ollut seuraa, varsinkin kun olen myös saanut muutamia amerikkalaisia tuttavia, joiden kanssa minun on täytynyt puhua englantia. Vaikka en itse vielä puhukaan kovin hyvin, ymmärrän jo tavallista puhekieltä. Mutta kyllä minä vieläkin olen sitä mieltä, että tämä Amerikan englanti on vaikeampaa ymmärtää kuin Englannin englanti, jota koulussa opimme. Joka kerta kun lähden kaupungille, otan muuten sanakirjat mukaan, katson usein sanoja ja olenkin tällä tavalla oppinut paljon uutta sanastoa.

Kun kirjeeni saapuu sinne, siellä on varmaankin jo syksy ja kylmää. Täällä on ollut vielä aika lämmintä, mutta olen kuullut, että talvi voi olla hyvinkin ikävä, kylmä ja kostea. No, kyllä kai pohjoismaalainen sen kestää, varsinkin kun huoneet ovat lämpimiä.

Minusta täällä kaikki on ollut mielenkiintoista ja olen ollut terve — kuten toivottavasti Sinäkin. Kirjoita nyt pian ja kerro kotimaan tapahtumista.

Terveisin
Risto

P.S. Oletko antanut osoitteeni Pentti Koskiselle? Olen odottanut häneltä kirjettä. Jos et ole muistanut, ole hyvä ja soita hänelle heti!

186

35

MILLERIT VUOKRAAVAT HUONEISTON
THE MILLERS RENT AN APARTMENT

1   Inflect the following words in the pl. local cases.

	maa (maita)	lämmin sauna (lämpimiä saunoja)	liike (liikkeitä)
"on"	_____	_____	_____
"from"	_____	_____	_____
"onto"	_____	_____	_____
"in"	_____	_____	_____
"out of"	_____	_____	_____
"into"	_____	_____	_____

2   a)   Model: Turisti halusi nähdä museoita. — Hän kävi museoissa.

Turisti halusi nähdä linnoja ja hotelleja.
           liikkeitä ja tehtaita.
           pieniä kyliä ja maalaistaloja.
           uusia teattereita.
           moderneja ravintoloita.
           suomalaisia saunoja.

b)   Model: Turistit halusivat nähdä museoita. — He menivät museoihin.

Go on with the sentences in a).

c)   Model: Liisa rakastaa matkoja. — Hän pitää matkoista.

Liisa rakastaa ihmisiä ja eläimiä.
           pieniä lapsia ja vanhoja naisia.
           kauniita vaatteita.
           ranskalaisia elokuvia.
           romanttisia kirjoja.
           nopeita autoja.
           mukavia miehiä.
           punaisia ruusuja.

d) Model: Nykyisin on paljon autoja. — Ihmiset liikkuvat autoilla.

Nykyisin on paljon busseja.
        laivoja ja lentokoneita.
        moottoripyöriä ja polkupyöriä.

e) Model: Uusi lehti "Jokaiselle jotakin" kiinnostaa kaikkia.
        — Se on lehti kaikille.

Se kiinnostaa naisia ja miehiä.
        nuoria ja vanhoja.
        pieniä lapsia.
        suomalaisia perheitä.
        työmiehiä ja johtajia.
        opiskelijoita ja opettajia.

3   Answer the following questions with plural forms of the nouns given below.

Missä ihmiset ovat päivällä?   Mihin he menevät aamulla?

He ovat toimist_____   He menevät toimist_____

        koul_____   koul_____

        yliopist_____   yliopist_____

        ravintol_____   ravintol_____

        hotell_____   hotell_____

        liikk_____   liikk_____

        teht_____   teht_____

        työhuon_____   työhuon_____

Mistä sinä pidät?   Mihin sinä käytät rahaa?

Pidän omen_____   Käytän rahaa kirj_____

        banaan_____   elokuv_____

        tulppaan_____   äänilev_____

        ruus_____   stereo_____

hedelm_____   matk_____

elokuv_____   matkamuist_____

kirj_____   valokuv_____

kiss_____   hedelm_____

koir_____   vaatt_____

laps_____   lahj_____

Kenellä oli hauskaa juhlassa?   Keneltä saat joulu/lahjoja?

Laps_____.   Ystäv_____.

Mieh_____.   Tover_____.

Nais_____.   Tuttav_____.

Ulkomaalais_____.   Sisar_____.

Turist_____.   Vel_____.

Perh_____.   Laps_____.

Vanh_____ ja nuor_____.   Hyv_____ kaver_____.

---

4 Plurals of *tämä, tuo, se, mikä*. Change the words in italics to the pl.

Huoneessa on kuuma. *Tässä huoneessa* . . .
Taloon muuttaa lapsiperheitä. *Tähän taloon* . . .
Miehellä ei ole työtä. *Tällä miehellä* . . .
Lapselle tuli kylmä. *Tuolle lapselle* . . .
Puhuimme *filmistä*. Puhuimme *tuosta filmistä* . . .

Käydään *ravintolassa!* Käydään *tuossa ravintolassa!*
Kerro minullekin *asiasta!* Kerro minullekin *siitä asiasta!*
Mennään *juhlaan!* Mennään *siihen juhlaan!*
Liikkeessä on ale. *Siinä liikkeessä* . . .
Tiellä on hyvä ajaa. *Tällä tiellä* . . .

Kysytään tietä *naiselta*. Kysytään tietä *tuolta naiselta*.
Kurssille tuli paljon opiskelijoita. *Sille kurssille* . . .
Mistä hedelmästä sinä pidät? *Mihin maahan* menette lomalle?
Millä hyllyllä sanakirjat ovat?

5 Answer the questions. Choose the words for your answers from the alphabetical list below.

Missä ihmiset nukkuvat?   Mille ihmiset nauravat?
Mihin rahasi menevät?   Kenellä on aina kiire?
Kenelle myyjät myyvät?   Mistä ihmiset keskustelevat?
Missä on paljon kirjoja?   Missä on paljon puita?
Missä on hevosia, lehmiä ja lampaita?   Mistä syömme keitot ja muut ruoat?
Mistä juomme maitoa, vettä ja vii-   Keneltä suomalaiset ovat saaneet sa-
niä?   nat *katu* ja *tori?*

hyvät vitsit — kirjastot — lasit — lautaset — liikemiehet — maalaistalot — ma-kuuhuoneet — metsät — ostajat — ruotsalaiset — työ- ja perheasiat — äänile-vyt

6 Add the poss. suffixes.

Kirjoitimme joulukortit (meidän) ystäville.
Äidit puhuvat paljon (heidän) lapsista.
Panetteko te uudet seinäpaperit (teidän) huoneisiin?
Sinä käytät paljon rahaa (sinun) lomamatkoihin.
Nämä kukat ovat eräiltä (minun) ystäviltä.
Kun konferenssi loppui, osanottajat (*participants*) lähtivät takaisin omiin mai-hin.

7 Complete with proper postpositions.

Äiti. Hui, hiiri! Se on tuon nojatuolin ta_____!

Maija. Se tuli jo pois tuolin _____ ja meni sohvan al_____.

Mikko. Ei se ole enää sohvan _____, se meni tv-pöydän ta_____.

Maija. Nyt se on tuolla kirjahyllyn e_____, ota se kiinni!

Mikko. Ota itse jos saat! Se juoksi jo ikkunan luo_____.

Maija. Ja ikkunan _____ se meni noiden nojatuolien väli_____.

Äiti. Ei, sehän juoksi keittiöön, tuonne ulko-oven vier_____.

Mikko. Se on nyt ihan oven vier_____. Ja nyt se juoksee ulos ovesta.

Onnea matkalle!

8 Tidy up room A so that it looks like room B. Using postpositions, say where you take the things from and where you place them.

9 | Model: Tuoli ei ole mukava, vaan epämukava.

Huone ei ole siisti. Asia ei ole selvä. Asia ei ole varma. Elokuva ei ollut romanttinen. Tarjoilija ei ollut ystävällinen. Kysymys ei ole suora. Henkilö ei ole normaali.

10 Keskustelu.

Two students interview each other about their rooms or apartments. Try to use postpositions when you talk about the furniture in your lodgings.

11 Choose one of the following topics and write approx. 100—150 words about it.

a) Kotini (Asuntoni/Huoneeni).
b) Millaisen olohuoneen haluaisin sisustaa (*furnish, decorate*) itselleni.

12 Sanakertaus.

Se huone, jossa ihmiset ovat paljon, on _____. Se huone,

jossa he keittävät, on _____. Se huone, jossa he nukkuvat

yönsä, on _____ ja se huone, jossa he kylpevät, on

_____. Jos on kaunis päivä ja ihmiset tahtovat saada vähän

ulkoilmaa, he voivat istua _____.

Huoneissa on erilaisia _____, kuten tuoleja ja pöytiä. Jos

tuolit ovat kovia, niissä on _____ istua.

Jos ikkunat ovat suuret, huoneeseen tulee paljon _____

ja huone on _____. Tämän adjektiivin vastakohta on

_____.

Kun ihmiset ostavat voita, maitoa, vihanneksia jne., he tavallisesti panevat

ne _____. Jäätelön he panevat _____.

Huoneiston voi ostaa tai _____.

13 On the basis of what you have just heard on the tape, answer the following questions.

a) Missä Kaarina on asunut tähän asti?
b) Miksi hän ei ole vuokrannut omaa asuntoa ennen?

c) Kuinka suuri Kaarinan asunto on?
d) Kuinka pitkä matka sieltä on Kaarinan työpaikkaan?
e) Missä kerroksessa asunto on?
*f) Aikooko Kaarina syödä keittiössä vai olohuoneessa?
g) Mitä Kaarina näkee olohuoneen ikkunasta?
h) Missä Kaarinan sänky on?
i) Jos ajattelet mitä Kaarina aikoo tuoda olohuoneeseen, voitko sanoa, mitä hän harrastaa?
j) Milloin hän muuttaa uuteen asuntoonsa?

Lukemista

Kaupungeissa suomalaiset asuvat tavallisesti kerrostaloissa. Ne eivät ole kovin korkeita, 3—10-kerroksisia. On kuitenkin myös rivitaloja ja omakotitaloja.

Pitkän, kylmän talven aikana suomalainen tarvitsee lämpimän ja mukavan asunnon. Asunnot ovat kuitenkin usein liian pieniä. Koska ihmiset muuttavat koko ajan maalta kaupunkiin, Helsingissä ja muissa suurissa kaupungeissa ei ole kovinkaan helppo löytää asuntoa. Oma asunto maksaa paljon, varsinkin Helsingissä, mutta vuokrat ovat myös korkeat. Vuokrahuone on tavallisesti kalustettu, mutta jos vuokraa koko huoneiston, se on melkein aina kalustamaton (*unfurnished*).

Esko ja Raija Kuusi (kuusi, kuusen *spruce, fir*) ovat nuoripari, joka asuu vuokrahuoneistossa 5-kerroksisessa talossa vähän kaupungin ulkopuolella. He maksavat siitä (*for it*) kuussa vuokraa ... markkaa. Huoneisto on kaksio (50 m²), mutta siinä on kyllä tarpeeksi tilaa kahdelle hengelle. Olohuone on tilava ja kodikas. Yhdellä seinällä on iso kirjahylly ja kirjahyllyn vieressä televisio. Sohva on kaunis, mutta kova ja epämukava. Ikkunan edessä on kirjoituspöytä; sen ja sohvan välissä on nojatuoli. Keittiössä on sähköhella. Makuuhuoneessa on vuoteet, yöpöydät ja pari vaatekomeroa. Parveketta heillä ei ole. Heidän kylpyhuoneensa on liian pieni, mutta talossa on hyvä sauna, jossa kaikilla on oma saunavuoro kerran viikossa. Kun Eskon ja Raijan palkat nousevat vähän, he ehkä ostavat oman osakehuoneiston, jossa on kolme tai neljä huonetta ja keittiö.

Totta vai ei?
a) Tyypillinen suomalainen kaupunkilaisperhe asuu omakotitalossa.
b) Asunnot ovat Suomessa kalliita ja vuokrat korkeat.
c) Eskon ja Raijan kaksio on vain 50 m², ja se on heille liian pieni.
d) Heillä on kiva olohuone, mutta ei parveketta.
e) He asuvat vuokra-asunnossa, mutta ajattelevat oman asunnon ostamista.

36

VUODENAJAT JA SÄÄ — SEASONS AND WEATHER

1 Complete the following sentences with proper forms of the nouns given in parentheses.

Tunnetteko Niemisen (perhe)? Emme tunne Niemisen (perhe). Käyn usein Suomelan (perhe). Marja meni naimisiin ruotsinkieliseen (perhe). Talvilomalla tapasimme paljon mukavia (perhe). Näiden (perhe) lapset käyvät jo koulua. Noilla (perhe) on paljon ystäviä.

Rouva Hill pitää uusista (vaate). Hän ostaa paljon (vaate). Eilen hän osti kolme paria (käsine) ja kaksi (hame).

Meillä ei ole (parveke). Olisi hauska istua (parveke), kun on kaunis ilma. Niin, mutta pienissä asunnoissa on harvoin (parveke, *part. pl.*).

Sisareni sai tänä aamuna neljä (kirje). Hän kirjoittaa itsekin paljon (kirje). Yksi näistä (kirje) on Pekalta.

Pidätkö sinä tästä (huone)? Onko Kaisa (olohuone)? Ei, hän meni juuri (makuuhuone). Talvella on mukava asua lämpimissä (huone).

Tänään on pari (aste) pakkasta. Eilen oli muutamia lämpö(aste).

En tiedä sinun (osoite). Mikä sinun (osoite) on?

"Sairas" on (terve) vastakohta. On ilo katsella (terve) lasten leikkejä.

2 Write the principal parts of the following words (they may be new to you):

tiede science (from *tietää*); *tunne* feeling, emotion (from *tuntea*); *kastike* gravy; sauce; dressing

_____

_____

_____

3 Could you write the basic forms of the **huone** words in the sentences below? Look up their meanings in a dictionary.

	Basic form	Meaning
Ovatko *eläkkeet* Suomessa hyvät?	_____	_____
Suomen kielessä on monta *murretta*.	_____	_____
Mikä on *taiteen* merkitys ihmiselle?	_____	_____

Olemme todella vaikeassa *tilanteessa*. _____   _____

Vanhat ihmiset eivät aina ole uusien

aatteiden ystäviä.   _____   _____

4 a) Read aloud the following dates.

4.3.1946, 16.8.1962, 20.2.1958, 25.6.1879, 31.10.1972, 6.12.1917, 1.5.1984, 9.9., 14.1., 30.4., 22.7., 28.11.

It is very common to use an ordinal number in the part. instead of the name of the month, for instance, *neljäs kolmat/ta (= neljäs maaliskuu/ta)*. Read the above dates once more, using ordinals for months also.

b) Kuinka mones päivä on tänään? — ylihuomenna? Monesko päivä oli toissa-päivänä? Monesko päivä on joulupäivä? — uudenvuoden päivä? — Suomen itsenäisyyspäivä (*itsenäisyys* independence)? — sinun oma syntymäpäiväsi?

c) Tapasimme Hillit (maanantai), viime (viikko), ja he sanoivat, että he aikovat käydä Moskovassa (talvi), ehkä (joulukuu). Etelä-Euroopassa on paras käy-dä (kevät) tai (syksy), koska siellä on liian kuuma (kesä). Lapissa talvi kestää (lokakuu) (toukokuu).

5 Käännös.

Note: If an impersonal sentence contains an expression of time or place, start with that rather than with the verb. As the sentences are impersonal, there will be no genitive with *täytyy* and no -**lla** with "have".

a) You must work hard if you want to succeed (*menestyä*).
It is not allowed to (= you must not) smoke here.
When you are ill, you must rest.
Before you eat, you must wash your hands.
Although you have money, you cannot always do what you like.
If you love, you forgive.

b) It is windy today. It is snowing; it rained yesterday.
It has been cold. It will be winter soon. It is Tuesday, the first of November.
It was not possible to find a better apartment.
It would be better to eat less sugar and fat (*rasva*).

6 a) Model: Halusitko jotakin? — En halunnut.

Other verbs: pakata tavarat, osata vastata, huomata virhe, vuokrata auto, tarvi-ta rahaa, häiritä kokousta, vastata oikein.

b) Model: Vastaa minulle! — Sinun täytyy vastata.

Avaa ovi! Huomaa sanani! Valitse paikka itsellesi!
Pakkaa tavarasi! Lainaa pankista rahaa!

7 Complete the sentences with proper forms of the words given on the left.

tykätä   _____ te jälkiruuista?

             Kalle. En, mutta ennen minä _____ niistä.

             Ville. En ole koskaan _____ niistä.

häiritä   Pane radio kiinni, se _____ keskustelua.

             _____ teitä, jos poltan?

             Älkää _____ meitä, lapset!

levätä   Mitä Leena tekee? Hän _____.

             Luulen, että minäkin menen _____.

             Joo, _____ vähän, se tekee meille hyvää.

             Jos meillä olisi aikaa, me _____ vähän joka päivä.

valita   Suomalaiset _____ presidentin joka kuudes vuosi.

             Kun ostatte kalliita huonekaluja, _____ oikein!

             Toivon, että olemme _____ parhaan saunatyypin kesä-

             mökillemme.

8 Write the principal parts of these three verbs, which may be new to you.

murhata to murder; kadota to disappear; tulkita to interpret

9 Write the basic form of the verbs italicized in the sentences below. What do they mean?

	Basic form	Meaning
Pekka *lupasi* antaa meille lainan.	_____	_____
Mittaa tämän ikkunan korkeus!	_____	_____
Joko *lukitsen* oven?	_____	_____
Teimme väärin ja *häpeämme* sitä.	_____	_____

10 Sanakertaus.

Vuoden ensimmäinen kuukausi on _____, toinen on

_____, neljäs on _____, kahdeksas

_____ ja yhdestoista _____. Vuodessa

on neljä _____, _____ ensimmäiset ku-

kat alkavat kukkia, _____ on lämmintä,

_____ sataa ja tuulee, _____ sataa lunta.

Montako _____ lämmintä tänään on? Katsotaan: tänään

on pari _____ _____ (= nollan alapuo-

lella). On maaliskuun loppu. Kohta lumi alkaa _____ Hel-

singissä ja sen lähellä. Kuule, lähdetään Lappiin _____ ensi

viikolla, minulla on uudet sukset. Lähdetään vain, nyt on Lapissa paras

_____.

11 Keskustelu.

a) Two students discuss the weather in their home countries during the different seasons, or

b) One student is interviewed by a couple of others about the Finnish climate or the climate in his own country.

12 On the basis of what you learn in lesson 36 (dialogue and reader), are the statements that you hear on the tape true or false?

a) _____ b) _____ c) _____ d) _____ e) _____ f) _____

g) _____ h) _____ i) _____ j) _____

Lukemista

Englantilaiset keskustelevat paljon ilmasta. Niin suomalaisetkin, koska myös Suomessa sää vaihtelee nopeasti, eikä aamulla voi koskaan tietää varmasti, minkälainen ilma on illalla, sataako vai paistaa.

Koska Suomi on kaukana pohjoisessa, monet luulevat, että sen ilmasto on hirveän kylmä. Suomi on kuitenkin lämpimämpi maa kuin esim. Alaska, Pohjois-Kanada ja Pohjois-Siperia, jotka ovat yhtä pohjoisessa, koska Golf-virta, joka tulee Meksikon lahdesta Pohjois-Atlantille, lämmittää Pohjois-Euroopan maita. Suomen keskilämpö on 6 °C (11 °F) korkeampi kuin muiden maiden, jotka ovat yhtä pohjoisessa, ja Lappi on 10 °C (18 °F) lämpimämpi kuin muut yhtä pohjoiset alueet.

Helsingissä, joka on meren rannalla, kesät ovat yleensä vähän viileämpiä ja talvet vähän lämpimämpiä kuin Keski-Suomessa. Ensi lumi sataa tavallisesti marraskuussa, mutta Lapissa lunta voi nähdä jo loka-, joskus syyskuussakin. Talvi on pohjoisessa paljon pitempi. Esimerkiksi Helsingissä on huhti—toukokuussa jo kaunis kevät, aurinko paistaa, maa on vihreä ja kevätkukat kukkivat. Mutta Lapissa on huhtikuussa paras hiihtokausi, koska päivät eivät ole enää niin lyhyet kuin keskitalvella. Joskus Pohjois-Lapissa voi hiihtää vielä kesäkuussakin. On hyvin tavallista matkustaa Lappiin talvilomalle. Jos taas ei halua mennä pohjoiseen talvella, voi käydä siellä kesälomallaan. Silloin Lapissa on aika lämmin, mutta harvoin kuuma, ja yötä siellä ei keskikesällä ole lainkaan (= ollenkaan). Pohjois-Lapissa tämä yötön (*nightless*) aika kestää seitsemänkymmentäkolme päivää. Helsingissäkin kesäyö on hyvin lyhyt ja niin valoisa, että yölläkin näkee hyvin, vaikka ei ole katuvaloja. Joulukuussa päivät eivät ole pitkiä Helsingissäkään, mutta Pohjois-Lapissa auringoton aika kestää viisikymmentäyksi päivää. Vähän valoa antavat taivaalta kuu, tähdet ja revon/tulet (*northern lights*).

Koko maassa, Helsingistä Lappiin, kesän lämpötila voi joskus nousta vähän yli kolmeenkymmeneen asteeseen. Talvella Lapissa voi olla neljäkymmentä tai neljäkymmentäviisikin pakkasastetta; Helsingissä, meren rannalla, on harvoin kylmempää kuin kaksikymmentä pakkasastetta, mutta normaalisti Helsingin talvi on paljon lämpimämpi.

KYSYMYKSIÄ:

a) Miksi Suomen ilmasto on lämpimämpi kuin voisi odottaa?
b) Kuinka paljon lämpimämpi on Pohjois-Suomen ilmasto kuin muut alueet, jotka ovat yhtä pohjoisessa?
c) Paljonko kesän maksimilämpötila Lapissa eroaa Helsingin maksimilämpötilasta? Entä kuinka suuri ero on Lapin ja Helsingin minimilämpötilojen välillä talvella?
d) Milloin ensi lumi sataa Helsingissä? — Lapissa?
e) Miksi ihmiset matkustavat Lappiin kevättalvella?
f) Mitä erikoista on Lapin talvessa?
g) Mitä erikoista on Lapin kesässä?

37

KATSELLAANPA HELSINKIÄ
LET'S TAKE A LOOK AT HELSINKI

1 Answer these questions:

Mikä on maailman suurin kaupunki? — maailman korkein rakennus? — maailman kaunein kaupunki? — korkein vuori? — suurin maaeläin? — suurin vesieläin? — suurin järvi? — pisin joki? Mikä on Suomen tärkein kaupunki ja miksi? Mikä on oman maasi tärkein/kaunein kaupunki? Minkälaisesta musiikista pidät eniten? Kuka on tunnetuin suomalainen ulkomailla? Kuka on lähin naapurisi?

2 Model: Elefantti, tiikeri, kirahvi — iso; Tiikeri on iso, kirahvi isompi, mutta elefantti on isoin.

Helsinki, Oulu, Rovaniemi — pohjoinen kaupunki
Tanska, Sveitsi, Monaco — pieni maa
Matti 19 v., Jorma 15 v., Kalle 12 v. — nuori
Touko-, kesä-, heinäkuu — lämmin
Jussi 180 cm, Niilo 185 cm, Urho 190 cm — pitkä
Turku, Wien, Rooma — vanha
Tulppaani, ruusu, narsissi — kaunis
Auto, radio, televisio — kallis
Puku, paita, solmio — halpa
Liisa, Matti, Pekka — hyvä matematiikassa

3 Model: Pentti on pienempi kuin kaikki muut pojat.
— Pentti on kaikkein pienin.

Tuo kirja on hauskempi kuin kaikki muut.
Tämä kysymys on vaikeampi kuin kaikki muut.
Tämä asunto on sopivampi kuin kaikki muut.
Tämä tarjoilija on ystävällisempi kuin kaikki muut.
Tämä matkalaukku on painavampi kuin kaikki muut.
Tuo rakennus on korkeampi kuin kaikki muut.
Tämä uutinen on tärkeämpi kuin kaikki muut.
Tämä huone on valoisampi kuin kaikki muut.
Tuo tie on lyhyempi ja nopeampi kuin kaikki muut.

4 Model: Tämä on vuoden paras kirja. — Mikä on huonoin?

Bob on kurssin ahkerin opiskelija.
Heinäkuu on vuoden lämpimin kuukausi.
Gepardi on nopein maaeläin.
Maija on perheen lihavin lapsi.
Tämä asia on kaikkein vaikein.
Tämä on viikon hauskin elokuva.
Tämä oli vuoden iloisin uutinen.

5 A couple of drills with superlatives in cases other than the basic form.

a) Tämä on hyvää kahvia. — Tämä on parasta kahvia, mitä tiedän.

Tämä viini on hienoa. Tämä silkki on kallista. Tuo musiikki on kaunista. Tuo olut on huonoa. Tämä työ on vaikeaa. Tuo työ on mielenkiintoista.

b) Kaikista hyvistä miehistä Liisa on löytänyt parhaan.

Kaikista kauniista tytöistä Kalle _____.

Kaikista hauskoista filmeistä näimme eilen _____.

Kaikista mielenkiintoisista kirjoista luin tänään _____.

Kaikista pahoista virheistä Maija teki _____.

Kaikista ihanista ruusuista annan sinulle _____.

Kaikista tärkeistä ministereistä näet tuolla _____.

c) Turisti menee Herkkuun, kaupungin parhaaseen ravintolaan.

Turisti menee Turkuun, Suomen (vanha) kaupunkiin.
Turisti menee Helsinkiin, maan (suuri) kaupunkiin.
Turisti menee Savonlinnaan, Suomen (kaunis) kaupunkiin.
Turisti menee Jyväskylään, Keski-Suomen (tärkeä) kaupunkiin.
Turisti menee Kemijärvelle, Suomen (pohjoinen) kaupunki.
Turisti menee Maarianhaminaan, Suomen (ruotsalainen) kaupunkiin.

Kissa ja koira ovat ihmisen (vanha) kotieläimiä.
Paperi- ja metallitehtaat ovat Suomen (tärkeä) tehtaita.
Monet arabivaltiot ovat maailman (rikas) maita.
Aulis Sallinen ja Joonas Kokkonen ovat Suomen (tunnettu) säveltäjiä.
Pohjois-Kanada ja Pohjois-Siperia ovat maapallon (kylmä) alueita.
Venetsia, Rio de Janeiro ja Kioto ovat maailman (kaunis) kaupunkeja.

Vantaa, Espoo ja Kauniainen ovat Helsingin läh_____ naapureita.

Porvoo on Suomen vanhimpia kaupunkeja

6 Complete with different cases of *hienoin:*

Onko se hienoin ihminen, joka asuu _____ talossa, syö

_____ ruokaa, juo _____ viinejä, ajaa

_____ autolla, käyttää _____ vaatteita

ja on _____ perheiden ystävä ja vieras?

7 Complete A and B's conversation with suitable pre or postpositions from the alphabetical list below.

A. Anteeksi, missähän Runebergin patsas on? Karttani jäi kotiin.

B. No, sen löytää kyllä _____ (kartta). Kävelkää nyt

vähän matkaa (Esplanadi) _____ meren (ranta)

_____ , niin vähän _____

ravintola (Kappeli) te näette Runebergin patsaan. Se seisoo ihan

_____ (Esplanadi).

A. Entä missä on Havis-Amandan patsas?

B. Aika _____ Runebergin (patsas), Kappelin toisel-

la puolella. Minä voin näyttää teille. Minun työpaikkani on Esplanadilla,

_____ (Kappeli).

A. Tuhansia kiitoksia, olette kovin ystävällinen (minä)

_____ .

Pre- ja postpositiot: *ennen — ilman — keskellä — kohtaan — kohti — lähellä — pitkin — vastapäätä*

| 8 | In this translation consider whether to use the genitive or partitive with pre and postpositions. |

Will the plane arrive before six or after six?
Ville neither gets along (= *tulla toimeen*) with Leena nor without her.
The children were walking along the road when a squirrel (= *orava*) ran across it.
I have the TV near the piano and, across the room, a couple of easy chairs.

| 9 | Inflect the following words in the pl. as indicated. |

	Part. pl.	*Minkä?*	*Missä? Mistä? Mihin?*
katu		kadun	kadulla kadulta kadulle
	katuja	*katujen*	*kaduilla kaduilta kaduille*
matto		maton	matolla matolta matolle
silta		sillan	sillalla sillalta sillalle
tunti		tunnin	tunnilla tunnilta tunnille
äiti		äidin	äidillä äidiltä äidille
serkku		serkun	serkulla serkulta serkulle
lintu		linnun	linnulla linnulta linnulle
kauppa		kaupan	kaupassa kaupasta kauppaan
	kauppoja	*kauppojen*	*kaupoissa kaupoista kauppoihin*
pankki		pankin	pankissa pankista pankkiin
sänky		sängyn	sängyssä sängystä sänkyyn
asunto		asunnon	asunnossa asunnosta asuntoon
kuppi		kupin	kupissa kupista kuppiin
paikka		paikan	paikassa paikasta paikkaan
parempi		paremman	paremmassa paremmasta parempaan

10 A few drills in which you should make sentences according to the models.

a) Kalle pitää vaatteista. — Hän ostaa usein takkeja, koska hän pitää takeista.

Hän ostaa villapaitoja — pukuja — hattuja — farkkuja — kenkiä.

b) Harrastan suurkaupunkeja. — Haluan mennä suurkaupunkeihin.

Harrastan videokauppoja — moderneja asuntoja — jazz-konsertteja — Yhdys-valtoja.

c) Do drill b) again, this time using the verb *käydä*.

d) Marja halusi kutsua luokseen sukulaisia. Hän halusi kutsua tätejä. Hän soitti tädeille.

Hän halusi kutsua setiä — serkkuja — sukulaistyttöjä — sukulaispoikia — mo-lemmat vanhemmat.

e) Kaikilla oli kiire. Tädeillä oli kiire. (Go on with the rest of the words in drill d).)

11 Change the words in italics to the pl.

Sängyssä on hyvä nukkua. *Tässä sängyssä* ...
Kartassa on järviä, jokia ja vuoria. *Tuossa kartassa* ...
Ota paperia *laatikosta*! Ota paperia *siitä laatikosta*!
Pidätkö *voileivästä*? Pidätkö *tästä voileivästä*?
Asuntoon muuttaa ihmisiä. *Tuohon asuntoon* ...
Mennään *kauppaan*! Mennään *siihen kauppaan*!
Tytöllä ei ole työpaikkaa. *Tällä tytöllä* ...
Pojalla on paljon hyviä kavereita. *Tuolla pojalla* ...
Anna ruokaa *linnulle*! Anna ruokaa *sille linnulle*!
Älkää istuko *penkille*! Älkää istuko *tälle penkille*!
Ota kirjasi pois *pöydältä*! Ota kirjasi pois *tuolta pöydältä*!
Saimme kirjeen *serkulta*. Saimme kirjeen *siltä serkulta*.
Mistä kukasta te pidätte? *Missä laatikossa* kirjoituspaperi on? *Mihin kaupunkiin* menette tällä matkalla?

12 Select your answers to these questions from the alphabetical list below.

Missä ihmiset nukkuvat?
Missä on paljon kirjoja?
Kenellä on aina työtä kotona?
Missä on paljon liikennettä ja ihmisiä?
Mistä tytöt keskustelevat?

Mihin rahasi menevät?
Mille ihmiset nauravat?
Missä naisilla on paljon tavaraa?
Mistä ostajat ovat iloisia?
Mistä pojat keskustelevat?

*halvat hinnat — hyvät jutut (*juttu = *vitsi, anekdootti) — kasetit — kaupungit — kirjakaupat — käsilaukut — pojat — sängyt — tytöt — äidit*

13 Look at the picture and, using the series *ylhäällä — ylhäältä — ylös* and *alhaalla — alhaalta — alas,* answer the questions.

Mistä mihin Pekka on menossa?

Missä Matti seisoo?

Mistä mihin Jussi on tulossa?

Missä heidän koiransa odottaa?

14

Suomi on Ruotsin itäpuolella. Espanja on Ranskan eteläpuolella. Neuvostoliitto on Kiinan länsipuolella. Eurooppa on Afrikan pohjoispuolella.

Missä Lappi sijaitsee? Entä Kuopio? Entä Vaasa? Entä Porvoo?

> Model: Minä pidän pikkukaupungeista. — Niin minäkin.

Minulla on nälkä. Minusta on kiva käydä eläintarhassa. Minulle kuuluu hyvää. Minussa on pieni flunssa. Minun kotikaupunkini on meren rannalla.

> Model: Minä en pidä pikkukaupungeista. — En minäkään.

Minulla ei ole nälkä. Minusta ei ole kiva käydä eläintarhassa. Minulle ei kuulu erikoista. Minussa ei ole vielä flunssaa. Minun kotikaupunkini ei ole meren rannalla.

16 Sanakertaus.

Stadionin _____ on korkea paikka, josta on kaunis

_____ yli Helsingin. Etelässä päin on meri,

Suomen_____. Matkustajalaiva saapuu juuri mereltä

Etelä_____. Helsingin vanhassa keskustassa on

_____kirkko, yliopisto jne. Tuo moderni valkoinen rakennus

Kansallismuseota _____ on konserttitalo. Me olemme täällä yl-

häällä; katso tuonne _____, niin näet, miten raitiovaunut

_____ keskustasta päin Mannerheimintietä _____

Töölöä _____. — Sinä asut kerrostalossa; kuljetko

_____ ja alas hissillä vai jalan? Tiedätkö, montako prosenttia

omasta kansastasi asuu pääkaupungissa ja sen _____? Suomi on

_____-Euroopassa, Brasilia on _____-Amerikas-

sa, Kiina on _____-Aasiassa ja Senegal on

_____-Afrikassa.

17 Keskustelu.

Two or three students talk together — preferably with pictures — about their home towns or the capitals of their countries, or several students interview one student about these topics.

18 Write about 150 words (or more), describing a city in your own country, Finland, or elsewhere.

19 Millainen kesäkaupunki Lappeenranta on?

Henkilöt: Jaakko Isola, Eila Hämäläinen.

🔘🔘 Uusia sanoja: *päästä* to get (somewhere)
leirintä/alue camping area
vene (row, motor) boat
kanava canal, channel
linnoitus fort, fortification
uskoa to believe

Totta vai ei?

a) Helsingissä on kesällä enemmän aurinkoa kuin Lappeenrannassa.
b) Lappeenrannassa voi helposti kävellä sinne, minne on menossa, koska kaupunki on melko pieni.
c) Lappeenranta on maan suurimman järven Saimaan rannalla.
d) Lappeenrannassa ja sen ympäristössä on tarpeeksi uimarantoja ja kalapaikkoja kaikille.
*e) Lappeenrannasta voi lähteä oopperamatkalle laivalla, jonka nimi on Prinsessa Armaada.
f) Lappeenrannasta voi lähteä Saimaan kanavaa pitkin ja matkustaa Leningradiin saakka.
g) Lappeenrantalaiset ovat eteläkarjalaisia, ja hyvää karjalaista syötävää saa ostaa kaupungin torilta.
h) Lappeenrannassa ei ole vanhoja historiallisia rakennuksia.
*i) Karjalaiset sanovat mie ja sie, mutta muuten he ovat samanlaisia suomalaisia kuin helsinkiläisetkin.
j) Lappeenrannan tehtaat saastuttavat ilmaa koko ajan.

Lukemista

Helsingissä, Suomen pääkaupungissa, joka on samalla myös maan suurin kaupunki, on n. 500 000 asukasta. Siellä asuu siis noin 10 % (prosenttia) suomalaisista. Se on myös maan tärkein teollisuus-, kauppa- ja kulttuurikaupunki.

Helsinki on noin 400 vuotta vanha. Ensimmäiset kaksisataaviisikymmentä vuotta se oli kuitenkin vain pieni kalastajakylä. Kun Helsingistä tuli Turun jälkeen maan pääkaupunki vuonna 1812, siellä oli vain 4000 asukasta. Kaupungissa ei siis ole paljon historiallisia rakennuksia, mutta se on miellyttävä kaupunki, jossa rakennukset eivät ole liian korkeita ja jossa on paljon vettä, niemiä, lahtia ja saaria ja useita suuria vihreitä puistoja. Asema Suomenlahden rannalla on antanut Helsingille nimen ''Itämeren tytär''.

Helsingissä on useita satamia. Eteläsatamaan saapuvat matkustaja-laivat ulkomailta. Täällä etelässä on kaupungin vanhin osa. Täällä si-jaitsevat presidentin linna, yliopisto, tuomiokirkko, Suomen pankki jne. Yliopiston ja tuomiokirkon edessä on Senaatintori. Kauppatorilta, jossa joka aamu näkee satoja ja tuhansia helsinkiläisiä ostoksillaan, lähtee Mannerheimintielle päin Esplanadi, joka on Aleksanterinkadun jälkeen Helsingin ehkä tärkein liikekatu. Esplanadilla ovat useimmat tunnetut design-liikkeet sekä (*as well as, and*) Runebergin patsas.

Kaupungin keskustaa ovat myös Mannerheimintien alkupää ja rauta-tieaseman ympäristö. Siellä on suuria tavarataloja ja muita liikkeitä, mutta on paljon muutakin: Ruotsalainen teatteri, Ateneum, Kansallis-teatteri ja valkoinen, marmorinen Finlandia-talo. Mannerheimintien länsipuolella sijaitsee Eduskuntatalo. Sen jälkeen alkaa Töölö, Helsin-gin suurin asuntokaupunginosa, jossa sijaitsevat esim. mielenkiintoinen Temppeliaukion kirkko ja Stadion, Sibelius-monumentti sekä useat sai-raalat. Lähellä Stadionia on pääkaupungin huvipuisto Linnanmäki.

Helsingin tärkeimmät teollisuusalueet ovat idässä ja pohjoisessa. Siellä on esim. Arabian posliinitehdas, joka on koko maan tunnetuim-pia tehtaita.

Suomalaiset muuttavat paljon maalta suurimpiin kaupunkeihin, ja uusia lähiöitä (*neighborhood centers*) ñousee Helsinginkin ympäristöön koko ajan. Usein nämä uudet lähiöt eivät kuitenkaan sijaitse itse Hel-singissä, vaan sen naapurikaupungeissa Espoossa tai Vantaalla, joissa molemmissa on jo toistasataatuhatta (= yli satatuhatta) asukasta. Osa Espoota on Tapiola, ulkomaillakin tunnettu "puutarhakaupunki", sa-moin Otaniemi, jossa sijaitsee Teknillinen korkeakoulu. Kolmas, Es-poota ja Vantaata paljon pienempi kaupunki lähellä Helsinkiä on Kau-niainen. Kaikista kolmesta naapurikaupungista käy paljon ihmisiä työs-sä Helsingissä.

Check the correct alternative(s):
1. Helsinki on ollut Suomen pääkaupunki
   a) 400 vuotta   b) alle 200 vuotta
2. Helsinki on miellyttävä kaupunki, koska siellä on
   a) historiallisia rakennuksia   b) kaunista luontoa
3. Helsingin vanhin osa on
   a) etelässä   b) idässä   c) lännessä
4. Tärkeimmät design-liikkeet sijaitsevat
   a) Esplanadilla   b) Aleksanterinkadulla
5. Töölössä on
   a) Temppeliaukion kirkko   b) Sibelius-monumentti
   c) Arabian posliinitehdas
6. Helsingin naapurikaupunkeja ovat
   a) Espoo   b) Tapiola   c) Otaniemi   d) Kauniainen   e) Vantaa

38

MIKKO LAAKSO ON SAIRAANA
MIKKO LAAKSO IS ILL

1 Malli: *(täytyä)* Me odotamme — Meidän täytyy odottaa.

täytyä	Lapset lähtevät kouluun.
pitää	Opiskelijat ovat ahkeria.
täytyä	Nuo miehet seisoivat bussissa koko matkan.
olla pakko	Nämä perheet muuttivat maalta kaupunkiin.
täytyä	Kaikki ovat tehneet parhaansa.
tarvita	Pojat eivät nouse aikaisin viikonloppuna.
tarvita	Ihmiset eivät mene työhön jouluna.
tarvita	Muut eivät enää auta Mattia ruokapöydässä.

2 Käännös.

Mother. And now you must take some medicine. Did you have to go out without a warm winter coat? Perhaps I ought to call a doctor.
Tiina. Mother, I'll be well again tomorrow. I'll have to go to school anyway *(joka tapauksessa)*, we have an important test *(koe)*. You don't have to take this so seriously (serious *vakava*).
Mother. I'm your mother, I must take care of you *(hoitaa + part.)*. You mustn't go to school tomorrow. You shouldn't be so obstinate *(itse/päinen)*. I'm sure your father will agree with me (= be of the same opinion with me). By the way, where is he? He was supposed to come home at half past four.

3 Explain with *täytyy* type of sentences what to do in the situations mentioned here.

Minulla ei ole yhtään rahaa kotona.
Liisalla ei ole leipää eikä muuta ruokaa kotona.
Saimme kirjeen ystävältämme.
Äidillä on huomenna syntymäpäivä.
Ystäväni tarvitsee apua.
Bob on tullut Suomeen. Hän ei osaa yhtään suomea.
Kaija on sairaana ja aivan yksin kotona.
James ei saa stipendiä kesällä.
Mikolla ja Minnalla on liian pieni asunto.
Meillä ei ole televisiota, mutta lapset haluaisivat sellaisen.

4 Complete with the essive case.

Tyttö kertoi (onnellinen), että hän oli saanut stipendin.
Neiti Laaksonen on taas pahasti (sairas).
Kun Matti tuli kotiin, hänen vaimonsa odotti häntä (vihainen) ovella.
Onko se rikkaan liikemiehen murhaaja (*murderer*) vielä (vapaa)?
Opiskelija istui (väsynyt) kirjastossa ja yritti lukea.
Menimme Korhoselle kahville. Herra K. tuli meitä vastaan (ystävällinen) ja (kohtelias).
Saimme kirjeen, jossa oli hyviä uutisia, ja luimme sen (iloiset).
Haluan syödä jäätelön (kylmä) ja juoda kahvin (kuuma).

5 Käännös.

Sami is quite good as a pop-singer. He started singing as a young student. As a person, he is quite Bohemian (*boheemi*); as a friend, he is very pleasant. His brothers have also appeared (*esiintyä*) as singers.

6 Try to rewrite this short conversation in standard Finnish.

Henkilöt: Teppo, Timo.
Teppo. Hei, Timo! Tuu mun kanssa kahville! Mä maksan.
Timo. Kiitti vaan, emmä haluu nyt kahvii. Mä en oo vielä syöny. Mul on ruoka-tunti, mut mä tulin ostaan pari kasettii. Mun kahvitunti on viistoist yli kaks.
Teppo. Kuin sulla menee?
Timo. No en tiiä. Meiän lapset on ollu kipeinä. Semmonen (= sellanen) korkee kuume, mut onneks se meni nopeesti ohi. Ei se lääkäri osannu sanoo että miks se kuume nous niin korkeelle. Se sano vaan että se kirjottas jotain lääkettä niil-le, että kyl se kuume siitä laskis. Mitenkäs teillä?
Teppo. Me ollaan kyl ihan terveitä. Kuule, voit sä tulla lauantaina mun synttä-reille? Ja Liisa kans (= myös)? Juodaan sit se kahvi hyvän pullan kanssa, eiks joo?
Timo. Kiitti vaan, kyl me tullaan, totta kai. Paljon sä täytät?
Teppo. Kolkytviis. Vanha mies mä jo oon niinku säkin.

7 Answer the following questions with complete sentences, using either *hyvin* or *hyvää*.

Mitä sinulle kuuluu?   Kuinka sinä voit?
Miten isäsi voi?   Mitä Pekalle kuuluu?
Kuinka vanhempasi jaksavat?   Mitä veljillesi kuuluu?
Mitä Niemisille kuuluu?   Mitenkä Mikko ja Leena voivat?

8 This is an exercise on the different usages of *pitää*.
Make sentences out of the words given here.

ihmiset, pitää, liikkua, paljon ulkona
pitää, sinä, käveleminen?
missä, te, pitää, maito ja jäätelö?
he, pitää, kokous, joka maanantai
pitää, sinä, mennä ulos, joka ilta?
kumpi käsi, sinä, pitää, kynä, kun, sinä, kirjoittaa?
ministeri N.N., pitää, eilen, tärkeä puhe
me, pitää, mennä kylään, viime sunnuntai, mutta, Olli, olla, sairas
minä, pitää, kirjoittaa, monta kirjettä, mutta, minä, ei olla, aikaa

9 Sanakertaus.

— Kuulepas, hyvä ystävä, sinä _____ vähän sairaalta, miten si-

nä _____? — Aika hyvin, minä olen vain väsynyt. — Niin, mutta

sinun äänesi on tavallista matalampi, ehkä kurkkusi on _____?

— Ei ole, mutta _____ minussa on, nenäliinoja menee paljon.

Minä aion mennä työstä suoraan _____ ostamaan

yskän_____ ja C-vitamiini_____.

— Onko sinulla pään_____? — Ei ole. — Onko sinulla kotona

_____mittari? — On, mutta en usko, että tarvitsen sitä. Viime

kerralla kun minulla oli korkea _____, minä soitin

_____keskukseen ja sain heiltä hyviä _____. Kun

otin pari aspiriinia, lämpö _____ nopeasti normaaliin.

10 Keskustelu.

A conversation between a person complaining about flu symptoms and a doctor
at the local health center.

11 On the basis of the tape you have just listened to, which of the following alternatives are true?

 1) Oksalan Ilkalla on
   a) vatsa kipeä
   b) pää kipeä
   c) kurkku kipeä
2) Ilkka haluaa juoda
   a) vettä
   b) teetä
   c) mehua
*3) Ilkalla on kuumetta
   a) 38,1
   b) 38,9
   c) 39,1
   d) 39,8
4) Ilkka haluaisi
   a) että äiti istuisi hänen luonaan
   b) että äiti antaisi hänelle vielä kuumaa mehua
   c) että hän saisi olla yksin ja nukkua

Lukemista

Tämän kansainvälisesti tunnetun sadun luin veljeni pienelle Pekka-pojalle, kun hän oli sairaana.

KOLME KARHUA

Olipa kerran kolme karhua, jotka asuivat pienessä talossa keskellä suurta metsää. He olivat hyvin suuri Isäkarhu, aika suuri Äitikarhu ja pikkuinen Poikakarhu.

Oli aamu, ja karhut istuivat syömässä aamiaistaan. Mutta heidän puuronsa oli aivan liian kuumaa. Silloin Isäkarhu sanoi: "On kaunis ilma. Mennään metsään pienelle kävelylle. Kun tulemme takaisin kotiin, puuro ei ole enää liian kuumaa." Ja kaikki kolme lähtivät kävelylle metsään.

Mutta metsässä oli toinenkin pieni talo. Siinä asui pieni tyttö, jonka nimi oli Kultakutri. Hänkin lähti metsään samaan aikaan kuin karhut. Kun hän käveli vähän matkaa, hän näki edessään kolmen karhun talon. Hän katsoi ovesta sisään ja huomasi, että talo oli ihan tyhjä. Mutta pöydällä oli kolme puurokuppia: yksi hyvin suuri, toinen aika suuri ja kolmas ihan pikkuinen.

Kultakutri istuutui hyvin suurelle tuolille ja maistoi puuroa hyvin suuresta kupista. — "Tämä on ihan liian kuumaa", hän sanoi. Sitten hän istuutui aika suurelle tuolille ja maistoi puuroa aika suuresta kupista. — "Tämä on ihan liian kylmää", hän sanoi. Sen jälkeen hän istuutui pikkuiselle tuolille ja maistoi puuroa pikkuisesta kupista. — "Tämä on ihan sopivaa", Kultakutri sanoi. Hän maistoi vielä toisenkin kerran, ja puuro oli niin hyvää, että hän söi sen kaiken.

Sitten Kultakutri katsoi makuuhuoneeseen. Siellä hän näki kolme sänkyä: hyvin suuren, aika suuren ja kolmannen, joka oli ihan pikkuinen. — "Voi, miten väsynyt olen!" sanoi Kultakutri. "Olisipa hauska nukkua pikkuisen!" Hän yritti nukkua hyvin suuressa sängyssä, mutta se oli hänestä aivan liian kova, ja aika suuri sänky oli hänestä aivan liian pehmeä. Mutta pikkuinen sänky oli niin sopiva, että Kultakutri nukahti heti syvään uneen.

Mutta kohta karhut tulivat kotiin kävelyltä. He näkivät heti, että jokin oli hullusti, kun he katsoivat ruokakuppeihinsa.

"Joku on maistanut puuroani!" sanoi Isäkarhu hyvin suurella äänellään.

"Joku on maistanut puuroani!" sanoi Äitikarhu aika suurella äänellään.

"Joku on maistanut puuroani", sanoi Poikakarhu pikkuisella äänellään, "ja hän on syönyt sen kaikki!"

Sitten karhut menivät makuuhuoneeseen.

"Joku on nukkunut sängyssäni!" sanoi Isäkarhu hyvin suurella äänellään.

"Joku on nukkunut sängyssäni!" sanoi Äitikarhu aika suurella äänellään.

"Joku on nukkunut sängyssäni', sanoi Poikakarhu pikkuisella äänellään. "Ja tuossa hän on!"

Silloin Kultakutri heräsi. Kun hän näki kolme karhua, hän pelästyi hirveästi, hyppäsi ylös sängystä ja juoksi ovesta ulos metsään ja suoraan takaisin kotiin äidin luo. "Äiti, äiti!" hän huusi. "Onpa hauska olla taas kotona! Minä lupaan sinulle, että en lähde enää koskaan yksin tuonne suureen metsään."

Sen pituinen se.

Retell this old fairy-tale in Finnish, freely, in your own words. If there are several students, one can start and the others will take turns to tell the rest.

39

HEIKKI JA BETTY MENEVÄT ILLALLA ULOS
HEIKKI AND BETTY ARE GOING OUT FOR
THE EVENING

1 Käännös.

The summer has gone. But I still remember the green trees, the colorful (*värikäs*) flowers, the little birds, the blue lakes, and the happy (*iloinen*) people in their summer clothes.

If I close my eyes, I can see green trees, colorful flowers, little birds, blue lakes, and happy people in their summer clothes.

2 Make the two paragraphs in exercise 1 negative:

It's winter. I can no longer remember the green trees etc./I can no longer see any green trees etc.

3 Complete the following sentences and then make them negative.

meno-paluulippu	Ostin _____.
lukeminen	Otin mukaan _____.
istumapaikka	Löysin _____.
hauska seura	Sain _____.
lounas	Söin _____ ravintolavaunussa.
vichyvesi	Join _____.
Martta-täti	Tapasin Kemissä _____.
muu suku	Tapasin myös _____.

4 Fill in the blank spaces with correct forms of the word given on the left.

kirje Oletko jo kirjoittanut _____ äidille?

   En ole kirjoittanut _____ vielä.

   Ole hyvä ja kirjoita _____ jo tänään!

   Miksi minun pitäisi kirjoittaa _____ tänään?

   On jo aika kirjoittaa _____ hänelle,

   hänestä on aina niin kiva saada _____ sinulta.

   Kirjoitetaan _____ yhdessä!

ikkuna Avaa _____! Enpäs avaa _____!

   Sinun pitää avata _____.

   No hyvä on, minä avaan _____.

   Nyt on jo aika sulkea _____.

   Suljetaan _____, ennen kuin mennään ulos.

romaani Sinun pitäisi lukea _____ "Yön valot".

(se r.) Olen jo lukenut _____.

(se r.) Minusta oli kiva lukea _____.

(se r.) Lainataan _____ Liisallekin!

(se r.) En usko, että Liisa haluaa lukea _____.

auto Pojat, peskää _____ tänään!

   Miksi meidän on pakko pestä _____?

   Miksei isä pese _____?

   Katsokaa, isähän on jo pessyt _____!

   Pestään _____ ensi kerralla, niin isän ei aina tarvitse

   pestä _____.

5 Complete the direct objects.

— Olipa kiva, että tapasin sin_____.

— Samoin, en ole nähnyt sin_____ pitkään aikaan.

215

— No, mitäs me otamme? Haluatko kup_____ kahvia?

— Ei kiitos, minä juon mieluummin tee_____.

— Ota myös pulla_____, se maistuu hyvältä kahvin kanssa.

— Kiitos vain, en halua makea_____ kahvileipä_____, se lihottaa.

— No, ainakin sinun täytyy ottaa pien_____ voilei_____.

Katso tuo_____ juustovoilei_____, se näyttää hyvältä.

— Hyvä on, minä otan se_____ juustovoilei_____.

— Minä maksan, mene sinä ottamaan hyv_____ pöy_____, niin saadaan

jutella rauhassa. Minä olen niin usein ajatellut sin_____ ja vanh_____

hyv_____ aik_____ (pl.) siellä kotikaupungissa.

---

6 Complete with suitable forms of the words in parentheses.

Kaikki rakastavat (sauna). Vihaamme (sota) ja (väki/valta).
Mitä sinä teet, Ville? Minä kirjoitan (aine).
Kun tulimme kotiin, Kaija luki (romaani).
Ajatelkaa (asia)! Ystäväni ihailee (Beethoven).
Odota (me), Kalle! Sinä voit ehkä auttaa (me).
Katsotaan (televisio) vähän aikaa! Vai haluatteko kuunnella (äänilevyt)? Kuka teistä harrastaa (hiihto)?
Tämä tiedemies tutkii Afrikan (eläimet).
Kaikki etsivät elämässään (onni).

---

7 One more exercise on the direct object.

Kello puoli kahdeksalta Jaakko istui syömässä (aamiainen). Hän söi (aamiainen), joi (kahvi) ja luki (lehti). Sitten hän lähti työhön. Hän ei ole halunnut ostaa (auto), joten (= niin että) hänen täytyy tehdä (matka) kotoa työhön bussilla. Nyt oli kuukauden ensimmäinen päivä, oli aika ostaa (uusi kuukausilippu). "Paras ostaa (se) ruokatunnilla", Jaakko ajatteli. "Täytyy ensin hakea pankista (raha)."

Matkalla pankkiin Jaakko tapasi (vanha ystävä). — "Ikävä että minulla ei ole aikaa jutella, minun on pakko hakea (raha) pankista ja ostaa sitten (kuukausilippu)." — "Ei se mitään, minä tulen mukaan. Haetaan yhdessä (se raha) sieltä pankista ja ostetaan sitten (se kuukausilippu) ja jutellaan samalla. Oletko sinä tavannut (vanhat työkaverit) viime aikoina?" — "Minä näin Halosen (Simo) vähän aikaa sitten." — "Missä sinä (hän) tapasit?" — "Minä odotin (vaimoni) asemalla ja hän tuli sinne." — "Minä muistan (hän) hyvin. Minä ihailin (hän) kovasti, hän oli niin älykäs ja miellyttävä." — "Niin oli, hän auttoi usein (me muut), kun tarvitsimme (apu). Hän meni sitten opiskelemaan (lääketiede) ja on nyt valmis lääkäri." — "Niinkö! Minun täytyy soittaa ja onnitella (hän)."

8 Käännös. (Cp. 26:2.)

I have been in Finland for a week. I must stay here for a year. My friend runs a kilometer every morning; he says he ought to run one kilometer in the morning and three in the evening.

We've been waiting for her for almost an hour. Well, let's wait for her for five minutes more and then go.

9 Complete with the translative case.

Tyttö sai stipendin; hän tuli hyvin (onnellinen).
Neiti Laaksonen on tullut pahasti (sairas).
Matti tuli humalassa (*drunk*) kotiin. Hänen vaimonsa tuli siitä hyvin (vihainen).
Milloin tämä kylmä sää muuttuu taas (lämmin)?
Joskus mahdotonkin tulee (mahdollinen).
Aja eteenpäin, liikennevalo muuttui juuri (vihreä).
Mitä sinä puhut, oletko tullut (hullu)?
Kesällä päivät tulevat (pitkät ja valoisat), talvella ne muuttuvat (lyhyet ja pimeät).
Laulu "It Ain't Me" teki tämän laulajan (tunnettu) koko maailmassa.
Se, mitä kerroit, teki meidät hyvin (surulliset).
Mikä sinusta tulee, kun tulet (suuri)?
Risto aikoo (insinööri).

10 Käännös.

Rita and Joan went to the Korhonens for a week. The Korhonens did not speak English. The girls tried to speak Finnish, but they did not always know the words in Finnish. Fortunately, they had a good dictionary with them.

11 How else can you express the words in italics?

Suomalaiset kuuntelevat tv-uutiset *joka ilta* puoli yhdeksältä. He menevät mökille *aina viikonloppuna. Joka arkipäivä* he ovat työssä.
Joka kevät muuttolinnut tulevat etelästä pohjoiseen, ja *joka syksy* ne taas lähtevät lämpimiin maihin.
Meillä on suomen kurssi *aina maanantaina ja keskiviikkona.*

12 Model: Poliitikko harrastaa politiikkaa.
— Poliitikko on kiinnostunut politiikasta.

Matematiikko harrastaa matematiikkaa.
Historian opiskelija harrastaa historiaa.
Tietokoneinsinööri harrastaa tietokoneita.
Musiikin opiskelija harrastaa musiikkia.
Englannin kielen opiskelija harrastaa englannin kieltä.
Suomalais-ugrilaisten kielten opiskelija harrastaa suomalais-ugrilaisia kieliä.
Tenniksen pelaaja harrastaa tennistä.

13

Model: Minusta on hauska tanssia. — Tanssin mielelläni.

Minusta on hauska ostaa uusia vaatteita. Hänestä on hauska soittaa pianoa. Meistä on hauska ajaa polkupyörällä. Heistä on hauska istua ravintolassa. Onko sinusta hauska käydä kylässä? Onko teistä hauska kertoa vitsejä?

14

Model: Matkustan mielelläni junalla, mutta mieluummin autolla.

Choose your favorites among the following series of three.

uida — hiihtää — kävellä
mennä elokuviin — teatteriin — tanssimaan
ostaa vaatteita — kirjoja — äänilevyjä
syödä lihaa — kalaa — vihanneksia
matkustaa junalla — autolla — lentokoneella
asua maalla — pikkukaupungissa — suurkaupungissa
lukea sanomalehtiä — kuvalehtiä — romaaneja
kuunnella radiota — katsoa televisiota — soittaa äänilevyjä
tehdä työtä — opiskella — huvitella
matkustaa yksin — perheen kanssa — ystävän kanssa

15

Model: Kumpi aika sopii sinulle? — Kumpi vain.

Mihin haluaisit lähteä illalla?
Mitä haluaisit tehdä?
Kumpaan lähtisit, diskoon vai ravintolaan?
Minkä näistä ravintoloista valitsisimme?
Milloin tulisin hakemaan sinua?
Kumpaa joisit, valko- vai punaviiniä?

16

Sanakertaus.

— Hei, Kati, lähdetkö kanssani ulos illalla?

— _____. Mutta minne?

— Lähtisitkö _____ tanssimaan vai teatteriin?

— _____ ohjelmasta. Mutta en ole ollut teatterissa

_____   _____.

— Ehkäpä olisi kiva nähdä se suosittu musikaali Kaupunginteatterin suurella

_____, jos se vain ei ole _____. Pääosassa on N.N., jolla on mahdottoman kaunis _____.

— Minä olen hirveän _____ musikaaleista. Ei, mutta tiedät-

kö mitä! Minähän olen aina torstai_____ lapsen/vahtina

(*babysitter*) naapurin perheessä. Mutta muina iltoina minulle kyllä sopii.

17 Keskustelu.

a) On the basis of the Reader, discuss with another student what you could do during a weekend in Helsinki, *or*

b) Discuss your ways of spending your free time, evenings or weekends.

18 Kuuntelutehtävä.

Miten vietätte vapaa-aikanne?

Henkilöt: Tiina, Tapani, haastattelija.

Uudet sanat: *toiminta* action, activity, activities

         kori basket

         kunto condition, fitness

         järjestää to arrange, organize

         piirustus drawing

         esiintyä to appear, perform

         runo poem

         40-luku the 40's

On the basis of what you will hear on the tape, choose the correct alternatives and answer the questions.

1. Tiinalla ja Tapanilla on vapaa-aikaa
   a) aina liian vähän
   b) aina tarpeeksi
   c) tenttiaikana aika vähän
2. Sekä Tiinan että Tapanin harrastuksia ovat:
   a) opiskelijatoiminta   d) tanssi
   b) urheilu   e) piirustus
   c) lukeminen
3. Mitä seuraavista urheiluista Tapani *ei* harrasta:
   a) lentopallo   c) kilpahiihto
   b) tennis   d) pitkän matkan juoksu
4. Tiina lukee
   a) melkein kaikkea   b) vain runoja
5. Montako iltaa viikossa Tiina ja Tapani viettävät ulkona? _____
6. Miksi Tapani on kiinnostunut ranskalaisista elokuvista?

_____

Miksi Tapani käy niin vähän teatterissa? _____

_____

7. Tiina harrastaa
   a) kansanmusiikkia   c) rokkia
   b) barokkimusiikkia   d) jazzia
8. Tapani kuuntelee mielellään
   a) ranskalaisia chansoneja   c) suomalaista rokkia
   b) vanhoja kotimaisia   d) paljon kansanmusiikkia
      oopperoita
9. Mistä suomalaisesta oopperasta Tapani pitää eniten?

---

10. Tiina ja Tapani katsovat televisiota
    a) paljon, jos ovat illalla kotona
    b) hyvin vähän
    c) ei ollenkaan

Lukemista

Minne mennä ja mitä tehdä viikonloppuna Helsingissä

● **Sirkusta katsomaan**

Sirkus Finlandian näytökset vanhan Messuhallin kentällä alkavat klo 13 ja 17. Aikuisten liput näytöksiin maksavat 36—58 mk ja lasten 22—44 mk.

● **Teatteria lapsille**

Lähiöteatteri esittää Balder-salilla, Aleksi 12, klo 13 lastennäytelmän Talo ja Tönö. Klo 15 nähdään Uppo-Nalle. Lippu edelliseen maksaa 15 mk, jälkimmäiseen 20 mk.

● **Teatteria isommille**

Penniteatterin menestyskomedian Feenix eli Tohtori Kaikkitietävä ja Tarun Salaperäisen Linnun viimeiset esitykset tänä syksynä nähdään klo 17 ja 19 Kino Cabaret'ssa Fredrikintorilla. Liput 15 mk.

● **Konsertti museossa**

Helsingin kaupungin taidemuseossa esiintyvät klo 16 Helsingin Kamarijouset pianosolisteinaan Olli Mustonen ja Lauri Karhumäki. Liput maksavat 5 mk.

● **Musiikkia eri tahoilla**

Marja Turusen lauluensikonsertti alkaa Sibelius-Akatemian salissa klo 19.30. Marita Viitasalo soittaa pianoa ja Markku Turunen, baritoni, avustaa. Liput 30 ja 15 mk.

● **Musiikkia kirkoissa**

Hannele Valtasaari laulaa ja Risto Valtasaari soittaa urkuja Olarin kirkossa klo 18. Pääsy on vapaa, ohjelma 10 mk.

● **Tanssitapahtuma Helsinki-hallissa**

Helsingin Tanssiopiston opettajat ja oppilaat demonstroivat jazztanssia ja modernia tanssia klo 13 Helsinki-hallissa, Mannerheimintie 17. Tanssinopettajat Leila Sillantaka ja Kaisa Torkkel vastaavat yleisön kysymyksiin. Pääsy on vapaa. Samalla voi tutustua näyttelyyn Helsinki — urheilukaupunki.

Aarno Salosmaa
maalauksia

ti-pe 11-17, su 12-16
Galleria Bronda
Kasarmik.44 p.626494

220

tv 1

14.50 Frank Sinatra -konsertti
Elokuussa 1982 Altos de Chavonin amfiteatterissa Dominikaanisessa tasavallassa nauhoitettu konsertti. Mtv.

17.25 Kielitelevisio: Buongiorno Italia!
Kurssin oppikirja on Buongiorno Italia! Toimittaja Marja Jaakola, tuotanto Kieltenopetus. Uusinta.

17.55 Sähkeuutiset

19.20 Urheilutunti: autourheilua
Formula 1 -luokan toiseksi viimeinen MM-osakilpailu, Euroopan Grand Prix. Selostaja Matti Lammi. (Eurovisio, Brands Hatch.)

20.30 Uutiset, sää ja tietoisku

20.45—23.10 Luis Bunuelin ilta:

20.45 Dada ja surrealismi

21.15 Elokuva 1920-luvulla

21.40 Kulta-aika
(L'Age d'or.) Ranskalainen elokuva vuodelta 1930. Ohjaaja Luis Bunuel, käsikirjoittaja Luis Bunuel ja Salvador Dali. Pääosissa: Gaston Modot, Lya Lys, Caridad de Lamberdesque, Max Ernst ja Pierre Prévert. MV.

tv 2

18.20 Avaruusaika ja Albert Einstein
Kanadalainen palkintofilmi osoittaa, että Einsteinin suhteellisuusteoriastakin voi kertoa hauskasti. Uusinta.

9.00 Giuseppe Verdi
Toisessa osassa aloitteleva säveltäjä muuttaa Milanoon, ensimmäinen ooppera on kohtalainen menestys, mutta perhetragedia ja oopperafiasko aiheuttavat vaikean kriisin. Verdiä esittää Ronald Pickup. Ohjaaja Renato Castelloni, musiikin johto Roman Vlad, tuotanto RAI.

35—23.30 Macchu Picchun huiput
Pablo Nerudan kuolemasta 10 vuotta. Rockyhtye Los Jaivas esittää Pablo Nerudan runoihin tekemiään sävelmiä. Ohjelma on kuvattu Perussa muinaisen, v. 1911 löydetyn inkakaupunki Macchu Picchun raunioilla. Laulut esittelee kirjailija Mario Vargas Llosa. Runojen suomennos esittää Pentti Saaritsa. Chilen ja Perun televisioiden yhteistuotantoa.

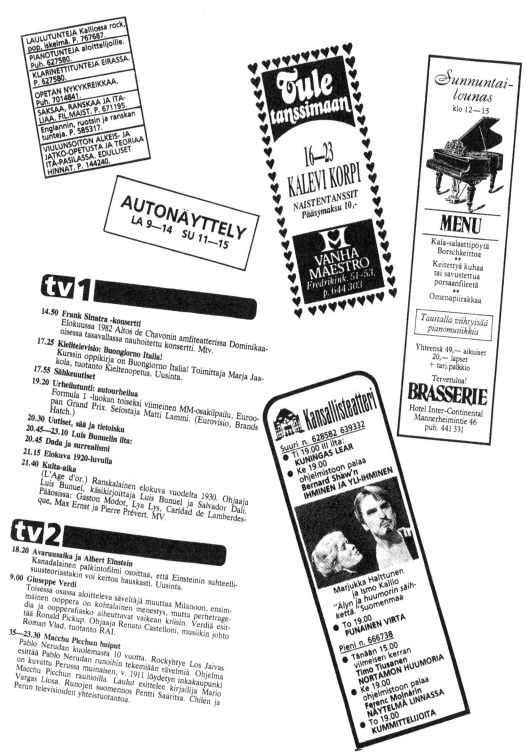

Kun olet lukenut tämän viikonloppuohjelman, valitse siitä viisi asiaa, jotka sinusta ovat kaikkein mielenkiintoisimmat. Kerro, miksi olet erikoisen kiinnostunut juuri niistä.

JANE TUTUSTUU LEHTISEN PERHEESEEN
JANE GETS ACQUAINTED WITH THE LEHTINEN FAMILY

1 Complete the following exercise with proper forms of the word *tyttö*.

a) Keskustelu. Henkilöt: Liisa, Mari (Liisan uusi työtoveri).

M. Minun pikku _____

on tänään syntymäpäivä. Hän täyttää viisi. Tässä on minun pikku

_____ kuva.

L. Mitä sinä annat lahjaksi pikku

_____?

M. Nuken. Ja minä saan pikku

_____ kiitokseksi suukon.

L. Minä pidän sinun pikku

_____, hän on suloinen lapsi. On helppo ymmärtää, että sinä rakastat kovasti pikku

_____.

M. Sinun täytyy tulla meille ja

tutustua meidän pikku

_____ ja myös minun

(mies) _____ — koko

meidän perhe_____.

b) Liisan kertomus:

Minulla on uusi työtoveri, Mari.

Hänen pikku _____

on tänään syntymäpäivä. Mari näytti minulle pikku

_____ kuvan. Hän

täyttää viisi. Mari antaa pikku

_____ lahjaksi nuken

ja saa pikku _____

kiitokseksi suukon. Minä pidän

hänen pikku _____,

hän on suloinen lapsi. On helppo

ymmärtää, että Mari rakastaa

kovasti pikku _____.

Mari on kutsunut minut heille

tutustumaan heidän pikku

_____, (hänen) (mies)

_____ ja koko heidän

perhe_____.

c) Toista sama keskustelu, mutta Marilla on kaksi pikku tyttöä, kaksoset. Käytät siis sanan *tyttö* pluraalimuotoja.

d) Liisan kertomus.

2 Make the following paragraph sound more natural by changing the words in italics to the plural.

Ensi kesänä Riitta lähtee *lapsensa* kanssa maalle. Riitta on kotoisin Pohjanmaalta, ja hänen *lähisukulaisensa asuu* vieläkin siellä *vanhassa maalaistalossaan* lähellä Vaasaa. Riitta on iloinen siitä, että *hänen lapsensa saa* siellä tutustua *isovanhempaansa, setäänsä, tätiinsä* ja *muuhun sukulaiseensa* ja leikkiä *serkkunsa* ja *pikkuserkkunsa* kanssa. Hänen *lapsensa on* jo hyvin *kiinnostunut* heidän *lehmästään, hevosestaan, lampaastaan, siastaan* ja *muusta kotieläimestään. Hän sanoo,* että *hän haluaisi* mielellään ruokkia heidän *kanaansa.* Myös Riitasta on pitkästä aikaa hauska olla mukana heidän *kesätyössään* ja keskustella *sukulaisensa* kanssa *vanhasta lapsuusmuistostaan.* Hän on jo kirjoittanut *sukulaisperheelleen* ja kertonut *suunnitelmastaan,* ja *hänen sukulaisensa on vastannut,* että Riitta on oikein tervetullut heidän *kotiinsa.*

3 Complete the following sentences.

Ymmärrätkö (hänen ajatukset)?
Annatteko anteeksi (minun pahat sanat)?
Tämä on (meidän muistot) valssi.
Onko (sinun lapset) allergiaa?
Pidätkö (hänen romaanit)?
En. (Hänen kirjat) ei tapahdu mitään.
Emme pidä (sinun elämäntavat).
Turistit tutustuvat (meidän kaupungit).

Minä tunnen (teidän pojat).
Hän on unohtanut (hänen parhaat ystävät).
Hän menee lomalle (hänen toverit) kanssa.
(Minun ruusut) ei ole vettä.
Olen väsynyt (teidän vanhat vitsit, ''into'').
Johtaja Rahakas on kiinnostunut (meidän ideat).
En aio kertoa kenellekään (minun salaisuudet).

4 Express the idea of these sentences in a shorter form.

Minä rakastan sinua ja sinä minua.
Sinä autat häntä ja hän sinua.
Liisa ajattelee Kallea ja Kalle Liisaa.
Minä pidän sinusta ja sinä minusta.
Sinä tykkäät hänestä ja hän sinusta.
Kirsti ei välitä Ristosta eikä Risto Kirstistä.
Me tutustuimme heihin ja he meihin.

Te väsytte häneen ja hän teihin.
Virtaset eivät tutustuneet Lahtisiin eivätkä Lahtiset heihin.
Minä tapaan usein Taunon ja hän minut.
Sinä tunnet kai Hannelen ja hän sinut.
Minä keskustelen usein Ullan kanssa ja hän minun kanssani.
Pekka käy usein Ninan luona ja Nina hänen luonaan.
Me soitamme usein heille ja he meille.
Te saatte paljon kirjeitä heiltä ja he teiltä.

5 Make "each other" sentences out of the words given below.

me, rakastaa	Kalle ja Liisa, pitää
te, ihailla	sinä ja minä, tykätä
he, tavata usein	me, tutustua lomalla
te, auttaa	kissat ja koirat, vihata
he, ei välittää	ihmiset ja käärmeet, pelätä
me, saada kirjeitä	Virtaset ja heidän naapurinsa, ei häiritä

6 Answer with complete sentences.

Olitko ennen Suomeen tuloasi opiskellut suomen kieltä? — kuullut paljon Suomesta? — nähnyt kuvia tai filmejä Suomesta? — tutustunut saunaan? — ollut kirjeenvaihdossa Suomeen? — tavannut suomalaisia? — koettanut saada tietoja Suomesta? — lukenut suomalaisia kirjoja omalla äidinkielelläsi?

7 a) Liisa kertoo, mitä hän oli tehnyt lauantaiaamuna, ennen kuin muut heräsivät (*herätä* wake up).

Malli: Ennen kuin muut heräsivät, otin suihkun — olin ottanut suihkun.

Ennen kuin muut heräsivät, hain lehden — luin sen — söin voileipää — join teetä — kuuntelin radiota — panin takin päälleni — lähdin ulos — kävelin meren rannalla — tulin kotiin — keitin muille kahvia — minulla oli hauskaa.

b) Liisa kertoo, mitä hän ja hänen sisarensa olivat tehneet, ennen kuin muut heräsivät:

Ennen kuin muut heräsivät, olimme ottaneet suihkun jne.

8 Complete these sentences with the pluperfect forms of verbs selected from the list below.

Kun isä tuli kotiin, Mikko _____ nukkumaan.

Äiti kertoi, että Mikko _____ koulusta sairaana.

Hän sanoi, että hän _____ Mikolle lääkettä.

Oli hyvä, että hän _____ juuri _____ lääkettä apteekista.

Oli selvä, että Mikko _____ ainakin _____ pahan nuhan.

Mikko ei _____, että hänessä olisi kuumetta.

Mutta aamulla hänessä _____ korkea kuume.

Äidin _____ soittaa terveyskeskuksen lääkärille.

Verbit: *antaa — mennä — olla — ostaa — saada — tulla — uskoa — täytyä*

9 A review of the negative verb forms. In the box below, write the corresponding negative sentences in the right-hand column. (If necessary, look up the negative present in lesson 12:2, past 31:1, perfect 34:1, pluperfect 40:3, conditional 28:3, imperative 30:1, and "let us do" 33:2.)

Affirmative sentence	*Negative sentence*
Teen sen.	_____
Hän tekee sen.	_____
Tein sen.	_____
Hän teki sen.	_____
Olen tehnyt sen.	_____
Olemme tehneet sen.	_____
Olin tehnyt sen.	_____
Olimme tehneet sen.	_____
Tekisin sen.	_____
Tee se!	_____
Tehkää se!	_____
Tehdään se!	_____

Inflect the sentence *Minä tapaan heidät* in a similar way.

10 parempi — paremmin?

	millainen?	*kuinka?*
kylmä	Tänään on _____ kuin eilen.	Tänään tuulee _____ .
ahkera	Kalle on _____ kuin Ville.	Hän opiskelee _____ .
laiska	Ville on _____ kuin Kalle.	Hän tekee työnsä _____ .
lämmin	Tänään on _____ kuin eilen.	Aurinko paistaa _____ .
kaunis	Satakielen (*nightingale*) laulu oli _____ kuin Elvis Presleyn.	Satakieli lauloi _____ .
varovainen	Lasse on _____ kuin Mikko.	Hän ajaa _____ .
vilkas	Liisa on _____ kuin Minna.	Hän puhuu paljon _____ .
rauhallinen	Tämä hotellihuone on _____ kuin tuo toinen.	Täällä voi nukkua _____ .

11 Use comparatives of the opposites of adverbs given in the left-hand sentences.

Ei noin epäselvästi! Pitää puhua _____ .

Ei noin epäkohteliaasti! _____ .

Ei noin epävarmasti! _____ .

Ei noin huonosti! _____ .

Ei noin ikävästi! _____ .

Ei noin pitkästi! _____ .

Ei noin surullisesti! _____.

Ei noin hitaasti! _____.

Ei noin vihaisesti! _____.

12 Kuuntelutehtävä.

"Totuusleikki"

Henkilöt: kysyjä, vastaaja.

Uusia sanoja: *poro* reindeer
ihmis/suhteet human relations
väki/valta violence

On the basis of what you hear on the tape, complete the following paragraph.

"Totuusleikin" vastaaja on _____ ja _____ kielen

_____. Hän pitää/ei pidä työstään. Hänen työnsä hyviä puolia

ovat esim. seuraavat: _____

_____.

Hänen työaikansa _____; se on _____

_____ hänen työssään. * Jos hän viettää lomansa ulkomailla,

hän käy tavallisesti _____ maissa. Paras suomalainen

liharuoka hänestä on _____. Suuri palkka

on hänen mielestään _____ kuin työn mie-

lenkiintoisuus. * Se, pitäisikö naisen olla kotona vai ei, riippuu hänen mieles-

tään _____. Kotityöt ovat

_____ velvollisuus (*duty*). Hän ihailee

_____. Hän ei lennä mielellään, koska hän

_____. * Hänen kiinnostuksensa politiikkaan

on erittäin suuri/melko aktiivinen/melko vähäinen. Hänestä ihmisen onnellisin

ikä on _____ vuotta.

13 Keskustelu.

a) Play a "truth game" in pairs or as a group. Ask the same or similar questions and reply in any way you like, either seriously or not; *or*

b) Make everyday conversation with a Finnish family to which you have been invited. Practice the new vocabulary of this lesson as much as possible.

14 Write a "truth game" interview, either a real or an imaginary interview with someone. You could also write your own answers to the questions presented on the tape.

Lukemista

Kun James oli asunut vuoden Mattilan perheessä, hän oli tutustunut aika hyvin suomalaiseen elämänmuotoon, arkeen yhtä hyvin kuin juhlaankin.

Syksy ja syystalvi olivat merkinneet kaikille ahkeran työn aikaa. Juhlia oli ollut vähän. Mutta jos Jamesilla oli ollut aikaa, hän oli mielellään seurannut Mattiloita vierailulle (= kylään) tai ollut mukana, kun heille tuli vieraita. Sillä tavalla hän oli oppinut nopeasti maan tapoja. Pian hän tiesi, että vieras toi tavallisesti perheelle kukkia tai suklaata, että kukkia piti olla pariton luku (*odd number*) ja ne piti antaa emännälle (emäntä *hostess*) ilman paperia. Hän tiesi, että suomalaiset kutsuivat vieraitaan, paitsi kahville tai "iltapalalle" (pienelle illalliselle), myös saunaan. Ja kohteliaana miehenä hän aina muisti vierailun jälkeen soittaa ja kiittää viimeisestä.

Joulukuussa James kirjoitti kotiinsa: "Joulukuun kuudes oli Suomen itsenäisyyspäivä. Oli kirkas ilma, pari astetta pakkasta. Illalla ajoimme autolla katselemassa itsenäisyyspäiväkynttilöitä, joita kaikilla ihmisillä oli ikkunoissaan. Menimme myös katsomaan opiskelijoiden paraatia Senaatintorille. Se oli hyvin mielenkiintoista."

Joulukuun alusta lähtien James alkoi myös saada kutsuja pikkujoulujuhliin, joissa ilo usein nousi kattoon saakka. James kirjoitti: "Olen nyt ollut kuudessa pikkujoulussa. Olen myös tehnyt jouluvalmisteluja yhdessä Mattilan perheen kanssa. Minusta tuntuu, että täällä vietetään[1] joulua aika paljon samalla tavalla kuin kotona. Jouluruoat ovat kuitenkin erilaiset: täällä syödään kinkkua ja riisipuuroa. Lapset eivät saa lahjojaan sukista, vaan joulupukki, joka saapuu Lapista, antaa itse lahjat lapsille aattoiltana. Tänä vuonna Helsingissä tulee kai musta joulu. Täällä etelärannikolla vain kaksi joulua kolmesta on valkoisia, muissa osissa maata on kyllä lunta."

Ennen pääsiäistä, kevättalven tärkeintä juhlaa, James kirjoitti vanhemmilleen: "Iloista pääsiäistä! Täällä on nykyisin jo hyvin valoisaa.

---

[1]Huomaa, että tässä viimeisessä lukukappaleessa muoto *tehdään* merkitsee "one does, people do" or "is/are done" (suomen kielen passiivi).

Alkaa tuntua siltä, että kevät ei enää ole kaukana. Täällä syödään pääsiäisenä värikkäitä keitettyjä munia ja jälkiruoaksi mämmiä. Olen nähnyt sitä kaupassa ja se näyttää kummalliselta.''

Seuraavan kerran James kirjoitti juhlimisesta vapun jälkeen. ''Vappu on täällä hyvin tärkeä juhla. Vapun aatto on suomalaisten karnevaali. Silloin pidetään hauskaa ja usein juodaan enemmän kuin pää kestää. Luulenkin, että poliisille vappu on kaikkea muuta kuin vapaapäivä. Itse vapunpäivällä on täällä, kuten monissa muissakin maissa, poliittinen merkitys. Työläiset marssivat suurissa paraateissa omiin juhliinsa, ja muitakin poliittisia juhlia pidetään paljon. Mutta Suomessa vappu on myös opiskelijoiden juhla. Kaikki, myös entiset opiskelijat, panevat päähänsä valkoisen ylioppilaslakin (ylioppilas *college student*), ja vanhat ja nuoret kävelevät keskikaupungilla, ostavat ilmapalloja, juovat simaa (makea alkoholiton sitruunajuoma) ja syövät tippaleipiä. Aurinko paistaa ja kaikki näyttävät iloisilta pitkän talven jälkeen.''

Toukokuun toisena sunnuntaina James vietti Mattilan perheen kanssa äitienpäivää. Mutta kesäkuussa hän tutustui juhlaan, joka oli hänelle aivan uusi. ''Jonakin lauantaina kesäkuun lopussa täällä vietetään juhannusta. Juhannus on vanha keskikesän ja valon juhla. Meren ja järvien rannoilla poltetaan kokkoja. Se on hyvin kaunista, ja kesäyö on niin valoisa, että nukkuminen tuottaa minulle suuria vaikeuksia.''

Paitsi vuoden suuria juhlia James tuli tuntemaan myös kaikki perhejuhlat. Hän oli juhlimassa, kun isoisä täytti 60 vuotta. Hän oli mukana suurissa sukulaishäissä maalla, Mattilan lasten syntymäpäivillä ja tietysti myös heidän nimipäivillään. James kirjoitti kotiinsa 23. heinäkuuta: ''Tänään täällä juhlitaan minun nimipäivääni, suomeksi Jaakon päivää. Aamulla kaikki lauloivat minulle ja sain elämäni ensimmäisen nimipäivälahjan, suomalaisen puukon. Nimipäiväkahvilla söimme ihanaa mansikkakakkua. Tiedättekö mitä: minä pidän nimipäivistä!''

Valitse jokin juhlapäivä ja kerro muutamalla lauseella sen viettämisestä Suomessa. Sen jälkeen toiset kertovat vuorostaan (*in their turn*) toisista juhlista.

KEY TO THE EXERCISES

Syllable division.
Aus—tin on eng—lan—ti—lai—nen au—to.   A—me—ri—kan ra—ha on
dol—la—ri, Suo—men ra—ha on mark—ka.   Rans—kan pre—si—dent—ti
a—suu Pa—rii—sis—sa.   Es—pan—ja, Sveit—si ja Ro—ma—ni—a o—vat
Eu—roo—pas—sa.   Eng—lan—nis—sa juo—daan tee—tä ja Suo—mes—sa
kah—vi—a.   Ar—gen—tii—na—lai—set tans—si—vat tan—go—a ja puo—
la—lai—set ma—surk—kaa.
   Mark—ku Myrs—ky—lä on suo—ma—lai—nen in—si—nöö—ri.   Si—
nik—ka Myrs—ky—lä on ark—ki—teh—ti.   Mat—ti A—ho—nen on a—
to—mi—fyy—sik—ko.   Ta—pa—ni Aar—ni—o on muu—sik—ko, hän
soit—taa pi—a—no—a, viu—lu—a ja sel—lo—a.   Mis—sä on pos—ti ja
mis—sä pank—ki?   Pos—ti on Man—ner—hei—min—tiel—lä ja pank—ki
Mi—kon—ka—dul—la.

LESSON 1.   4) (right = +, wrong = —) a) + b) — (mies) c) — (talo) d) +
e) — (Aleksis Kivi) f) + g) — (auto) h) + i) — (nainen) j) +
5) a) auto b) kauppa c) huone d) radio e) bussi f) yksi g) kolmetoista h) viisitois-
ta i) kymmenen j) yhdeksän

 6)

tapa — tapaa	värin — väärin	sika — siika	puhu — puhuu		osaa
— osa	menee — mene	laatu — latu	saliin — salin	tule — tulee	
Eetu — etu	sanoo — sano	puro — puuro	sopa — soopa	väsyy	
— väsy	kynä — kyynä	itä—itää	söpön — söpöön		

LESSON 2.   2) a) vanha b) iso c) pieni d) hyvä ja uusi e) pieni huone f) nuori
tyttö g) yhdeksän h) neljätoista
5) mikä — on — on — ei ole — ja — onko — kuka — se — tänään

 6)

laki — lakki	kisa — kissa	oppi — opi	ala — alla	summa — su-ma
hera — herra	katto — kato	Hanna — hana		

LESSON 3.   1) englantilainen — englantia   norjalainen — norjaa   ranska-
lainen — ranskaa   saksalainen — saksaa   italialainen — italiaa   espanjalai-
nen — espanjaa   puolalainen — puolaa   japanilainen — japania
2) kreikkalainen — kreikkaa   turkkilainen — turkkia   unkarilainen — unka-
ria   romanialainen — romaniaa   islantilainen — islantia   hollantilainen —
hollantia   kiinalainen — kiinaa
3) skotlantilainen — englantia   meksikolainen — espanjaa   brasilialainen —
portugalia   egyptiläinen — arabiaa   israelilainen — hepreaa   itävaltalainen
— saksaa   neuvostoliittolainen — venäjää

8)

> — Hei! Minkämaalainen sinä olet?
> — Irlantilainen. Minä olen Bill Miller.
> — Mitä kieltä sinä puhut?
> — Englantia. Ja minä puhun hyvin ranskaa.
> — Ja sinä puhut suomea.
> — Minä puhun suomea vain vähän. Mikä päivä tänään on, keskiviikkoko?
> — Ei, tänään on tiistai.
> — Tänään on kaunis päivä.

1b   2b   3b   4a

LESSON 4. 1) mieskö? nainenko? poikako? tyttökö? tuoko? tämäkö? maanantaiko? päiväkö? minäkö? tekö? tänäänkö? eilenkö? hänkö? Helsinkikö? Suomiko? ulkomaalainenko? Englantiko? hyvinkö? uusiko? kysymyskö? vastausko?

irlantilainen sveitsiläinen egyptiläinen intialainen minnesotalainen lontoolainen leningradilainen amsterdamilainen teheranilainen hämeenlinnalainen oululainen espoolainen jyväskyläläinen turkulainen

2) oletteko te — puhutteko te   oletko sinä — puhutko sinä   oletteko — puhutteko   oletko — puhutko   oletteko — puhutteko   oletteko — puhutteko   oletko — puhutko   oletteko — puhutteko   oletteko — puhutteko   oletko — puhutko   oletko — puhutko

3) Oletko sinä eurooppalainen? Oletteko te afrikkalainen? Puhutko sinä englantia? Onko tämä tyttö helsinkiläinen? Onko tänään tiistai? Onko hän aasialainen? Puhutteko te ranskaa? Puhunko minä hyvin suomea? Onko tuo mies ulkomaalainen? Oliko eilen kaunis päivä?

4) ranskalainen — saksalainen — ruotsalainen — skotlantilainen — neuvostoliittolainen (venäläinen) — japanilainen — italialainen — espanjalainen — kiinalainen

6) englantilainen — englantilainen — englanti — englantia   ranskalainen — ranskalainen — ranska — ranskaa   espanjalainen — espanjalainen — espanja — espanjaa   saksalainen — saksalainen — saksa — saksaa   venäläinen — venäläinen — venäjä — venäjää   suomalainen — suomalainen — suomi — suomea

8) hyvää — kuuluu — hyvää — oletteko — ulkomaalainen — puhutko — puhun — vain — oikein — huonosti

 9)

> kaunis — ei ole — sairas — tohtori — päivää — rouva — hyvää — ruotsia — huonosti — hyvin

LESSON 5. 3) radiosi — radioni — huono   huoneeni — huoneesi — kaunis   televisionne — televisioni — vanha   maanne — maani — nuori

4) Mikä sinun nimesi on? Minun nimeni on M.O. Tuo Volvo on minun autoni. Onko tuo Saab sinun autosi? Tämä minun uusi kasettini on hyvä. Onko tuo sinun radiosi vanha?

Mikä teidän puhelinnumeronne on? Onko teidän kielikurssinne hyvä?

5) Mikä teidän osoitteenne ja puhelinnumeronne on? — teidän — sinun osoitteesi ja puhelinnumerosi — teidän — sinun — teidän — sinun — teidän — sinun — teidän — sinun — sinun

6) Tule kurssille! Puhu suomea! Ole hyvä ja istu! Ole hyvä ja kirjoita nimesi! Ole hyvä ja sano puhelinnumerosi! Ole hyvä ja ota kahvia! Soita popmusiikkia! Tanssi tangoa!

231

8)

> Päivää, minä olen uusi opiskelija. Minun etunimeni on Ville. Minun su-
> kunimeni on Laaksonen. Minun osoitteeni on Kauppakatu 16 B 24,
> 00120 Helsinki. Minun puhelinnumeroni on 105379.

LESSON 6. 1) Villen puhelinnumero on ... — Bill Millerin — herra Pekka
Vaaran — rouva Ritva Moision — Leena Laakson
3) Ville Vaaran — herra Ville Vaaran — miehen — tämän miehen   Jane Smit-
hin — rouva Jane Smithin — naisen — tuon naisen   Tapanin — Tapani Salo-
sen — pojan — suomalaisen pojan   Leenan — Leena Niemisen — tytön —
tuon suomalaisen tytön
4) Jean Sibeliuksen — minun — Aholan perheen — Janne Virtasen — amerik-
kalaisen pojan — unkarilaisen opiskelijan — sen uuden opettajan
5) hyvän—huono — kauniin — sairaan — nuoren—vanha — uuden — kysy-
myksen
6) Minun kotikaupunkini on B. Mikä sinun kotikaupunkisi nimi on? Kuka tei-
dän opettajanne on? Mikä teidän opettajanne osoite on? Mikä sinun maasi pää-
kaupunki on?
7) Onko poika ranskalainen vai englantilainen? Onko mies iso vai pieni? Onko
nainen vanha vai nuori? Onko auto uusi vai vanha? Onko televisio huono vai
hyvä?

 8)

> a) Paavon vaimon nimi on Liisa. b) John Smithin auto on amerikkalai-
> nen. c) Kallen osoite on Simonkatu 15 A 4. d) Kaijan puhelinnumero
> on 720 562. e) Liisan sukunimi on Salonen. f) Herra Oksasen etunimi
> on Kalle. g) Saab on Paavo Laakson auto. h) John on kanadalainen ja
> Laakson perhe suomalainen.

a) — b) + c) + d) — e) — f) + g) — h) +

LESSON 7. 1) Haluatko sinä tulla ... Haluatko sinä ottaa ... Haluatko sinä
ymmärtää ... Haluatko sinä soittaa ... Haluatko sinä tanssia ... Haluatko
sinä tietää ... Haluatko sinä kirjoittaa ...
2) Istukaa! Tanssikaa! Maksakaa kymmenen markkaa! Tulkaa nopeasti! Kir-
joittakaa puhelinnumeronne! Puhukaa hitaasti! Ottakaa kahvia! Tulkaa kurs-
sille! Soittakaa vähän pop-musiikkia! Sanokaa etunimenne!
3) Olkaa hyvä ja ottakaa kahvia! Ole hyvä ja ota ... Olkaa hyvä ja ottakaa
... Olkaa hyvä ja ottakaa ... Ole hyvä ja ota ... Olkaa hyvä ja ottakaa ...
Ole hyvä ja ota ... Olkaa hyvä ja ottakaa ... Ole hyvä ja ota ... Olkaa hyvä
ja ottakaa ...
4) Se on nopea. Se menee nopeasti. Se menee hitaasti. Se on hidas. Minä haluan
olla kaunis. Minä haluan tanssia kauniisti.
5) huonosti — kauniisti — rumasti — hitaasti — nopeasti

 8)

> Banaani maksaa 1,75. Pieni kahvi maksaa 2,35. Appelsiinimehu maksaa
> 3,25. Kamera maksaa 297,—. Kasetti maksaa 55,—. Kellon hinta on
> 69,—. Auton hinta on 41 600,—. Radion hinta on 135,—. Television hin-
> ta on 1595,—. Lampun hinta on 340,—.

9) banaanin — pienen kahvin — appelsiinimehun — kameran — kasetin — kellon — auton — radion — television — lampun

10) Mikä pienen kahvin — tämän sveitsiläisen kellon — tämän kameran — sen japanilaisen radion — tuon uuden kasetin — tuon kauniin lampun — yhden ison kahvin hinta on?

11) Helsingin kartta on halpa. Pojan kamera on kallis. Pienen tytön nukke on uusi. Mikä tämän ulkomaalaisen nimi on? Kenen puhelinnumero on 5062 749? Rouva Korhosen osoite on 'Isotie 1. Presidentti Koiviston etunimi on Mauno. Englantilaisen naisen sukunimi on Smith.

12) Mikä sinun nimesi/teidän nimenne on? Mikä sinun puhelinnumerosi/teidän puhelinnumeronne on? Mikä sinun osoitteesi/teidän osoitteenne on? Paljonko tämä kartta maksaa? Mikä tuon kirjan hinta on? Millainen kirja se on?

13) sukunimesi — etunimenne — puhelinnumeroni — osoitteeni — kotimaa — pääkaupunki — vai — tiedätkö — kenen — paljonko (kuinka paljon) — hinta — ymmärrä

LESSON 8. 1) Helenantiellä — Annankadulla — Helenantiellä — Pekantiellä — Pekantiellä — ei ole — on — ei ole

4) Auto on kadulla — tuolla k. — vanhalla k. — pienellä k. — kauniilla k. — sillä k. — lähimmällä k. Bussi on tiellä — tällä t. — hyvällä t. — uudella t. — kauniilla t. — sillä t. — lähimmällä t.

5) Missä bussi on? (Onko bussi oikealla vai vasemmalla?) Millä kadulla yliopisto on? Onko sinun autosi/teidän autonne tällä kadulla? Onko sinun hotellisi/teidän hotellinne Kalevankadulla? Millainen ilma tänään on?

6) ilma — esitellä — tiellä — missä — vasemmalla — millä — millä (kuinka) — sekillä

7) kuka — kenen — minkämaalainen — mitä — kuinka — millä — missä — mikä

8)

— Hyvää huomenta!
— Hyvää huomenta!
— Anteeksi, missä on lähin hotelli?
— Lähin hotelli ... Se on Maxim, Liisankadulla.
— Onko se hyvä hotelli?
— On, se on uusi moderni hotelli. Mutta se on myös kallis.
— Ja millä kadulla täällä on hyvä, mutta halpa hotelli?
— Annankadulla on hotelli Finlandia. Se on iso hyvä hotelli, mutta halpa.
— Missä Annankatu on?
— Se on tuo katu tuolla vasemmalla.
— Kiitoksia paljon, näkemiin!

---

a) Finlandia. b) Se on hyvä, mutta halpa. c) Liisankadulla. d) Annankadulla.

LESSON 9. 1) Hänellä on kamera. Sinulla on kello. Meillä on talo. Hänellä on televisio. Teillä on puhelin. Minulla on auto. Teillä on uusi lamppu. Meillä on Aleksis Kiven romaani. Sinulla on piano. Hänellä on kallis filmikamera. Teillä on pieni poika. Eilalla on hyvä idea. Jussilla on sanakirja.

2) Annalla on huone. Villellä on markka. Susannalla on kasetti. Eerolla on koira. Rouva Palolla on kissa. Turistilla on kartta. Opettajalla on kysymys. Opiskelijalla on vastaus.

3) Onko teillä iso huone? Onko Paavolla hyvä kynä? Onko meillä rahaa? Onko hänellä uusi auto? Onko sinulla kymmenen markkaa? Onko hänellä allergia? Onko heillä kaunis koti? Onko teillä hyvä opettaja?

5) — Tuo on Kallen uusi auto. Minä luulen, että se on hyvin kallis. — Luuletko sinä, että se on hyvä auto? — En tiedä. Tiedätkö sinä, että Bill Miller on täällä? — Kuka on Bill Miller? (Kuka B.M. on?) — Hän on tuo mies tuolla.
6) soittaa — kioski — luulen — pikku — katson — voin

⊚⊚ 7)

> Kallella on vanha auto. Artolla on uusi televisio. Eilalla on iso perhe. Liisalla on sauna. Kallella on musiikkikauppa. Artolla on paljon rahaa. Eilalla on kissa. Liisalla on poika, Jussi. Kallella on huono onni. Artolla on englantilainen sukunimi. Eilalla on hyvä onni. Liisalla on Aleksis Kiven romaani.

LESSON 10. 1) Suomessa — Norjassa — Irlannissa — Kanadassa — Puolassa — Neuvostoliitossa — Unkarissa — Sveitsissä — Italiassa — Belgiassa — Englannissa — Ranskassa — Intiassa — Japanissa — Kiinassa
2) a) Hän on autossa. Hän on kaupassa. Hän on saunassa. Hän on baarissa. Ei, hän on postissa. Ei, se on Aasiassa. Ei, hän on teatterissa. Hän on bussissa. Hän on konsertissa. Perhe on oopperassa.
b) Hän on tässä kaupassa — isossa k. — suomalaisessa k. Hän on tuossa autossa — vanhassa a. — halvassa a. — ystävän a.   Hän on tässä saunassa — pienessä s. — suomalaisessa s. — Aholan perheen saunassa.   Hän on mukavassa hotellissa — kalliissa h. — helsinkiläisessä h. — siinä hotellissa.   Me olemme isossa kaupungissa — kauniissa k. — Suomen pääkaupungissa.
3) Se on kadulla — kaupungissa — Lontoossa — Mannerheimintiellä — metsässä.   Hän on Suomessa — Euroopassa — Keskuskadulla — Turuntiellä — tässä maassa — siinä huoneessa — tuossa baarissa — sillä kadulla — tällä tiellä — lähimmässä kaupungissa — Englannin pääkaupungissa.
4) sanoa: sano/n-t-o-mme-tte-vat
ostaa: osta/n-t-a-mme-tte-vat
mennä: mene/n-t-e-mme-tte-vät
olla: ole/n-t on ole/mme-tte ovat
haluta: halua/n-t-a-mme-tte-vat
voida: voi/n-t voi voi/mme-tte-vat
luulla: luule/n-t-e-mme-tte-vat
5) Me istumme kotona. Te maksatte kaupassa. He tulevat tänään. Mitä he haluavat katsoa? Mitä kieltä te puhutte? Kuinka me saamme rahaa?
6) haluamme — haluaa — laulavat — sanomme — istuu — istuvat — maksaa — maksamme — luulevat
7) Minä olen P.P. ja minulla on koti Suomessa. Poika on pieni ja hänellä on pieni auto. Me olemme kaupassa ja meillä on rahaa. Sinulla on aina huono onni; sinä olet pessimisti. Herra ja rouva Toivonen ovat paljon kotona; heillä on uusi kaunis koti.
8) a) Voitko sinä mennä? Voiko hän mennä? Voimmeko me mennä? Voitteko te mennä? Voivatko he mennä? Laulaako Liisa hyvin? Haluatko sinä kahvia? Oletteko te kotona? Maksammeko me nyt? Istuvatko kaikki? Tulenko minä maanantaina? Asuuko Peter Lontoossa? Sanotko sinä "ei"? Saatteko te rahaa? Puhummeko me hyvin? Tanssiiko Nina kauniisti? Menevätkö he huomenna?
b) Onko suomi helppo vai vaikea kieli? Puhutko sinä suomea vai englantia? Asuuko tämä perhe Helsingissä vai Turussa? Onko James hyvä vai huono opettaja? Oletteko te nyt kotona vai ...? Onko herra Lahtinen vanha vai nuori? Maksaako tuo kirja paljon vai vähän? Onko asuntosi kallis vai halpa?
9) saanko — on — haluaa — maksaa — sanoo — kuuluu — istuvat — katsovat — tanssii — laulaa — tietää — luulee

a) Haluaisitko sinä asua Euroopassa, Amerikassa, Afrikassa vai Australiassa? b) Haluaisitko sinä asua Espanjassa, Sveitsissä, Saksassa vai Ruotsissa? c) Haluaisitko sinä asua New Yorkissa, Lontoossa, Pariisissa, Roomassa vai Moskovassa? d) Haluaisitko sinä asua isossa kaupungissa vai pienessä kaupungissa? e) Haluaisitko sinä asua pienessä kaupungissa vai maalla? f) Missä maassa sinä haluaisit asua? g) Missä kaupungissa sinä haluaisit asua?

LESSON 11.

1) opettaa: opeta/n-t opettaa opeta/mme-tte opettavat
oppia: opi/n-t oppii opi/mme-tte oppivat
ymmärtää: ymmärrä/n-t ymmärtää ymmärrä/mme-tte ymmärtävät
soittaa: soita/n-t soittaa soita/mme-tte soittavat
tehdä: tee/n-t tekee tee/mme-tte tekevät
tietää: tiedä/n-t tietää tiedä/mme-tte tietävät
ottaa: ota/n-t ottaa ota/mme-tte ottavat

2) minä ymmärrän — opetan — teen — tiedän — soitan — opin — otan

3) Soittaako P. hyvin? Opimmeko me nopeasti? Ymmärtävätkö kaikki englantia? Tiedätkö sinä mitä sanot? Opetatteko te japania?

4) soitatteko — soittavatko — ymmärrättekö — ymmärtävätkö — otatteko — ottavatko — opitteko — oppivatko — kirjoitatteko — kirjoittavatko — tiedättekö — tietävätkö — teettekö — tekevätkö — opetatteko — opettavatko

5) kirjoitan — laulaa — puhut — istutte — katsovat — opiskelette — ostamme, maksamme

6) Tämä mies on Arto Ikonen. Hän on 28. Hän asuu Suomessa. Hän asuu Turussa. Hän asuu Annankadulla. Hän on psykologi. Hän on työssä klinikassa (klinikalla). Jussi on Arton poika. Ei, hän on pieni. Arton perhe on pieni, vaimo ja yksi poika. Tämä nainen on rouva Ikonen. Naisen etunimi on Jeannette. Hän on ulkomaalainen. Luulen, että hän on ranskalainen. Hän puhuu ranskaa. Hän on kotona.

7) a) Mitä sinä teet, Sam? Minä opiskelen, minä en ole työssä. b) Mitä sinä teet nyt? Minä istun kotona ja opiskelen. c) Mitä sinä teet huomenna? Minä luulen, että minä opiskelen myös huomenna. d) Soittaako Tom kitaraa? e) Soittaako hän nyt kitaraa? f) Soittaako hän kitaraa huomenna Virtasella?

8) a) Haluan (kyllä). Opiskelen (Opiskelemme). On. Asuvat. — Niin./Soittaa. Niin./Suomea. Niin./Amerikkalainen. Niin./Täällä.
b) Asuu (kyllä). Oppii (kyllä). Olemme (kyllä). Maksaa (kyllä). — Niin asuu. Niin oppii. Niin olemme. Niin maksaa.

9) Kuka tämä mies on? Minkämaalainen hän on? Mitä kieltä hän puhuu? Kuinka vanha hän on? Missä maassa hän asuu? Missä kaupungissa hän asuu? Mitä hän tekee? Mitä hän opettaa? Missä hän on työssä? Missä kielikoulu on? Millainen opettaja Martin on?

10) opiskelija — opiskelee — tekee — työssä — oppia — ymmärtää — vaikea — minusta — luulen/toivon — terve

235

11

Esko on suomalainen opiskelija. Hän opiskelee matematiikkaa, mutta hän on myös ranskan kielen kurssilla.
— No, onko ranska sinusta helppo vai vaikea kieli?
— Minusta ranskaa on helppo puhua, mutta vaikea kirjoittaa ja myös vaikea ymmärtää. Opettaja puhuu hyvin nopeasti. Hän sanoo, että Ranskassa kaikki puhuvat hyvin nopeasti.
— Niin, ranskalainen temperamentti on nopea.
— Ja minun suomalainen temperamenttini on hidas.
— Onko sinulla hyvä opettaja?
— On, oikein hyvä, pariisilainen nuorimies. Minä toivon, että minä opin paljon ranskaa tällä kurssilla.

a) Matematiikkaa. b) Ranskan kurssilla. c) Helppo. d) Vaikea. e) Vaikea.
f) Koska opettaja puhuu hyvin nopeasti (ja ranskalaiset puhuvat nopeasti).
g) Pariisi. h) Että hän oppii paljon ranskaa tällä kurssilla.

LESSON 12. 1) Tuolla asuvat Millerit — Oksat — Lahtiset — Aaltoset — Korhoset.
2) Tulkaa tänne, pojat — miehet — tytöt — lapset — ihmiset — hyvät ystävät!
3) Norjalaiset asuvat Norjassa. Opettajat opettavat... Tytöt puhuvat... Mitä miehet tekevät? Ulkomaalaiset ymmärtävät... Ovatko vastaukset...? Katsovatko amerikkalaiset perheet...? Tulevatko Anun ystävät...? Ovatko sinun poikasi...? Pojat opiskelevat... Naiset maksavat... Naapurit soittavat... Ihmiset haluavat... Ovatko lapset...? Maksavatko hyvät radiot...? Puhuvatko ranskalaiset kissat...? Tulevatko hänen ystävänsä...?
4) Ketkä haluavat...? Ketkä menevät...? Ketkä puhuvat...? Ketkä ymmärtävät...? Mitkä kirjat ovat...? Mitkä lapset ovat...? Mitkä romaanit ovat...? Mitkä sävellykset ovat...?
Nämä talot ovat... Ne autot maksavat... Mitä nuo henkilöt sanovat? Nämä opettajat kysyvät... Nuo tytöt tanssivat... Asuvatko nämä liikemiehet...? Nuo vastaukset ovat... Nämä hotellit ovat... Ne lapset ovat... Nuo opiskelijat vastaavat. Ne kissat ovat... Miksi ne pojat soittavat...?
5) Tämä auto on Mikonkadulla — nämä autot ovat Mannerheimintiellä. Tuo televisio on lattialla — nuo televisiot ovat pöydällä. Tämä mies on musiikkikaupassa — nämä miehet ovat saunassa. Tuo poika sanoo "Päivää" — nuo pojat sanovat "Hei". Tämä nainen istuu tuolilla — nuo naiset istuvat sohvalla. Tuo tyttö laulaa televisiossa — nuo tytöt laulavat televisiossa.
(nämä kalliit autot — nuo uudet televisiot — nämä suomalaiset miehet — ne pienet pojat — nuo nuoret naiset — mitkä kauniit tytöt?)
6) Tunnetko sinä naapurisi? (Tunnetteko te naapurinne?) Tunnen kyllä, minä tunnen Virtaset ja Millerit oikein hyvin. Helen Miller, Annikki Virtanen ja minä olemme hyvät ystävät.
Saanko nämä kynät ja nuo postikortit? Minä haluan myös nuo kirjat. Niin, ne kirjat. Paljonko ne maksavat yhteensä?
7) Sairas ihminen on... Tuo kartta maksaa... Pieni lapsi kysyy... Tämä perhe asuu... Kaunis ruusu on... Uusi asunto maksaa... Mikä vastaus on...? Tämä puhelin on... Kuka on Oksan perheen lähin ystävä? Nuori poika ja tyttö tanssivat, ja vanha mies ja nainen katsovat. Kuka asuu...? Se halpa hotelli on...
8) en ole — et ole — ei ole — emme ole — ette ole — eivät ole
9) en, et, ei, emme, ette, eivät ota

10) tuntea: en, et, ei etc. tunne
    tehdä: en, et, ei etc. tee
    tietää: en, et, ei etc. tiedä
    kysyä: en, et, ei etc. kysy
    ymmärtää: en, et, ei etc. ymmärrä
    kirjoittaa: en, et, ei etc. kirjoita
    opettaa: en, et, ei etc. opeta
11) on/ei — haluan/en — haluaa/ei — haluamme/emme — haluavat/eivät — katsomme/emme — katsoo/ei — katsovat/eivät — katson/en — tunnen/en — tunnemme/emme — tuntee/ei — tuntevat/eivät — soittavat/eivät — soitan/en — soittaa/ei — soitat/et
12) Hän ei tee mitään — he eivät tee mitään. Hän ei opiskele mitään — me emme opiskele mitään. Hän ei opi mitään — sinä et opi mitään. Hän ei toivo mitään — minä en toivo mitään. Hän ei tiedä mitään — me emme tiedä mitään. Hän ei kirjoita mitään — he eivät kirjoita mitään. Hän ei soita mitään — minä en soita mitään. Hän ei halua tehdä mitään — sinä et halua tehdä mitään. Hän ei voi tehdä mitään — te ette voi tehdä mitään.
13) Miksi sinä et ole onnellinen? Minulla ei ole rahaa. Minä en ole oikein terve. Minulla ei ole mukava asunto. Minun poikaystäväni ei ole täällä. Hän ei soita. Hän ei kirjoita. Minulla ei ole hyvä onni. Minä en ole iloinen.
14) Etkö sinä halua tanssia? Eikö Bill ole kaupungissa? Emmekö me ole Liisankadulla? Ettekö te ymmärrä mitä hän sanoo? Etkö sinä ole onnellinen? Eikö Joan tule tänään kurssille? Ettekö te tiedä mitä *horse* on suomeksi? Eivätkö Niemiset ole kotona? Eivätkö he katso televisiota?
15) — Miksi minä en opi suomea?
    — Koska sinä et puhu suomea.
    — Minä en uskalla. Jos minä puhun, ihmiset eivät ymmärrä. Ja jos ihmiset puhuvat, minä en ymmärrä.
    — Vai niin. No, se on aika ongelma (probleema).
    — Niin on.
16) tunnetko — ystävät — yhtään — koska — lapset — naapurit — laulaja — liian — joka — firmassa — palkka

17)

> Minä olen insinööri Jussi Jussila. Minä olen työssä autofirmassa. Minulla on aika hyvä palkka. Minulla on mukava vaimo ja terveet lapset. Me olemme onnellinen perhe. Meillä on vain yksi probleema: naapurit.
>
> Oikealla puolella asuvat Pekkaset. Herra Pekkanen on oikein hyvä mies. Mutta hän on muusikko, joka soittaa tanssiorkesterissa. Hänen instrumenttinsa on saksofoni. Hän on paljon kotona, ja hän soittaa paljon. Liian paljon.
>
> Rouva Pekkanen on mukava nainen. Mutta hän laulaa oopperassa. Hän laulaa kauniisti, mutta hän laulaa liian paljon.
>
> Vasemmalla puolella asuvat Pesoset. Oikein hauska perhe. Herra ja rouva Pesonen eivät laula. He eivät soita mitään. Mutta Pesosen lapset ovat paljon kotona, ja he soittavat aina pop-musiikkia tai rokkia, rokkia tai pop-musiikkia.
>
> Oikealla musiikkia, vasemmalla musiikkia, liian paljon musiikkia! Sanokaa, mitä me voimme tehdä?

a) Hän on insinööri. b) He ovat onnellinen perhe. c) He soittavat ja laulavat liian paljon. d) Pekkaset. e) Pesoset. f) Hän on muusikko (soittaa saksofonia tanssiorkesterissa). g) Hän laulaa oopperassa. h) Lapset; he soittavat pop-musiikkia ja rokkia. i) (different answers possible)

LESSON 13. 1) Eilalle — pöydältä — kenelle — Mikonkadulla — äidiltä — poliisilta — teille — meille — lapselle — minulle
2) pöydälle — pöydällä — pöydältä   Mikonkadulle — kadulla — kadulta kurssille — kurssilla — kurssilta   ikkunalle — ikkunalla — ikkunalta   oikealle — oikealla — oikealta
3) Hän kävelee Porvoontieltä Koulukadulle, Koulukadulta Tampereentielle, Tampereentieltä Pankkikadulle etc.
4) "Te olette nyt Porvoontiellä. Ajakaa noin 50 metriä. Kääntykää vasemmalle, Pankkikadulle. Ajakaa noin 100 metriä. Pankki on vasemmalla."
("Sinä olet... Aja... Käänny..." etc.)
5) Otan kirjat lattialta ja panen ne hyllylle. Otan tuolit pöydältä ja panen ne lattialle. Otan kukat sohvalta ja panen ne ikkunalle. Otan kupit ikkunalta ja panen ne pöydälle. Otan kissat hyllyltä ja panen ne sohvalle.
6) Kirje on Kallelta Liisalle — pojalta tytölle — äidiltä lapselle — häneltä meille — teiltä heille — mieheltä naiselle — minulta sinulle — tältä mieheltä tuolle naiselle — tyttöystävältäni minulle — sinulta poikaystävällesi — hra Saloselta rva Saloselle — Kallen äidiltä Liisan perheelle — nuorelta pojalta kauniille tytölle — uudelta naapurilta Koivun perheelle — siltä liikemieheltä tälle firmalle
7) Minä annan sinulle kahvia. Opettaja kysyy opiskelijalta; opiskelija vastaa opettajalle. Liisa puhuu englantia rouva Millerille. Jean opettaa meille ranskaa; hän oppii meiltä suomea. Keneltä te saatte rahaa? Kenelle te maksatte kaupassa? Sinulla on syntymäpäivä; sinä saat nämä kukat minulta.
8) minulla — Paavolta — hänellä — minulle — vanhalle ystävälle — sinulle — Matti Mäkelältä — hänelle — äidille — minulle
9) paketti — aikoo — joka — kanssa — vihainen — usein — aiotte — anteeksi — kertoa — salaisuus

 10)

> Sirkka kertoo:
> Minä istun Jussin kanssa meidän sohvalla. Minä olen kihloissa Jussin kanssa. Äiti tulee ovelta kukkapaketti kädessä.
> — Nämä kukat ovat sinulle, Sirkka, hän sanoo.
> — Minulle? Keneltä?
> — En minä tiedä. Tässä on kortti, katso keneltä se on.
> — Minä katson.
> — No, keneltä ne kukat ovat? kysyy Jussi. Sano mitä kortissa on!
> — Siinä on "Sirkalle sinun Eskoltasi", sanon minä.
> — Ja kuka tämä Esko on? kysyy Jussi.
> — En minä tiedä.
> — Vai niin, sanoo Jussi kylmästi ja vihaisesti. Vai niin! Sinä et tiedä kuka "sinun Eskosi" on!
> *Äiti tulee.
> — Hetkinen, lapset ... Ehkä nämä kukat eivät ole sinulle, Sirkka. Minä katson onko osoite oikea. Ahaa, osoite on Helenankatu 12 A 3!
> — Ja meidän osoite on Helenankatu 12 A 4, sanon minä. Kukat ovat naapurin Sirkalle!
> — Anna minulle anteeksi, Sirkka, sanoo Jussi.
> — Saat anteeksi. Nyt minä olen taas onnellinen, sanon minä.

1b — 2b — 3a — 4b — 5b — 6a

LESSON 14. 1) lihaa — kalaa — leipää — voita — jäätelöä — maitoa — olutta — vettä — kahvia — teetä — lihaa — mitä lihaa — tätä — tuota — hyvää kalakeittoa — sitä
2) kahvia — maitoa — viiniä — kaakaota — mehua — hyvää olutta
3) Saanko kahvia? — Paljonko kahvi maksaa? (maitoa — maito   jälkiruokaa — jälkiruoka   jäätelöä — jäätelö   voita — voi   suklaata — suklaa   tuota   lihaa — tuo liha   tätä leipää — tämä leipä   sitä olutta — se olut)
4) hyvää maitoa — kylmää m. — hyvää leipää — samaa l. — samaa viiniä — ranskalaista v. — tuota v. — sitä v. — tätä olutta — suomalaista o. — tanskalaista o. — tätä suklaata — suomalaista s. — tuota uutta s. — kylmää maitoa — kylmää vettä
5) Minulla on kynä ja paperia — kuppi ja kaakaota — auto ja bensiiniä — lusikka ja jogurttia — kuppi ja kahvia — kamera ja filmiä
6) a) pikkurahaa — markka — mitä ruokaa — lihakeittoa — jäätelöä — ystävä — työtä — hyvä sanakirja — kylmää olutta
b) uusi radio — kahvia — suomea — salaisuus — teetä — Helsingin kartta — tämä suomalainen sana — taksi
c) englanti — englantia — teetä — tee — tämä olut — tätä olutta — vettä — vesi

 8)

> — Olkaa hyvä, ruokalista.
> — Kiitoksia. Mitä keittoa teillä on tänään?
> — Meillä on kalakeittoa, tomaattikeittoa ja lihakeittoa.
> — Minä otan lihakeittoa. Ei, hetkinen — ruokalistassa on keittoa tai salaattia, eikö niin?
> — Niin on, te voitte ottaa keittoa tai salaattia.
> — Minä otan sitten salaattia. Spagettia, grillimakkaraa tai paistettua kalaa ... Minä luulen, että minä otan spagettia.
> — Ja mitä te haluatte juoda, maitoa, vettä vai mineraalivettä? Vai haluatteko viiniä?
> — Ei kiitos viiniä. Pullo mineraalivettä.
> — Entä jälkiruoka? Meillä on jäätelöä ja kahvia.
> — Saanko vaniljajäätelöä ja kahvia.
>
> ■■■
>
> — Neiti, lasku!
> — Se tekee 35 markkaa.
> — Olkaa hyvä.
> — Kiitos, näkemiin.

Antti syö salaattia, spagettia, vaniljajäätelöä ja kahvia. Hän juo mineraalivettä. Lasku on 35 markkaa.
9) vapaa — ruokalista — ensin — lihaa — voita — pullo — jälkiruokaa — jäätelöä — lasku — yötä — lähtee

LESSON 15. 1) a) hyvää — kala on hyvää — maito on h. — kahvi on h. — leipä on h. — mehu on h. — jäätelö on h. — jälkiruoka on h. — keitto on h.
b) tätä teetä — tuota voita — sitä suklaata — tätä olutta — tuota vettä — sitä mineraalivettä — tätä — tuota — sitä
2) lämmin — lämmintä   huono — huonoa   iso — kallista   vanha — hyvää
3) Se on hyvää — huonoa — kallista — halpaa. Kahvi on kuumaa — kylmää. Vesi on kuumaa — lämmintä — kylmää — hyvää. Tämä musiikki on minusta huonoa — hyvää — kaunista — primitiivistä. Ranska on vaikeaa — helppoa — kaunista.

4) a) 1. Mikä tämä on? Se on kirja. 2. Mitä tämä on? Se on leipää. 3. Mitä tämä on? Se on lihaa. 4. Mikä tämä on? Se on lautanen. 5. Mitä tämä on? Se on paperia. 6. Mitä tämä on? Se on kalaa. 7. Mikä tämä on? Se on kala. 8. Mitä tämä on? Se on voita. 9. Mikä tämä on? Se on pullo. 10. Mitä tämä on? Se on ruokaa. 11. Mitä tämä on? Se on kahvia. (Mikä tämä on? Se on kahvikuppi.)
b) 1. Minkälainen tämä on? Se on uusi. 2. Minkälaista tämä on? Se on hyvää. 3. Minkälaista tämä on? Se on kallista. 4. Minkälainen tämä on? Se on vanha. 5. Minkälaista tämä on? Se on valkoista. 6. Minkälaista tämä on? Se on halpaa. 7. Minkälainen tämä on? Se on iso. 8. Minkälaista tämä on? Se on kylmää ja kovaa. 9. Minkälainen tämä on? Se on kallis. 10. Minkälaista tämä on? Se on lämmintä. 11. Minkälaista tämä on? Se on kuumaa.
5) asiakas — mitä — millaista (minkälaista) — kai — sitä — kallista — kylmää — lämmintä — viekää pois
6) Huonon vastakohta on hyvä, ruman kaunis, nuoren vanha, terveen sairas, vanhan nuori tai uusi, halvan kallis, hitaan nopea, kylmän lämmin tai kuuma, kuuman kylmä, vapaan varattu, kovan pehmeä, helpon vaikea, laiskan ahkera, saman eri, hyvän huono, onnellisen onneton, kauniin ruma, uuden vanha, sairaan terve, kalliin halpa, nopean hidas, lämpimän kylmä, vaikean helppo, ahkeran laiska, pehmeän kova, varatun vapaa.

Sanan päivä vastakohta on yö. (poika ≠ tyttö, rouva ≠ herra, vaimo ≠ mies, yö ≠ päivä, herra ≠ rouva, tyttö ≠ poika, mies ≠ vaimo t. nainen, ottaa ≠ antaa t. saada, tietää ≠ luulla, kysyä ≠ vastata, panna ≠ ottaa, tuoda ≠ viedä, saada ≠ antaa, vastata ≠ kysyä, luulla ≠ tietää)

 8)

> Tämä leipä on hyvää. Tuo kuva on hyvä. Liisa on vanha ystäväni. Tuo kala on vanhaa. Hyvä sauna on kuuma. Hyvä kahvi on kuumaa. Jäätelö on kylmää. Tämä päivä on kylmä. Helen puhuu hyvää suomea.

LESSON 16. 2) a) 2 kuppia kahvia — 3 lasia mehua — 4 pulloa limonaatia (limsaa)
b) 7 tulppaania — 5 ruusua — 3 hyasinttia — 9 narsissia
c) 1 litra maitoa — 1/2 kiloa juustoa — 3 litraa omenamehua — 300 grammaa makkaraa — 2 pakettia kahvia — 6 pulloa vichyvettä — 10 munaa — 12 nakkia — 6 isoa tomaattia — 2 pientä kurkkua
3) ... autoa — bussia — katua — pankkia — kauppaa — ravintolaa — teatteria — museota — koulua — hotellia — poikaa — tyttöä — miestä — naista — kissaa — koiraa — ihmistä — lasta
... uutta autoa — hidasta bussia — kaunista katua — pientä pankkia — hyvää kauppaa — kallista ravintolaa — modernia teatteria — vanhaa museota — uutta koulua — halpaa hotellia — mukavaa poikaa — nuorta tyttöä — pitkää miestä — onnellista naista — valkoista kissaa — laiskaa koiraa — tavallista ihmistä — tervettä lasta
4) monta pientä poikaa — naista — kaunista naista — televisiota — suomalaista televisiota — puhelinta — ruotsalaista puhelinta — miestä — nuorta miestä — museota — uutta museota — radiota — saksalaista radiota — uutta hotellia — kallista hotellia
5) lasia — lasit   banaanit — banaania   kukkaa — kukat   laskut — laskua   tomaattia — tomaatit   sanaa — sanat
6) Kaksi tyttöä tulee sisään. Nämä miehet katsovat televisiota. Täällä on monta ihmistä. Kaikki ihmiset istuvat. Nuo henkilöt ymmärtävät espanjaa. Pari turistia tulee tänne. Kuinka monta opiskelijaa on kurssilla? Ne opiskelijat puhuvat jo vähän suomea.

7) vuotta — pitkä — senttiä (cm) — painaa — toinen — toinen — toinen —
ruokaa — vuoro — yksin — lista — puoli — makkaraa — sisään — musta

◎◎ 9)

---

a) Päivi on 29 vuotta vanha, hän on 167 cm pitkä ja painaa 56 kiloa.
Pentti on 54 vuotta vanha, hän on 175 cm pitkä ja painaa 83 kiloa. Ari
on 20 vuotta, hän on 186 cm pitkä ja painaa 79 kg. Satu on 18 vuotta,
hän on 172 cm pitkä ja painaa 54 kg.
b) 1. Minulla on 7 mk ja sinulla 25 mk. Paljonko meillä on rahaa yh-
teensä?
2. Rouva Mattilan ruokalasku on maanantaina 80 mk, keskiviikkona
100 mk ja lauantaina 120 mk. Paljonko laskut ovat yhteensä?
3. Olette kahvilassa ja juotte kahvia, sinä ja kuusi muuta henkilöä. Sinä
haluat maksaa kaikki kahvit. Yksi kahvi maksaa 2 mk 10 p. Paljonko
lasku on?

---

1. 32,—   2. 300,—   3. 14,70

LESSON 17. 1) a) On, Jamesilla on kirjahylly. b) Hänellä on radio, mutta
hänellä ei ole televisiota. c) Jamesin huoneessa ei ole sohvaa eikä sohvapöytää.
d) Hän istuu siinä ja lukee. e) Hänellä ei ole vielä perhettä. f) Hän aikoo olla
Suomessa puolitoista vuotta. g) Hänellä on stipendi, ja Jamesin perhe lähettää
hänelle myös rahaa.
2) Minulla on radio/ei ole radiota. Minulla on televisio/ei ole televisiota. Mi-
nulla on kamera/ei ole kameraa. Minulla on puhelin/ei ole puhelinta. Minulla
on sanakirja/ei ole sanakirjaa. Minulla on Helsingin kartta/ei ole Helsingin
karttaa. Minulla on koira/ei ole koiraa. Minulla on kissa/ei ole kissaa. Minulla
on asunto/ei ole asuntoa. Minulla on rahaa/ei ole rahaa. Minulla on työtä/ei
ole työtä.
3) Sinulla ei ole poikaa. Meillä ei ole ruokalistaa. Liisalla ei ole poikaystävää.
Pojalla ei ole ruotsin opettajaa. Hänellä ei ole perhettä. Heillä ei ole suomalais-
englantilaista sanakirjaa. Markku Laaksosella ei ole vaimoa.
4) Miehellä on talo ja televisio, mutta hänellä ei ole saunaa eikä autoa. Naisella
on poika, kolme kuppia ja neljä kirjaa, mutta hänellä ei ole radiota eikä kame-
raa. Tytöllä on nukke, viisi omenaa ja neljä banaania, mutta hänellä ei ole pal-
loa. Pojalla on pallo ja auto, mutta hänellä ei ole kuvakirjaa.
5) Insinööri Laaksosella on iso perhe. Veikko ja Ritva Vuorisella on pieni vau-
va. Ulkomaalaisella opiskelijalla on passi. Ulkomaalainen opiskelija on Suo-
messa. Tällä pojalla on monta hauskaa kirjaa. Tuolla lapsella on hyvä äiti. Se
mies on köyhä. Sillä miehellä on vain vähän rahaa. Kauniilla naisella on kaunis
koti. Tuolla perheellä on hyvä asunto. Tuo perhe on onnellinen. Kenellä on hy-
vä idea?
6) Onko sinulla kylmä? Ei, minulla ei ole kylmä. (Ei minulla ole kylmä.) Meillä
on kiire. Bussi lähtee, meillä on vain viisi minuuttia. Onko teillä nälkä, tytöt?
Meillä ei ole (tai: ei meillä ole) nälkä, mutta meillä on vähän jano. Mikä sinulla
on? En tiedä; minulla ei ole hyvä olla, minulla on joskus kuuma ja joskus kyl-
mä. Ehkä minulla on flunssa.
7) a) Kuvassa on aurinko. b) Kuvassa ei ole aurinkoa. c) Tiellä on auto.
d) Tiellä ei ole autoa. e) Tuolilla on pallo. f) Tuolilla ei ole palloa. g) Talossa
on ikkuna. h) Talossa ei ole ikkunaa. i) Saunassa on mies. j) Saunassa ei ole
miestä. k) Kuvassa on poika ja puu. l) Kuvassa ei ole poikaa eikä puuta.

8) Onko Liisan asunnossa puhelin(ta)? Onko tällä kadulla hotelli(a)? Onko tässä kaupungissa teatteri(a)? Onko tässä talossa sauna(a)? Onko Jamesin huoneessa radio(ta)? Onko tuossa kirjahyllyssä sanakirja(a)? Onko täällä lähellä pankki(a) ja posti(a)? Onko Suomessa monta yliopistoa? Eikö Porissa ole yliopistoa? Eikö tällä kadulla ole ravintolaa? Eikö tässä huoneessa ole puhelinta?
9) a) Kadulla on auto. Auto on kadulla. Liisan huoneessa on TV. TV on Liisan huoneessa. Täällä ei ole sanakirjaa. Sanakirja ei ole täällä.
b) Kupissa on kahvia. Kahvi on minun. Kahvi lämmittää. Katso, tuolla on rahaa. Raha on pöydällä. Raha ei ole kaikki.
c) Turussa on kaksi yliopistoa. Ville Virtasella on hyvä asunto. Asunnossa on myös sauna. Tuossa huoneessa ei ole mukavaa tuolia. Perheellä on kolme huonetta ja keittiö. Tällä miehellä on hyvä idea. Tuolla miehellä ei ole kotia. Tässä kaupungissa on hyvä teatteri.
10) kuten — kirjoituspöytä — luen — lähellä — puolella — tarpeeksi — olla — stipendi — lähettää — joskus — nälkä — jano — kiire

 12)

a) Kuvassa on kaksi huonetta. Toinen on Liisan, toinen Leenan. b) Leenan huoneessa on ovi ikkunan lähellä. c) Liisan huoneessa on monta tuolia, mutta siellä ei ole kirjoituspöytää. d) Leenan huoneessa on oven lähellä iso mukava tuoli. e) Liisan isolla pöydällä on kahdeksan lasia. f) Leenan huoneessa on sängyllä kolme kirjaa. g) Liisan sohvalla istuu kaksi naista ja lukee. h) Leenan kukat ovat hänen huoneensa ikkunalla.

a) + b) — c) + d) + e) — f) — g) + h) —

LESSON 18. 1) hitaasti — nopeasti — kauniisti — hauskasti — mukavasti — helposti — ahkerasti — laiskasti — vihaisesti — lämpimästi — tavallisesti
2) opettaa — soittaa — tanssia — laulaa — ostaa — katsoa — kysyä — vastata — opiskella — lukea
   juoda — sanoa — tehdä — antaa — kuulla — nähdä
3) a) Liisa tekee — ymmärtää — tuntee — aikoo — lähtee — lähettää — näkee — liikkuu — vaihtaa — kertoo
b) me kerromme — ymmärrämme — annamme — liikumme — näemme — vaihdamme — aiomme — tunnemme — kirjoitamme — teemme — opimme
4) He eivät ota. Me emme ota. — Liisa ei lähde. Me emme lähde. He eivät lähde. — Me emme ymmärrä. He eivät ymmärrä. Sinä et ymmärrä. Minä en ymmärrä. — Minä en tiedä. Sinä et tiedä. He eivät tiedä.
5) Bill ei lue eikä kirjoita saksaa. Maija ei puhu eikä ymmärrä italiaa. Kalle ei opiskele eikä ole työssä. Satu ei soita eikä laula. Nainen ei kuule eikä näe hyvin. Mies ei syö lihaa eikä juo viiniä.
6) lue — lukekaa kirjoita — kirjoittakaa toimi — toimikaa vaihda — vaihtakaa kerro — kertokaa anna — antakaa tee — tehkää ota — ottakaa tule — tulkaa
7) tämä — tämän — tällä — tässä — tälle — tältä — tätä — nämä
   tuo — tuon — tuolla — tuossa — tuolle — tuolta — tuota — nuo
   se — sen — sillä — siinä — sille — siltä — sitä — ne
8) mikä — minkä — millä — mille — miltä — mitä — mitkä; kuka — kenen — kenellä — kenelle — keneltä — ketkä
9) englantilaisen naisen — rikkaan miehen — sairaan naisen — kauniin tytön — suomalaisen perheen — suuren koiran — valkoisen kissan — uuden ystävän — lähimmän naapurin kanssa
   Mikä tuon asunnon — kalliin television — halvan hotellihuoneen — paremman radion — lämpimän voileivän — hitaan auton — parhaan lihan hinta on?

10) Tämä kamera täytyy vaihtaa. Tämä kieli täytyy oppia. Se filmi täytyy nähdä. Tuo romaani täytyy lukea. Tämä työ täytyy tehdä. Tuo paketti täytyy lähettää. Tämä kasetti täytyy ostaa. Tuo sävellys täytyy kuulla.
11) a) toimi — rikki — vaihtaa — parempi — vika — paras
b) silmät — näkee — korvat — kuulee — kättä — jalkaa — kädet — jalat

LESSON 19. 1) a) Töölöön — Käpylään — Tapiolaan — Haagaan — Munkkiniemeen — Lauttasaareen — Munkkivuoreen — Westendiin;
Turkuun — Poriin — Kuopioon — Jyväskylään — Ouluun — Mikkeliin — Lahteen — Joensuuhun — Espooseen — Porvooseen;
Amerikkaan — Neuvostoliittoon — Kreikkaan — Irakiin
b) Ruotsiin — Tanskaan — Islantiin — Sveitsiin — Itävaltaan — Jugoslaviaan — Pariisiin — Roomaan — Moskovaan — Leningradiin — Lontooseen
2) hyvään saunaan — kuumaan s. — tähän s. — suomalaiseen s. — pieneen ravintolaan — halpaan r. — kalliiseen r. — kiinalaiseen r. — samaan kauppaan — suureen k. — siihen k. — japanilaiseen autoon — kauniiseen a. — uuteen a. — tähän maahan — historialliseen m. — lämpimään m. — Liisan huoneeseen — kauniiseen h. — tuohon h. — siihen h. — sinun huoneeseesi — mihin maahan — kaupunkiin — paikkaan — taloon — huoneeseen
3) autoon — autossa   raitiovaunuun — raitiovaunussa   Englantiin — Englannissa   Suomeen — Suomessa   Helsinkiin t. Turkuun — Helsingissä t. Turussa   työhön — työssä   huoneeseen — huoneessa   keittiöön — keittiössä   Lontooseen — Lontoossa
4) pysäkille — keskustaan   Hämeentielle — Espooseen   työhön — Töölönkadulle   keittiöön — ovelle   pöydälle — pankkiin   veteen — ikkunalle
8) kuudes — kuudennessa — kuudenteen   yhdeksännessä   kahdeksas — kahdeksannessa — kahdeksanteen — ensimmäisessä   seitsemäs — seitsemännessä — seitsemänteen — neljännessä   viides — viidennessä — viidenteen — toisessa
9) Meidän täytyy mennä... Minun täytyy olla... Anun ja Arin täytyy ostaa... Lapset, teidän täytyy antaa... Täytyykö sinun jo lähteä? Täytyykö hänen ostaa...? Sinun täytyy vaihtaa... Suomen täytyy viedä... ja tuoda... Tämän naisen täytyy ottaa... Tuon miehen täytyy maksaa... Minun täytyy saada... Täytyykö meidän kertoa...? Täytyykö meidän tehdä...?
11) Mihin James menee? Mihin te menette? Mihin ystäväsi lähtee? Mihin tämä vaunu menee? Mihin sinun täytyy mennä? Mihin tytön täytyy mennä? Missä opiskelija nousee vaunuun? Millä pysäkillä minun täytyy vaihtaa? Mikä raitiovaunu menee Töölöön? Mikä bussi menee Lauttasaareen?
12) keskustaan — täytyy — kuinka mones — matka — täynnä — seisoa

 14)

> Ota ensimmäisestä sanasta viides kirjain, sitten toisesta sanasta toinen kirjain, sitten kolmannesta sanasta kolmas kirjain, neljännestä sanasta viides kirjain, viidennestä sanasta ensimmäinen kirjain, kuudennesta sanasta yhdeksäs kirjain, seitsemännestä sanasta neljäs kirjain, kahdeksannesta sanasta ensimmäinen kirjain, yhdeksännestä sanasta viides kirjain.
> Mikä sana sinulla nyt on?   Oikea vastaus on OPTIMISTI.

LESSON 20. 1) kukkakaupasta — Brasiliasta — Suomesta — Kokkolasta — Lontoosta — Helsingistä — bussista — tuosta uudesta liikkeestä
2) Juan on kotoisin Espanjasta, Sevillasta. Anne on kotoisin Irlannista, Dublinista. Frans on kotoisin Hollannista, Haagista. Petre on kotoisin Romaniasta, Bukarestista. Festo on kotoisin Tansaniasta, Dar-es-Salaamista. Minä olen kotoisin ...sta, ...sta.

4) Kiitos hauskasta illasta — hyvästä kahvista — hauskasta kirjasta — kauniista ruususta — kuumasta saunasta.

Me puhumme ensi viikonlopusta — suomalaisesta saunasta — viime sunnuntaista — tästä kauniista huoneesta — Liisan parhaasta ystävästä — tuosta nuoresta ulkomaalaisesta — Oksasen perheestä — teidän uudesta kodistanne.

5) pankissa — liikkeeseen — työhön — yliopistossa — kaupungista — mistä

6) a) hotellista — maitokauppaan   maitokaupassa — maitokaupasta — lihakauppaan   lihakaupassa — lihakaupasta — postiin   postissa — postista — ravintolaan (ravintola Tiptopiin)   ravintolassa (ravintola Tiptopissa) — ravintolasta (ravintola Tiptopista) — bussiin   bussissa — bussista — asuntoon

b) tässä hotellissa — tästä hotellista — pieneen maitokauppaan   pienessä maitokaupassa — pienestä maitokaupasta — hyvään lihakauppaan   hyvässä lihakaupassa — hyvästä lihakaupasta — tuohon postiin   tuossa postissa — tuosta postista — siihen ravintolaan   siinä ravintolassa — siitä ravintolasta — suureen bussiin   suuressa bussissa — suuresta bussista — omaan asuntooni

7) Mies on tulossa ravintolasta. Opiskelija on tulossa suomen kurssilta. Minä olen tulossa työstä. Ihmiset ovat tulossa postista. Auto tulee Turusta. Auto kääntyy pois Mikonkadulta. Kissa lähtee pois sohvalta. Tyttö tulee bussipysäkiltä. Perhe lähtee saunasta. Nuoret tulevat diskosta.

8) maanantaista perjantaihin — lauantaina — sunnuntaina — maanantaista keskiviikkoon: kahdeksasta kolmeen — torstaista lauantaihin: kolmesta yhdeksään — sunnuntaina: kymmenestä viiteen — joka torstai — ensi viikolla — ensi torstaina

9) Mistä Ville on kotoisin? Mihin sinä olet menossa? Mistä sinä olet tulossa? Milloin he menevät maalle? Milloin (mistä mihin) kaupat ovat auki ja milloin (minä päivänä) ne ovat kiinni? Miksi Ahoset menevät kesämökille autolla? Miksi neiti Y. menee tuohon kauppaan ostoksille?

 11)

> Pekka on työssä viisi päivää viikossa. Viikonloppuna hän ei ole työssä. Hän pelaa tennistä kaksi kertaa viikossa, keskiviikkoiltana puoli seitsemästä puoli kahdeksaan ja lauantaina neljästä viiteen. Maanantaina hänellä on klubi-ilta kahdeksasta puoli yhteentoista. Pekan vaimo Marja on myyjä ja hänellä on aika pitkät työpäivät. Joskus hän on työssä kahdeksasta neljään, joskus kahdestatoista kahdeksaan. Jos hän on työssä lauantaina — tavallisesti joka kolmas viikko — hänen työpäivänsä on yhdeksästä yhteen. Marja laulaa kuorossa (*choir*) joka torstai-ilta kahdeksasta puoli kymmeneen. Pekan ja Marjan lapset ovat koulussa kahdeksasta kahteen tai yhdeksästä kolmeen. Lauantaina heillä ei ole koulua.

LESSON 21. 1) Tuolla on taloja — pulloja — tyttöjä — kouluja — katuja. Täällä on laseja — kuppeja — tuoleja — turisteja — pankkeja — banaaneja — appelsiineja — tulppaaneja. Kuvassa on järviä — nuoria — lapsia — käsiä. Siellä on kauppoja — kissoja — herroja — kaloja — saunoja. Kuvassa on koiria — kukkia — rouvia — poikia. Tuolla on leipiä — myyjiä — ystäviä — hedelmiä — pöytiä. Täällä on televisioita — museoita — valtioita — numeroita — henkilöitä. Tässä on perheitä — liikkeitä — rypäleitä. Tuolla on sairaita — asiakkaita. Tässä on miehiä — puhelimia — kysymyksiä — vastauksia — suomalaisia — ulkomaalaisia.

2) Kuvassa on pankkeja — missä pankit ovat? ravintoloita — ravintolat? teattereita — teatterit? katuja — kadut? kauppoja — kaupat? hotelleja — hotellit? museoita — museot? kissoja — kissat? miehiä — miehet? naisia — naiset? tyttöjä — tytöt? poikia — pojat? lapsia — lapset? ihmisiä — ihmiset? koiria — koirat? autoja — autot? puita — puut?

3) Saanko omenia — hyviä o. — parempia o. — isoja o. — tanskalaisia o.?
Professori Viisas ostaa kirjoja — hyviä k. — vanhoja k. — halpoja k. — suomalaisia k. James katselee tyttöjä — suomalaisia t. — englantilaisia t. — kauniita t. Perhe syö munia — paistettuja m. — keitettyjä m. Meillä on naapureita — hyviä n. — vanhoja n. — uusia n. Mies vie postiin paketteja — suuria p. — pieniä p. — suljettuja p. Liisalla on ystäviä — hyviä y. — vanhoja y. — uusia y. — hauskoja y.
4) kaksi kiloa omenia (omenoita) — yksi kilo banaaneja — puolitoista kiloa appelsiineja — puoli kiloa munia — puoli kiloa tomaatteja — neljäsataa grammaa rypäleitä — vähän kukkia — muutamia tomaatteja
5) silmälasit — Minulla ei ole silmälaseja; silmät — ei ole silmiä; kukkia — ei ole kukkia; pöytiä ja tuoleja — ei ole pöytiä eikä tuoleja; lapsia — ei ole lapsia; tyttöjä ja poikia — ei ole tyttöjä eikä poikia; kirjoja — ei ole kirjoja; kysymyksiä — meillä ei ole kysymyksiä
6) a) kuinka paljon opettajia — ulkomaalaisia — naisia — paljonko maita — hotelleja — lapsia — poikia — tyttöjä — kysymyksiä — kuinka paljon turisteja — ihmisiä — miehiä
b) kirjoja — paljon tuoleja — paljon autoja — paljon kauppoja — paljon lamppuja — paljon kuvia — paljon kesämökkejä
7) Pöydällä on kukkia. Kukat ovat Pekka ja Pirkko Peltoselta. Kukat maksavat paljon talvella. Tuolla hyllyllä (tuossa hyllyssä) on kirjoja. Nämä kirjat ovat Liisan. Kirjat ovat Liisan harraste. Tässä huoneessa on kissoja. Kissat nukkuvat sohvalla. Kissat syövät lihaa ja juovat maitoa.
8) B. Saanko näitä ruusuja — noita tulppaaneja — niitä narsisseja — näitä tomaatteja — noita omenia (omenoita) — niitä banaaneja? Otan näitä — noita — niitä.
9) ihana — paistaa — kävelee — ostajia (asiakkaita) — naisia — vanhoja — hedelmiä — vihanneksia — kukkia — lopussa — rypäleitä — tarvitse — muutamia

 11)

On lauantai. Minna ja Jouni Paasio ovat menossa torille.
J. Aika kylmä tänään. Ei ole yhtään kiva lähteä torille.
M. Joo, tänään on aika kylmä. Mutta meidän täytyy ostaa ruokaa.
J. Miksi minun täytyy tulla torille? Se on normaalisti sinun työtäsi.
M. Koska minulla on tänään niin paljon ostoksia. Ja kyllä sinulle tekee hyvää olla vähän ulkona.
J. No, mitä me ostamme tänään?
M. Torilla on hyvää kalaa, me ostamme sitä.
J. Me syömme kyllä aika usein kalaa.
M. Niin syömme, koska kala on halpaa. Sitten meidän täytyy ostaa kymmenen kiloa perunoita.
J. Miksi sinä et osta niitä kaupasta?
M. Ne ovat parempia torilla. Sitten salaatti ja tomaatit ovat lopussa, täytyy ostaa myös niitä.
J. Hedelmiä me emme tarvitse, kotona on omenia ja appelsiineja.
M. Appelsiineja on kyllä, mutta omenia ei ole tarpeeksi. Lapset syövät niitä paljon. Kyllä meidän täytyy ottaa pari kiloa omenia. Ja kukkia täytyy myös ostaa. En tiedä vielä mitä kukkia, täytyy katsoa mitä torilla on.

1c. 2a. 3c.

LESSON 22. 1) a) Nämä ovat hevosia — lehmiä — sikoja. Nuo ovat lampaita — kanoja — tiikereitä. Ne ovat poneja — eläimiä — ihmisiä. Mitä nämä ovat? Me olemme opiskelijoita. Te olette opettajia. He ovat ulkomaalaisia.

b) Ruusut ovat punaisia. Tulppaanit ovat keltaisia. Kissat ovat harmaita. Koirat ovat mustia. Hevoset ovat ruskeita. Kanat ovat valkoisia. Järvet ovat sinisiä. Metsät ovat vihreitä. Kukat ovat vaaleanpunaisia. Minkävärisiä omenat ovat? Me olemme nuoria. Te olette ystävällisiä. He ovat mukavia. Nämä ovat hyviä. Nuo ovat parempia. Ne ovat parhaita.

2) a) Ne ovat maita (valtioita). Ne ovat (Suomen) kaupunkeja — eläimiä (kotieläimiä) — ihmisiä — hedelmiä — kukkia — kieliä — värejä.

b) Koska nuo appelsiinit ovat isoja. Koska ne perunat ovat halpoja. Koska nämä tomaatit ovat suuria. Koska nuo tulppaanit ovat kauniita. Koska ne ruusut ovat punaisia.

3) Tuo on eläin. Se on hevonen. Tämä on ihminen. Hän on amerikkalainen. Tuo on mies. Hän on vanha. Tämä on lapsi. Hän on terve. Tuo on nainen. Hän on sairas. Tämä on vastaus. Se on oikea. Tuo on kysymys. Se on vaikea. Tämä on kirja. Se on uusi ja kallis. Tuo on kamera. Se on paras.

4) kylmiä — kylmät — kalliita — kalliit — isoja — isot — vanhoja — vanhat — minkälaisia — minkälaiset

5) a) Mitä nämä ovat? Ne ovat poikia. Mitkä nämä ovat? Ne ovat silmälasit. Mitä nämä ovat? Ne ovat autoja. Mitä nämä ovat? Ne ovat miehiä. Mitä nämä ovat? Ne ovat pöytiä. Mitä nämä ovat? Ne ovat saunoja. Mitä nämä ovat? Ne ovat tyttöjä. Mitä nämä ovat? Ne ovat silmälaseja. Mitä nämä ovat? Ne ovat ihmisiä. Mitkä nämä ovat? Ne ovat Pekan korvat.

b) Millaisia pojat ovat? He ovat pieniä. Millaiset lasit ovat? Ne ovat kalliit. Millaisia autot ovat? Ne ovat uusia. Millaisia miehet ovat? He ovat pitkiä. Millaisia pöydät ovat? Ne ovat vapaita. Millaisia saunat ovat? Ne ovat kuumia. Millaisia tytöt ovat? He ovat kauniita. Millaisia silmälasit ovat? Ne ovat kalliita. Millaisia ihmiset ovat? He ovat sairaita. Millaiset Pekan korvat ovat? Ne ovat hyvät.

6) poika — pojan — poikaa — poikia
   perhe — perheen — perhettä — perheitä
   nainen — naisen — naista — naisia
   hauska kirja — hauskan kirjan — hauskaa kirjaa — hauskoja kirjoja

7) kissakin — Paavokin — valkoinenkin — Tamperekin — ihminenkin — perheetkin

8) eläimiä — kanat — lammas — sika — hevosia — lehmästä — villa — tarhassa — leijonia — tiikereitä — värisiä — värinen — keltainen — harmaita — kuin

9) Mitä nämä ovat? Ne ovat autoja. Millaisia ne ovat? Ne ovat uusia. (kauppoja/hyviä — kouluja/isoja — miehiä/pitkiä — koiria/laiskoja — museoita/vanhoja — busseja/hitaita — hotelleja/halpoja — katuja/kauniita — teattereita/moderneja — poikia/mukavia — tyttöjä/nuoria — ravintoloita/kalliita — naisia/ystävällisiä — ihmisiä/tavallisia — kissoja/valkoisia — pankkeja/suuria — lapsia/terveitä)

◎◎ 10)

Eläin A: Minulla on neljä jalkaa, olen usein ruskea ja minulla on ruskeat silmät. Kun minulla on kuuma, minulla on suu auki ja kieli ulkona suusta. Syön lihaa. Asun ihmisen kodissa ja olen ihmisen paras ystävä. Mikä minä olen?

Eläin B: Minullakin on neljä jalkaa. Minä olen iso eläin, painan paljon. Minulla on hidas, flegmaattinen temperamentti. Ihmiset saavat minulta maitoa ja nahkaa. Mikä minä olen?

Eläin C: Minullakin on neljä jalkaa. Minä olen pieni eläin, usein harmaa, valkoinen tai musta, ja minulla on tavallisesti vihreät silmät. Näen hyvin yölläkin. Syön lihaa ja kalaa ja juon maitoa. Minusta lämmin sohva on ihana paikka. Olen vähän laiska. Olen kotoisin Egyptistä. Mikä minä olen?

A on koira.   B on lehmä.   C on kissa.

LESSON 23. 1) aamulla — seitsemältä (kello seitsemän) — puoli yhdeksältä (kello puoli yhdeksän, kahdeksan-kolmekymmentä) — seitsemän tuntia — aamu- ja iltapäivällä — illalla — puoli yhdeksältä (kello puoli yhdeksän, kaksikymmentä-kolmekymmentä) — yöllä

2) Pidän (en pidä, en välitä) kahvista — teestä — maidosta — oluesta — viinistä — suklaasta — voileivästä — syömisestä — teatterista — oopperasta — baletista — pop-musiikista — rokista — klassisesta musiikista — jazzista — televisiosta — suomalaisesta saunasta — Helsingistä — suomen kielestä — Sibeliuksesta — suomalaisesta ruuasta (ruoasta) — urheilusta — matkustamisesta — lukemisesta

3) tästä työstä — tuosta työstä — siitä työstä — englantilaisesta aamiaisesta — kiinalaisesta ruuasta (ruoasta) — italialaisesta pizzasta — kauniista ilmasta — hyvästä päivällisestä — vapaasta viikonlopusta — tuosta hirveästä musiikista — tästä vaaleanpunaisesta väristä — siitä uudesta filmistä — kalasta — siitä — parhaasta ruuasta (ruoasta) — parhaasta viinistä — sinusta — minusta — teistä — meistä — kaikesta — mistään

4) Tanssiminen — opiskeleminen — käveleminen — laulaminen — syöminen — matkustaminen on hauskaa.

5) autan autat auttaa autamme autatte auttavat
teen teet tekee teemme teette tekevät
pidän pidät pitää pidämme pidätte pitävät
tunnen tunnet tuntee tunnemme tunnette tuntevat
ajattelen ajattelet ajattelee ajattelemme ajattelette ajattelevat
tapaan tapaat tapaa tapaamme tapaatte tapaavat

6) a) Minä luen — kerron — pidän — tapaan — ymmärrän — lähden — näytän — annan — teen — soitan — laulan — olen — lähetän — opetan — autan — voin.

b) kirjoittavat — aikovat — tapaavat — näkevät — tietävät — tekevätkö he matkaohjelmansa — liikkuvat — tarvitsevat — oppivat — pitävätkö — soittavat — lähtevät — tulevat

7) kauppa   liike
kauppaa   liikettä

	kaupan	liikkeen
	kaupalla	liikkeellä
	kaupalta	liikkeeltä
	kaupalle	liikkeelle
	kaupassa	liikkeessä
	kaupasta	liikkeestä
kauppaan		liikkeeseen
	kaupat	liikkeet
kauppoja		liikkeitä

8) pankkiin — pankista konserttiin — konsertin kaupungista — kaupunkiin kukasta kukkaan kotiin — kodista työpaikkaa — työpaikan asunnon — asuntoon liikkeessä — liikkeestä — liikkeeseen hitaalla — hidasta

9) a) lakin — lait — sodat — Pentin — papit — pavut — kengät — lennämme — piirrät — kullan

b) serkku *cousin* — hattu *hat* — Hanko — silta *bridge* — tahtoa *to want* — kylpeä *to take a bath*

10) Mihin aikaan sinä nouset? Mihin aikaan te syötte aamiaista? Mitä Antti syö aamiaiseksi? Miksi hän ei juo kahvia? Kuinka kauan sinä olet työssä? Mitä sinä teet päivällisen jälkeen? Pidätkö sinä teestä? Pitääkö Eeva teestä?

11) aamiaista — lounasta — päivällistä — jälkeen — paitsi — luen — kirjeitä — lukemisesta — autan — vanhemmat — koskaan

247

Englantilainen Bob Miller on työssä suomalaisessa arkkitehtitoimistossa. Minkälainen Bobin päiväohjelma on? No, hän nousee tavallisesti seitsemältä, paitsi sunnuntaina. Hän syö aamiaista kello puoli kahdeksan. Hän syö aamiaiseksi kaksi munaa, voileipää, juustoa ja marmelaatia ja juo kaksi kuppia kahvia. Hän ei juo koskaan teetä. Hän ei pidä teestä, vaikka englantilaiset tavallisesti pitävät siitä. Puoli yhdeksältä hän lähtee bussilla työhön. Matka on niin pitkä, että hän ei voi kävellä toimistoon. *Lounasta hän syö pienessä ravintolassa lähellä toimistoa, päivällistä hyvin usein kotona. Päivällisen jälkeen hän menee suomen tunnille tai lukee lehtiä tai kirjoittaa kirjeitä kotimaahan. Hän pitää kaikesta hyvästä musiikista, myös pop-musiikista. Televisiota Bobilla ei ole, koska hän ei välitä siitä, mutta hänellä on pieni matkaradio.

a) Hän on arkkitehti. b) Ei sunnuntaina. c) Makkaraa ja kalaa. d) Koska hän ei pidä siitä. e) Matka on liian pitkä. f) Ei lounasta, mutta kyllä usein päivällistä. g) Hänellä on suomen tunti. Hän kirjoittaa kirjeitä. h) Kaikesta hyvästä musiikista. i) Hänellä on radio, mutta ei televisiota.

LESSON 24. 1) a) postiin — tanssimaan — maksamaan laskuja — kotiin — uimaan — ostamaan hedelmiä — kukkakauppaan — kahville — juomaan kahvia — tapaamaan ystäviä
b) ravintolassa — syömässä — kauppatorilla — metsässä — lukemassa tenttiä — katsomassa tv:tä — kaupassa — nukkumassa — kävelemässä — viemässä kirjeitä postiin
2) teatteriin katsomaan — ravintolassa syömässä — baariin juomaan — kauppatorille ostamaan — uimahallissa uimassa — yliopistoon opiskelemaan — diskossa tanssimassa
3) pöydällä — pöydältä — pöydälle laatikossa — laatikosta — laatikkoon autotallissa — autotallista — autotalliin Mikonkadulla — Mikonkadulta — Mikonkadulle kaupungissa — kaupungista — kaupunkiin pysäkillä — pysäkiltä — pysäkille torilla — torilta — torille koulussa — koulusta — kouluun
4) Helsinkiin — Turkuun — Hankoon — kaupunkiin — Lahteen — veteen — pöytään — parempaan pöytään — neljänteen pöytään
5) Me menemme tanssimaan perjantai-iltana tällä viikolla tai ensi viikolla. Matti on työssä (töissä) toimistossa yhdeksästä puoli yhteen ja yhdestä puoli viiteen. Pekka nousee kuudelta (kello kuusi) aamulla ja menee nukkumaan kymmenen jälkeen illalla. Olen (asun) tässä maassa vuodesta 1986 vuoteen 1988. He toivovat että me voimme tavata ensi lauantaina. Me menemme kylään melkein joka viikko.
6) koululaiset — monet miehet — monet rouvat — muutamat lapset — nuoret — monet kukat — muutamat tulppaanit — monet kissat — monet suomalaiset sängyt — appelsiinit
7) viettävät — levysoitin — ennen kuin — kovin — vaan — vieraita — kylään — ulkona

a) Kuvassa 1 Matti ja Liisa Virtanen syövät yhdessä lounasta. b) Matti ja Liisa Virtanen tekevät yhdessä keittiötyöt. c) Illalla, kun rouva Virtanen kirjoittaa kirjeitä, herra Virtanen lukee lehtiä. d) Virtaset pitävät paljon television katsomisesta. e) Kun elokuvateatterissa on suomalainen elokuva, Virtaset menevät elokuviin. f) Virtaset haluavat kuunnella hyvää klassista musiikkia, ennen kuin menevät nukkumaan. g) Sunnuntai-aamuna Nina Virtanen nukkuu myöhään, koska hän oli lauantaina diskossa tanssimassa. h) Herra ja rouva Virtanen menevät sunnuntaina kirkkoon ja sitten heille tulee vieraita.

a) — b) + c) + d) — e) + f) + g) + h) —

LESSON 25. 1) minut — En tunne sinua. hänet — En näe häntä. heidät — En tapaa heitä. teidät — Hän ei kutsu meitä. meidät — En (emme) muista teitä.
2) sinut — häntä — heidät — meidät — minua — heitä — minut — teidät — sinua — hänet — kenet
3) Minä rakastan sinua. Minun täytyy nähdä sinut pian. Missä minä voin tavata sinut? Saanko soittaa sinulle? Voinko kutsua sinut päivälliselle huomenna? Voinko viedä sinut elokuviin? Sano minulle: rakastatko sinäkin minua?
4) suomalaisesta — suomalaista — suomalaisia   punaisia — punaisesta — punaisessa — punaiseen   tavallisia — tavallista — tavallisesta   Oksaselle — Oksaselta — Oksasen — Oksasta
5) ei kukaan — ei mikään — ei mistään — ei koskaan — ei missään — ei kenenkään — ei milloinkaan — ei mihinkään — ei kenellekään
6) sieltä tänne — täältä sinne — täällä — tuolta — tuonne — tänne — tuonne — siellä — täältä
7) kääntyy — molemmat — toverini — luokalla — heidät — muistan — varma — ainakin — kutsuu — kortteja — kaukana — pitkästä aikaa — totta kai

— Hei Liisa, Marja Heiskanen täällä.
— No hei, pitkästä aikaa! Mitäs sinulle kuuluu?
— Kiitos, hyvää vain.
— Kuule, minulla on täällä vieras. Hän sanoo, että hän tuntee sinut hyvin ja haluaisi tavata sinut.
— Niinkö? No, sano jo kuka se on.
— Riitta Järvinen.
— Järvisen Riitta! Me olemme luokkatovereita. Me olimme koulussa oikein hyvät ystävät. Kuule, voitteko te tulla meille kahville? Minä haluaisin tavata teidät molemmat.
*— Voi voi, kun Riitan täytyy lähteä kotiin Turkuun jo puoli kuudelta. Mutta tule sinä tänne meille! Vai onko sinulla aikaa nyt heti?
— Totta kai, minulla on aina aikaa tavata Riitta ja sinut.
— Millä sinä tulet, bussillako?
— Ei, se on liian hidasta. Minä tulen omalla autolla. Minä olen siellä kahdessakymmenessä minuutissa.

LESSON 26. 1) kaupan — kaupungin — kupin — leivän — pöydän — lehden — pankin — lampun — rannan — presidentin — pojan — jalan — sillan
2) omenan — appelsiinia pizzan — pihviä elokuvalipun — teatterilippua paketin — kirjettä tuon sanan — tätä sanaa Liisan osoitteen — Leenan osoitetta Heikin — Mikkoa Aholan perheen — Koskisen perhettä äitini — tätiäni
3)

Hän haluaa	Sinun täytyy antaa hänelle
— jogurttia ja lusikan	— jogurttia ja lusikka
— kahvia ja kupin	— kahvia ja kuppi
— kynän ja paperia	— kynä ja paperia
— teetä ja kupin	— teetä ja kuppi
— olutta ja lasin	— olutta ja lasi
— munan ja suolaa	— muna ja suolaa
— nakin ja sinappia	— nakki ja sinappia
— pihvin ja pippuria	— pihvi ja pippuria

4) Hän lukee kirjan. Hän ottaa omenan puusta. Hän syö sen. Näen miehen, tien, koiran, mäen, puun, talon, linnun, metsän, järven (metsää, järveä). Hän kirjoittaa kirjeen. Hän vie kirjeen postiin.
5) Liisa näkee Kallen ja meidät — Kallen ja sinut — Kallen ja teidät — Kallen ja hänet — Kallen ja heidät.
6) Me tarvitsemme kukkia. Minä menen heti ostamaan kukat. Haluatko sinä syödä rypäleitä? Voit syödä kaikki nämä rypäleet. Rouva Koivu maksaa laskuja. Hän maksaa laskut tänään. Lipposet kutsuvat muutamia vieraita. He kutsuvat vieraat päivälliselle. Me tapaamme muutamia ystäviä sunnuntaina. Me tapaamme nämä ystävät ravintolassa.
7) Turisti ottaa hotellihuoneen. Minä näen kaupassa kauniita rypäleitä. "Saanko minä yhden kilon?" Ihmiset juovat kahvia; minä juon myös kaksi kuppia. Sinä tarvitset hyvän sanakirjan. Sinä tarvitset lukemista. Tyttö syö suuren omenan; kaikki ihmiset syövät hedelmiä. Rouva Salmi ostaa uusia kahvikuppeja. "Saanko minä kaksitoista kuppia?" Jos sinä myyt autosi, minä ostan sinun autosi. Jos sinä myyt stereosi, minä ostan sinun stereosi.
8) Nainen ostaa kauniin ruusun. Hän ostaa kalliin matkalipun. Sinä kutsut vieraan. Sinä näet tuolla hyvin vanhan miehen. Opettaja tekee vaikean kysymyksen. Minä annan oikean vastauksen. Perhe tarvitsee paremman asunnon.
9) Emme vie näitä kirjeitä postiin. Emme osta niitä kirjoja. Emme opi näitä sanoja. Emme lue näitä tekstejä. Emme halua noita kasetteja. Emme tunne noita ihmisiä. Emme ymmärrä niitä asioita.
10) vuoden — kerran — kilometrin
11) Kuinka (millä) Liisa S. matkustaa Vaasaan? Mihin aikaan yöjuna lähtee Helsingistä? Milloin (koska) juna saapuu Vaasaan? Mitä (lukemista) Liisa ostaa asemalta? Kuinka pitkän matkan Liisa kävelee joka päivä? Kuinka usein Liisalla on saksan kielen kurssi? Kuinka kauan Liisa aikoo olla kurssilla?
12) lentäminen — yöjunalla — aikataulun — lähtö- — saapuvat — pakkaan — matkatavaraa — taksilla — matkalipun — makuupaikan — vaunussa — ikkunapaikan

@@ 14)

> Anna-Maija Uusitalo aikoo matkustaa Helsingistä Kuopioon. Ensin hän soittaa aseman neuvontaan.
> — Päivää, mihin aikaan lähtee iltajuna Helsingistä Kuopioon?
> — Junan lähtöaika on 20.30, laituri 7.
> — Milloin se saapuu Kuopioon?
> — Kello 4.00.
> — Selvä on, kiitos.

*Anna-Maija pakkaa tavaransa ja soittaa taksin. Hän ottaa lähimmän taksiaseman numeron: 8-7-6-5-4-3.
— Taksiasema.
— Päivää, saanko taksin. Osoite on Helsinginkatu 19 C.
— Helsinginkatu 19 C. Selvä on, tulen heti.
Taksi vie Anna-Maijan asemalle. Siellä Anna-Maija ostaa matkalipun.
— Kuopio, meno—paluu. Onko makuupaikkoja tämän illan junaan?
— Ei ole yhtään jäljellä.
— Saanko sitten pikajunan paikkalipun? Ikkunapaikka ei-tupakkavaunussa.
*— Voi voi, meillä on paikkoja vain tupakkavaunuun.
— Voi mikä huono onni! Minä olen hirveän allerginen tupakalle. Mitä minä nyt teen? En minä voi matkustaa tupakkavaunussa.
— Ettekö te voi matkustaa aamujunassa?
— Minun täytyy olla aamulla Kuopiossa.
Mutta nyt nuori nainen, joka seisoo aivan jonon lähellä, sanoo Anna-Maijalle:
— Anteeksi, minulla on makuupaikka Kuopioon, mutta minä en voi matkustaa tänä iltana. Minä haluaisin myydä sen. Ehkä sinä haluat ostaa minun lippuni?
— Totta kai haluan. Ihanaa, että saan tämän lipun. Kiitoksia aivan hirveästi! Paljonko se maksaa?

LESSON 27. 1) viedä: vein veit vei veimme veitte veivät
levätä: lepäsin lepäsit lepäsi lepäsimme lepäsitte lepäsivät
tanssia: tanssin tanssit tanssi tanssimme tanssitte tanssivat
kertoa: kerroin kerroit kertoi kerroimme kerroitte kertoivat
nähdä: näin näit näki näimme näitte näkivät
tuntea: tunsin tunsit tunsi tunsimme tunsitte tunsivat
auttaa: autoin autoit auttoi autoimme autoitte auttoivat
2) saavun saavut saapuu saavumme saavutte saapuvat/
saavuin saavuit saapui saavuimme saavuitte saapuivat
löydän löydät löytää löydämme löydätte löytävät/
löysin löysit löysi löysimme löysitte löysivät
kuuntele/n -t -e -mme -tte -vat/
kuunteli/n -t kuunteli kuunteli/mme -tte -vat
pakkaan pakkaat pakkaa pakkaamme pakkaatte pakkaavat/
pakkasin pakkasit pakkasi pakkasimme pakkasitte pakkasivat
3) teen teet tekee teemme teette tekevät/tein teit teki teimme teitte tekivät
4) saavuin/saapui — lähdimme/lähti — näin/näkivät — piditteko/pitikö — lähetin/lähetti — kirjoititko/kirjoittivat — otin/otti — annoimme/antoi — vaihdoit/vaihtoivat — autoin/auttoi — söi/joi — toi/vei
5) Eilen minä kuuntelin paljon radiota. Ajattelitko sinä eilen tätä asiaa? Kuka katseli eilen televisiota? Me nousimme eilen myöhään. Olitteko te viime sunnuntaina kaupungissa? Minne pojat menivät hetki sitten?
6) lensin — löysin — ymmärsin — tiesin — tunsin
7) lepäsimme — tapasimme — pakkasimme — vastasimme
8) nousin — söin — join — lähdin — olin — tulin — tapasin — sanoin — ostin — soitin — tuli — kävin — otin — luin — sain — maksoin — halusin — kävelin — oli — täytyi — katselin — pidin — kirjoitin — vein — katsoin — näin — oli — tulin — oli — join — ajattelin — opiskelin — oli — menin — nukuin

Pekka nousi — söi — joi — lähti — oli — tuli — tapasi — sanoi — osti — soitti — tuli — kävi — otti — luki — sai — maksoi — halusi — käveli — oli — täytyi — katseli — piti — kirjoitti — vei — katsoi — näki — oli — tuli — oli — joi — ajatteli — opiskeli — oli — meni — nukkui

10) a) Bill meni Ranskasta Englantiin, Englannista Hollantiin, Hollannista Kreikkaan, Kreikasta Turkkiin, Turkista Neuvostoliittoon (Venäjälle), Neuvostoliitosta (Venäjältä) Suomeen.

b) Bill meni Helsingistä Espooseen, Espoosta Vantaalle, Vantaalta Hankoon, Hangosta Turkuun, Turusta Tampereelle, Tampereelta Lahteen, Lahdesta Lappeenrantaan, Lappeenrannasta Joensuuhun, Joensuusta Saarijärvelle, Saarijärveltä Ouluun, Oulusta Rovaniemelle, Rovaniemeltä Helsinkiin.

11) perhe käy saunassa — vanhemmat käyvät työssä — suomalaiset käyvät maalla — käyttekö Turussa — missä käymme viikonloppuna — käykää siellä — käy meillä kahvilla — perhe kävi kesämökillä — tytöt kävivät elokuvissa — opiskelija kävi kirjastossa — kävitkö eilen diskossa?

12) jokin — jossakin — jostakin — jollekin — jotakin — johonkin

13) Milloin (koska) matkustitte Tukholmaan? Mihin matkustitte viime viikolla? Kuinka (miten, millä) matkustitte sinne? Kuinka kauan matka kesti? Mitä te teitte Tukholmassa? Oliko teillä kivaa?

14) sinulle — erikoista — toissapäivänä — kesti — hauskaa — itse — kävimme — nähtävää — ensi kertaa — liikennettä — tulo-

 17)

Marjatta Saari asuu Tampereella, mutta hän kävi koulua Rovaniemellä, Lapin pääkaupungissa. Marjatan vanhemmat asuvat vieläkin siellä, ja siksi Marjatta käy Rovaniemellä kerran tai kaksi kertaa vuodessa. Viikko sitten Marjatta lensi taas vanhaan kotikaupunkiinsa. Hänellä oli siellä luokkakokous.
* Luokkakokouksessa oli kymmenen tyttöä ja kaksitoista poikaa. He menivät ensin vanhaan kouluunsa, tapasivat muutamia vanhoja opettajia ja kuuntelivat vähän aikaa englannin kielen opetusta. Sitten he söivät yhdessä lounasta ja menivät kahville Liisa Järvisen kotiin. He puhuivat paljon vanhasta hyvästä kouluajasta ja kertoivat myös, millaisessa työssä he nyt olivat, millainen perhe heillä oli jne. * Illalla he kävivät Rovaniemen teatterissa katsomassa uutta suomalaista komediaa. Lopuksi he söivät illallista ja tanssivat Rovaniemen parhaassa ravintolassa kello kahteentoista yöllä. Heillä oli oikein hauskaa, ja he päättivät jo seuraavasta kokouksesta, joka ei ole Rovaniemellä, vaan Helsingissä.

LESSON 28. 1) *voida* verbs: luoda luon loi — jäädä jään jäi — reagoida reagoin reagoi

puhua verbs: hiihtää hiihdän hiihti — leipoa leivon leipoi — kulkea kuljen kulki

tulla verbs: kuolla kuolen kuoli — surra suren suri — julkaista julkaisen julkaisi

haluta verbs: tarjota tarjoan tarjosi — lainata lainaan lainasi

merkitä verbs: tulkita tulkitsen tulkitsi

2) a) keittää — keitän — keittää — keitin — keitti

b) hakea — haen — hakee — hain — haki

3) lyödä — viljellä — herätä — valvoa — vuokrata — sijaita

4) saanko — osaa — haluatteko (tahdotteko) — voimme — haluan (haluaisin, tahdon) — täytyy — aikoo — voi — saa — osaatko — osaa — osaa

5) Me aiomme lähteä (mennä, matkustaa) Rovaniemelle, ja Virtaset aikovat tulla mukaan. Minä haluaisin ottaa ranskan (kielen) tunteja. Sinun (teidän) täy-

tyy ajatella asiaa. Osaatko sinä ajaa autoa? Osaan. Pekka ei voi ajaa nyt; hän joi pari olutta. Heidän täytyi lähteä hyvin aikaisin. Sinä et saa polttaa niin paljon. Mäeltä he voivat nähdä kauniin pienen järven.

6) saisinko — voisitko — maksaisin — haluaisin — auttaisitteko — olisiko — täytyisi — etkö sinä haluaisi — etkö sinä kertoisi

7) lukisin — en lukisi — kirjoittaisin — en kirjoittaisi — katsoisin (katselisin) — en katsoisi (katselisi) — kuuntelisin — en kuuntelisi — soittaisin — en soittaisi — opiskelisin — en opiskelisi — kutsuisin — en kutsuisi — menisin — en menisi — veisin — en veisi — kävisin — en kävisi — joisin — söisin — en tekisi — olisin

Liisa ei lukisi — hän kirjoittaisi — me emme kirjoittaisi — me katsoisimme — te ette katsoisi — te kuuntelisitte — sinä et kuuntelisi — sinä soittaisit — Liisa ei soittaisi — hän opiskelisi — me emme opiskelisi — me kutsuisimme — Virtaset eivät kutsuisi — he menisivät — sinä et menisi — sinä veisit tyttöystäväsi — te ette veisi tyttöystäväänne — te kävisitte — Liisa ja Maija eivät kävisi — he joisivat — söisivät — eivät tekisi — he olisivat laiskoja

8) Jos aurinko paistaisi, me lähtisimme kesämökille. Jos Pekka tulisi meille, me keskustelisimme yhdessä politiikasta. Jos lapsi olisi väsynyt, se nukkuisi. Jos Kalle saisi paremman palkan, hän voisi ostaa oman asunnon. Bill ymmärtäisi suomalaisia, jos he puhuisivat hitaasti. Hän pitäisi saunasta, jos se ei olisi aivan niin kuuma. Tämä mies ei lähtisi Ruotsiin, jos hänellä olisi työtä Suomessa. Me kävisimme usein teillä, jos te ette asuisi niin kaukana. Jos minulla olisi paljon rahaa, minä matkustaisin paljon.

9) a) Bill. Niin, mehän olemme Suomessa. Suomihan on kylmä pohjoinen maa. —Bill. Hänhän on belgialainen. — Liz. Täällähän on kaunista. —Bill. Minähän sanoin sinulle, että...

b) Onkohan Liisa kotona? Missähän lapset ovat? Kukahan tuo mies oli? Tietääköhän hän että me olemme täällä? Mitähän äiti sanoo?

10) silloin — sitten — silloin — sitten — silloin — sitten — silloin — sitten — sitten

11) Minkälaisia tunteja sinä haluaisit (te haluaisitte)? Montako tuntia viikossa sinä haluaisit (te haluaisitte)? Milloin (koska) sinä haluaisit (te haluaisitte) tunnit? Mihin saakka sinä olet (te olette) työssä? Mitä kieliä sinä osaat (te osaatte) (puhua)?

12) tavattavissa — puhelimessa — häiritsen — eikö niin — keskustelu- — kertaa — sopiiko — sovi — saakka — aloittaa

 14)

Kun Whitneyt tulivat Suomeen, rouva Whitney osasi puhua vähän suomea, mutta hänen miehensä ei yhtään, paitsi "päivää" ja "kiitos". Ensin oli vaikea löytää opettajaa, mutta sitten he kuulivat suomalaiselta tuttavalta, että Kaarina Jalava, nuori opiskelijatyttö, opetti suomea ulkomaalaisille. Rouva Whitney soitti heti Kaarinalle ja kysyi, voisiko hän antaa heille tunteja. — Tehän osaatte suomea aika hyvin, Kaarina sanoi. Rouva Whitney vastasi, että hän itse osasi kyllä puhua vähän, mutta ymmärsi huonosti, kun ihmiset puhuivat nopeasti; hänen miehensä taas osasi sanoa suomeksi vain kaksi sanaa.
*— Montako tuntia viikossa te haluaisitte? Kaarina kysyi. — Voisimmekohan me saada kolme tuntia, miehelleni kaksi ja minulle keskustelutunti kerran viikossa? — Kyllähän se sopii. Mutta teidän täytyy tulla illalla, koska minä olen työssä puoli viiteen saakka. — Meillekin sopii vain illalla, mehän olemme myös työssä päivällä. — Voimmeko aloittaa jo huomenna puoli seitsemältä? — Sopii kyllä. — Tervetuloa sitten huomenna, näkemiin!

a) — b) + c) — d) + e) —

LESSON 29. 1) a) täti/ni-si-nsä-mme-nne-nsä   äidinkiele/ni-si-nsä-mme -nne-nsä   pieni poika/ni-si-nsa-mme-nne-nsa   vanhat tuttava/ni-si-nsa-mme -nne-nsa
b) kotikaupunkisi — asuntoni — sukunsa — kesämökkinsä — isoäitinne — palkkani — työlupanne — kasettisi — aikamme
c) kirjani — huoneeni — osoitteeni   nimesi — veljesi — lapsesi — sanomaleh-tesi   puhelimensa — avaimensa — levysoittimensa   aamiaisemme — päivälli-semme — lounaamme   kysymyksenne — vastaukseni   kokouksensa   salai-suutensa   kätesi   miehensä
2) isäni — hänen osoitteensa — sinun autosi — heidän puhelinnumeronsa — hänen serkkunsa — puuronsa — oman sanakirjansa — leipäni
3) ystäväni tulivat — vanhat ystäväni tulivat — nämä tuttavamme asuivat — nämä hyvät tuttavamme asuivat — heidän lapsensa kävivät — heidän pienet lapsensa kävivät
4) ystävän — ystäväni — vanhan ystäväni   serkun — serkkusi — tamperelai-sen serkkusi   naapurin — naapurinne — uuden naapurinne   pojan — heidän poikansa — heidän pienen poikansa   vanhemmat — vanhempani — vanhem-pasi
5) autossaan — kesämökiltään — kotiinsa — kotinsa — kodistaan — televisio-taan — kissaansa — kukkiaan
6) asunnossani — kaupungissamme — maassanne — kodissasi — toimistos-saan — isoäidillemme — kissalleen — työstänne — koulustaan — äidilläsi — pojallanne — isällään
7) Mies istuu autossaan. Poika menee kouluunsa. Mies ja nainen tulevat sau-nastaan. Nainen katselee televisiotaan. Mies kirjoittaa veljelleen. Mies ajaa pol-kupyörällään. Liisa rakastaa poikaystäväänsä/pitää poikaystävästään. Liisa näkee koiransa.
8) Isällä on auto. Minun isälläni on Fiat. Hänen isällään on Volvo. Siskolla on piano. Teidän siskollanne on viulu. Hänen siskollaan on kitara. Kalle-veljellä on paljon levyjä. Sinun veljelläsi on rock-levyjä. Heidän veljellään on jazz-levy-jä. Äidillä on romaani. Sinun äidilläsi on Mika Waltarin romaani. Heidän äidil-lään on Veijo Meren romaani.
9) a) Ulkomaalainen opiskelee suomen kieltä. Ihmiset odottavat junaa asemal-la. Me ajattelemme teitä usein. Naapurit auttoivat meitä viime viikonloppuna. Katsotteko te television sarjaohjelmia? Ranskalaiset rakastavat viiniä.
b) Minä rakastan sinua. Suomalaiset rakastavat saunaa. Risto rakastaa musiik-kia. Ketä Liisa rakastaa? Rakastatko sinä minua? Italialaiset rakastavat ooppe-raa. Minä rakastan vanhempiani. Rakastatko sinä sitä? Mitä sinä rakastat?
12) Kuinka vanha Timo on? Milloin (koska, minä vuonna) hän on syntynyt? Elääkö Villen isä vielä? Kenen kanssa Kaisa menee naimisiin?
13) täti — setä — eno — takana — naimisissa — naimisiin — -vuotias
 16)

Matti Järvinen on syntynyt vuonna 1928. Hänen vaimonsa nimi on Kai-ja; hän on syntynyt vuonna 1933. Heidän ensimmäinen lapsensa on Pek-ka, syntynyt 1957, toinen lapsi Riitta on syntynyt 1960 ja kolmas lapsi Jussi 1962. Pekka ja Riitta ovat naimisissa. Pekka on naimisissa Leenan kanssa, ja heillä on yksi tytär, Minna. Riitta on naimisissa Villen kanssa; heillä ei ole vielä lapsia. Jussi ei ole naimisissa.

Matti Järvisellä on sisar Kirsti, jolla on neljä lasta, ja veli Mikko, jolla on kaksi lasta. Kaija Järvisellä on kaksi veljeä, Olavi ja Kalle. Kallella on kolme lasta, Olavilla ei ole lapsia.

b) vaimo ja tytär c) Villen kanssa e) isoisä f) setä g) eno h) yksi täti i) yhdeksän serkkua j) hänellä ei ole yhtään veljeä

LESSON 30. 1) a) älä istu — liiku — kävele — juokse — aja — älä aja — syö — älä syö — älä juo — älä polta — lepää — älä tee — nuku — kuuntele — lue — älä lue — älä ole — tapaa — kutsu — käy — älä ajattele — keskustele — ole — toivo
b) älkää istuko — liikkukaa — kävelkää — juoskaa — ajakaa — älkää ajako — syökää — älkää syökö — älkää juoko — älkää polttako — levätkää — älkää tehkö — nukkukaa — kuunnelkaa — lukekaa — älkää lukeko — älkää olko — tavatkaa — kutsukaa — käykää — älkää ajatelko — keskustelkaa — olkaa — toivokaa
2) Älä lähde/älkää lähtekö vielä! Älä odota/älkää odottako meitä! Älä häiritse/älkää häiritkö häntä! Älä toista/älkää toistako aina samaa (asiaa)! Älä osta/älkää ostako tuota (sitä) sanakirjaa, se ei ole hyvä! Älä tule/älkää tulko nyt tänne! Älä ota/älkää ottako tuota (sitä) kynää! Älä kerro/älkää kertoko meille aina tuota (sitä) samaa vitsiä! Älä vastaa/älkää vastatko englanniksi! Älä anna/älkää antako heille minun puhelinnumeroani!
3) auton — auto — autoa — sen — se — sitä — kirjan — kirja — kirjaa — kirjeen — kirje — kirjettä — omenan — omena — omenaa
    hänet — hänet — häntä — kirjepaperia — kirjepaperia — kirjepaperia
4) Auto on talon edessä. Puu on talon vieressä (luona, lähellä). Aurinko on talon yläpuolella (päällä). Kirja on television päällä. Pallo on television alla. Tuolit ovat pöydän ympärillä. Lämpötila on nollan alapuolella (D), nollan yläpuolella (E). Hotelli on koulun ja kirjaston välissä. Hämeenlinna on Tampereen ja Helsingin välillä. Koira menee tien poikki (yli).
5) kautta — aikana — ohi — luona — kanssa — yli
6) a) Minna istuu Tapanin takana, Annelin vieressä. Jaana istuu Kirstin ja Annelin välissä (Tapanin oikealla puolella ja Jukan vasemmalla puolella). Jouni istuu Jukan edessä jne.
b) Anneli istuu minun takanani. Kirsti istuu minun edessäni. Tapani istuu minun vieressäni. (Jukka istuu minun oikealla puolellani.) Anna, Kirsti, Jouni, Jukka jne. istuvat minun ympärilläni.
c) Anneli istuu hänen takanaan. Kirsti istuu hänen edessään. Tapani istuu hänen vieressään. (Jukka istuu hänen oikealla puolellaan.) Anna, Kirsti jne. istuvat hänen ympärillään.
7) tässä — siinä — siihen — tuohon
    tuossa — siinä — siihen — tähän
8) kumpi — kummasta — kumpaa — kummalle — kummalta — kumpaan — kumman — kummalla
9) alkaa — kanna — kumpi — ihan — häiritset — hiljaa — hae — mahdollista — valmiit — hymyilkää
 10)

Huoneen keskellä on pöytä. Pöydän ympärillä on neljä tuolia, tuolit A, B, C ja D. Tuolilla A istuu pieni tyttö, ja tuolin alla on hänen nukkensa. Tuolilla B istuu kissa. Tuolin vieressä lattialla on pallo. Tuolilla C istuu tytön äiti. Tuolilla D on kuvakirjoja, ja pöydällä tytön edessä on iso kuvakirja, jota tyttö katselee. Äidin edessä pöydällä on kahvikuppi. Äiti juo kahvia ja keskustelee tytön kanssa. Kello on 16.45, äiti ja tytär odottavat isää kotiin.

Pöydän yläpuolella on lamppu. Pöydällä lampun alla on tulppaaneja. Huoneessa oikealla on televisio. Sen päällä on lehti. Television luona nukkuu kaksi suurta koiraa. Huoneessa vasemmalla on kirjahylly. Hyllyn vieressä on kauniin tytön kuva. Se on tytön äiti, hän oli kuvassa 18-vuotias.

255

LESSON 31. 1) en kuunnellut jne. — en tavannut jne. — en noussut jne.
2) emme nousseet — emme juoneet — emme menneet — emme käyneet — emme tavanneet — emme ostaneet iltalehteä — emme syöneet — emme kuunnelleet — emme lukeneet mitään
3) istui — ei liikkunut — ei kävellyt — ei juossut — ei ajanut — ei syönyt — joi — poltti — ei levännyt — teki — ei kuunnellut — ei lukenut — oli — ei tavannut — ei kutsunut — ei käynyt — oli — suri — ei keskustellut — ei ollut
4) Sinä et saanut kirjettä. Matti ei tehnyt tupakkalakkoa. Me emme ymmärtäneet tätä asiaa. Te ette tienneet (tiennyt) sitä. He eivät tunteneet häntä. Minä en nähnyt mitä tapahtui. Me emme tanssineet koko yötä.
5) luin — en lukenut — kirjoitin — en kirjoittanut — katselin (katsoin) — en katsellut (katsonut) — kuuntelin — en kuunnellut — soitin — en soittanut — opiskelin — en opiskellut — kutsuin — en kutsunut — menin — en mennyt — join — en tehnyt — olin
6) Etkö sinä vastannut äidin kirjeeseen? Eikö Liisa tavannut Kallea? Ettekö te levänneet (levännyt) juoksun jälkeen? Eivätkö muut tykänneet tästä levystä? Eikö Pekka pakannut kaikkia matkatavaroita? Etkö sinä huomannut sitä kaunista tyttöä? Ettekö te tarvinneet (tarvinnut) sanakirjaa? Eikö huono ilma häirinnyt matkaanne?
7) Nuo ihmiset puhuivat suomea. Lapset auttoivat äitiä. Näin heidät eilen. Liisa tiesi, mitä tapahtui. Äiti kävi kaupassa. Kalle maksoi liikaa. Lapsella oli nälkä. Olimme lauantaina työssä. Hän ymmärsi asian oikein. Tarvitsimme rahaa.
8) ette ymmärtänyt — ette muistaneet — ettekö kuullut — ettekö juoneet — ette pitänyt — ette vastanneet
9) Tuolla on autolautta, joka menee Ruotsiin. Savon pääkaupunki on Kuopio, jossa voi nähdä paljon savolaisia. Kadulla seisoi poliisi, jolta kysyin... Asun hotellihuoneessa, josta näen koko kaupungin. Kuvassa on isoäitini, jota rakastan suuresti. Kadulla on raitiovaunu, johon nousee paljon ihmisiä. Eilen alkoi kielikurssi, jolle tuli 30 henkeä. Katso tuota turistia, jolla on Helsingin kartta. Tunnetteko te nuo ihmiset, jotka tulevat tänne? Puistossa oli ihania ruusuja, joita katselimme kauan.
10) joka — jonka — jonka — jolla — joka — jolle — jossa — jotka — johon — josta — jolle — jolta — jota
11) Minulla on sisar, joka osaa japania. Sisareni, jolla on hyvä kielipää, matkustaa paljon. Japani on maa, josta hän pitää hyvin paljon. Hänellä on japanilainen ystävä, jolle hän kirjoittaa usein. Ystävä asuu Kiotossa, jossa sisareni haluaisi käydä. Sisareni, jonka nimi on Eeva, tuntee muutamia japanilaisia opiskelijoita, jotka aikovat tulla Eurooppaan ensi vuonna.
12) joka (mikä) — mikä — minkä (jonka) — jotka (mitkä) — jotka
13) odotat — joko — tai — päättää — huusi — kovaa — huomaa
◎◎ 14)

Martti Jalava kertoo: Eilen minulla oli hirveän huono onni. Ilma oli kylmä ja harmaa, aurinko ei paistanut. Kun aioin syödä aamiaista, huomasin, että jääkaapissa ei ollut jäljellä yhtään makkaraa eikä juustoa, ja kahvikin oli lopussa. Söin vain leipää ja voita maidon kanssa. Katsoin kelloa: minulla oli vielä vähän aikaa, ennenkuin bussi lähtisi, ja siksi istuin kaikessa rauhassa ja luin sanomalehteä. Mutta sitten huomasin, että kelloni ei käynyt, se seisoi. Lähdin kiireesti ulos ja juoksin bussipysäkille.
* Voi voi, bussi meni jo kaukana, ja minun täytyi odottaa kaksikymmentä minuuttia, ennen kuin seuraava bussi saapui. Se oli aivan täynnä, en saanut istua yhtään. Toimistossa minulla oli myös huonoa onnea. Kollegallani insinööri Mäkisellä ja minulla on tärkeä projekti, jonka täytyy olla valmis ensi maanantaina. On selvä, että meillä on tällä viikolla aika kiire. Mutta yhdeksältä rouva Mäkinen soitti ja kertoi, että hänen miehellään

oli paha influenssa eikä hän voinut tulla työhön. Minä itsekin olin hirveän väsynyt, mutta tein kovasti työtä aamusta kello kahdeksaan saakka illalla.
Tänä aamuna minulla ei enää ollut kiirettä. Minullakin on nyt influenssa.

a) + b) — c) — d) + e) + f) + g) + h) —

15) Kuvassa A on poika, joka on syntynyt vuonna 1977 — jonka nimi on Seppo Oksa — jolla on pallo. Kuvassa B on mies, jolla on iso perhe. Kuvassa C on talo, jonka edessä on auto — jonka yläpuolella on aurinko — jonka luona on puita ja kukkia. Kuvassa D on pöytä, jonka alla on luu — jonka vieressä (lähellä) on koira — jolla on kirjoja. Kuvassa E on bussi, joka ajaa tiellä — jonka takana on metsää — jossa istuu ihmisiä. Kuvassa F on yliopisto, jossa on opiskelijoita — johon tulee opiskelijoita — josta lähtee opiskelijoita.

LESSON 32. 1) viime — sama — samanlainen — huono/paha — rikas — lihava — vapaa — pitkä — mahdoton — valkoinen — laiha — hyvä — iso/suuri — lyhyt — mahdollinen — köyhä — eri — erilainen — pieni — musta — varattu — ensi
2) Tämä omena on yhtä punainen kuin tuo. Sami ja Simo ovat yhtä pitkät/pitkiä. Amerikkalainen ei ole niin ujo kuin suomalainen.
4) suurempi — kalliimpi — halvempi — tavallisempi nimi — rakkaampi — lämpimämpi — hauskempi — nuorempi — vaikeampi kieli
5) isompi/suurempi — pienempi — uudempi — vanhempi — nopeampi — hitaampi — pitempi — lyhyempi (lyhempi) — lihavampi — laihempi — nuorempi — vanhempi — halvempi — kalliimpi — kauniimpi — rumempi — lämpimämpi/kuumempi — kylmempi
6) isomman — tummemmasta — vaaleammasta — vanhemmassa — uudemmassa — vanhemmalla — nuoremmalla — vanhemmalle — nuoremmalle — parempaa — huonompaa — kalliimpaan — halvempaan
7) a) parempaa — vaikeampaa — helpompaa — hauskempaa — kuumempaa — kylmempää — lämpimämpää
b) isomman — halvemman — tummemman — kauniimman — paremman — lämpimämmän — pienemmän
c) suurempaan — parempaan — lämpimämpään — mukavampaan — halvempaan asuntoon
d) kalliimpia — parempia — tummempia — nuorempia — lämpimämpiä — pitempiä — laiskempia
8) parempi — paremmassa — paremman — parempaa — paremmalla — parempia
9) etana — höyhen — sauna — kanan lento — nälkävuosi — pukki — taivas — kuva — kivi — kirkon rotta — ajatus — synti — aasi — taivaan lintu
10) eri — samalla — samanlainen — erilainen
11) suuria pankkeja — pieniä kioskeja — uusia busseja — nuoria turisteja — järviä — kaupunkeja — lääkäreitä — kieliä — lapsia — parempia kasetteja
12) ovelle — Suomeen — lunta — järven — veteen — kylmää vettä — lehdessä — onnellista uutta vuotta — käteen — kolme lasta
13) laiha — lihava — vaatteita — koettaa (sovittaa) — numeron — vähemmän — puseron — hintainen — ollenkaan

Pirjo. Katso, miten kauniita vaatteita!
Mari. Tule pois, Pirjo, minulla ei ole yhtään rahaa.
Pirjo. Ei se mitään tee, voimmehan me katsella.
Mari. Mistä väristä sinä pidät?
Pirjo. Sinisestä.
Mari. Sinä pidät siitä, koska se sopii sinulle hyvin. Sinä olet niin vaalea. Mutta minä pidän punaisesta, vaikka se ei sovi minulle ollenkaan.
Pirjo. Näetkö, Mari, miten ihana sininen puku! Ihan kuin Pariisista. Minä rakastan ranskalaisia vaatteita.
Mari. Tiedätkös, minä en tykkää pariisilaisvaatteista. Ne sopivat minusta huonosti suomalaiselle naiselle.
*Pirjo. Kun sinä ostat vaatteita, niin koetatko sinä monta pukua vai otatko sinä ensimmäisen, jota koetat?
Mari. Minä koetan ja koetan. Minusta on hirveän vaikea päättää heti minkä puvun minä ottaisin.
Pirjo. Minä olen ihan erilainen. Minä ajattelen heti, että tuon minä haluan, ja sen minä tavallisesti otan.
Mari. Sinulle sopivat kaikki vaatteet, sinä olet pitempi kuin minä, sinä olet kuin mannekiini. Minulle se ei ole yhtä helppoa. Mutta kuule Pirjo, kello on paljon, minun täytyy lähteä kotiin.
Pirjo. Mene sinä vain, Mari. Minä luulen, että minä koetan tuota sinistä pukua. Minä soitan sitten illalla ja kerron, ostinko minä sen.

1) b   2) a   3) b   4) a   5) a

LESSON 33. 1) vihanneksien — kukkien — omenien — appelsiinien — banaanien — viinirypäleiden (-rypäleitten) — perunoiden (perunoitten) — tomaattien — näiden (näitten) kukkien — noiden (noitten) omenien — niiden (niitten) rypäleiden (rypäleitten) hinta
   lehmien — ponien — lampaiden (lampaitten) — sikojen — kanojen — kissojen — koirien — tiikereiden (tiikereitten) — leijonien — kirahvien — elefanttien — näiden (näitten) lintujen — noiden (noitten) kalojen — niiden (niitten) karhujen kuvia
2) miesten — naisten — lasten — ihmisten — suomalaisten — ruotsalaisten — eteläeurooppalaisten — pohjoiseurooppalaisten
3) a) hyvien ystävien — toverien — vanhojen toverien — tyttöjen — näiden tyttöjen — poikien — näiden poikien — naisten — niiden naisten — miesten — näiden miesten — sukulaisten — noiden sukulaisten — turistien — niiden turistien kanssa
b) bussilippujen — kirjeiden (kirjeitten) ja pakettien — ministerien — ihmisten — lasten — naisten — miesten — äitien — tehtaiden (tehtaitten) — lasten ja vanhempien, nuorten (nuorien) ja vanhojen — kauniiden (kauniitten) kukkien ja pienten (pienien) lintujen — vihreiden (vihreitten) metsien — sinisten järvien — mustien pukujen — eurooppalaisten perheiden (perheitten) — noiden kauniiden (kauniitten) maiden (maitten) — näiden (näitten) keltaisten ruusujen — noiden (noitten) afrikkalaisten valtioiden (valtioitten) — vanhojen suomalaisten elokuvien — opettajien ja opiskelijoiden (opiskelijoitten)
4) pöytiä — pöytien   sohvia — sohvien   tuoleja — tuolien   kirjoja — kirjojen   karttoja — karttojen   kasetteja — kasettien   äänilevyjä — äänilevyjen   kameroita — kameroiden (kameroitten)
   laseja — lasien   lautasia — lautasten   kahvikuppeja — kahvikuppien   lehtiä — lehtien   postimerkkejä — postimerkkien

5) Miehet ovat autojen vieressä etc.

pitkien miesten — kalliiden (kalliitten) autojen — miellyttävien naisten — ihanien kukkien — uusien kirjojen — kivojen tyttöjen — korkeiden (korkeitten) puiden (puitten) — terveiden (terveitten) poikien — mustien lintujen

6) muutamien ystävien — suurten (suurien) metsien — pienten (pienien) kylien ja kaupunkien — sukulaisten — näiden ystävällisten ihmisten — kauniiden puiden (kauniitten puitten) — näiden puiden — serkkujen — isovanhempien — merimiesten

7) Noiden miesten harraste on jalkapallo. Näiden lasten koulupäivä on liian pitkä. Nämä ovat Maijan kissat. Niiden nimet ovat Mirri ja Mörri.

8) ystävieni — toveriemme — kaveriensa — molempien vanhempiensa — toveriesi — kaverienne

9) noustaan — ajatellaan — lähdetään — käännytään — lennetään — käydään — kerrotaan — nukutaan — soitetaan — odotetaan

Ei nousta vielä! Ei ajatella asiaa! Ei lähdetä vielä! Ei käännytä nyt! Ei lennetä sinne! Ei käydä ostoksilla! Ei kerrota isälle! Ei nukuta myöhään! Ei soiteta heille! Ei odoteta heitä enää!

10) autetaan — kirjoitetaan — nähdään — ollaan — viedään — ei häiritä — ei lähdetä — ei tavata — ei aloiteta — ei päätetä (inf. auttaa — kirjoittaa — nähdä — olla — viedä — häiritä — lähteä — tavata — aloittaa — päättää)

12) video — otetaan talviloma — tehdään Kreikan-matka — vietetään viikonloppu — tuodaan hieno matto — koetetaan saada hienompi asunto — kutsutaan joku ministeri

13) mennään — tehdään tämä automatka — ostetaan hyvä autokartta — ajetaan — katsellaan — käydään — syödään — jatketaan — saavutaan — koetetaan löytää hotellihuone — ei löydetä — aiotaan — levätään — tehdään pieni kiertoajelu — noustaan — voidaan — juodaan — tavataan — asutaan — ollaan — nähdään Puijon mäki ja ortodoksinen museo — käännytään — tullaan — toivotaan

14) housut — paita — sellaisia (semmoisia) — silittää — tummat — ainetta — nailon — kengät — käsineet — solmio — sametti — farkut

16)

Eilen meidän Matti tuli kotiin ja sanoi, että nyt hän tarvitsee puvun. Matilla on vain farkkuja ja T-paitoja, tämä on hänen ensimmäinen pukunsa.
— Kyllähän se sopii. Koska sinä ajattelit lähteä ostamaan sitä pukua?
— Lähdetään ensi lauantaina. On enemmän aikaa, kun ei ole koulua. Jos vain teille sopii.
— Kyllä se sopii, lähdetään vain. Kumman sinä haluat mukaan, isän vai äidin?
— Isän. Kai miehet ymmärtää enemmän miesten vaatteista kuin naiset.
— Mitä kaverit sanovat, mistä kaupasta saa kivoja nuorten vaatteita?
— Heikinkadulla on yksi kauppa jonka nimi on Nuori Hesa. Sieltä mun kaverit ostaa paljon.
— Haluatko sinä todella koko puvun vai haluatko takin ja eriväriset housut?
— Ihan oikean puvun.
— Minkävärisen, tiedätkö sinä senkin jo?
— Ehkä sinisen. Aika tumman sinisen.
— Sinä tarvitset sitten paidankin.
— Joo. Täytyykö sen olla valkoinen? Vai voisiko se olla vähän vaaleampaa sinistä kuin puku?
— Ostetaan kaksi paitaa, toinen sininen ja toinen valkoinen.
— Joo, se on hyvä idea. Ostetaan sitten kengätkin. Mustat, eiks niin?
— Miksikäs ei. Ja sopiva solmio. Tehdään sinusta oikein hieno mies.

LESSON 34. 1) olen ollut — olet ollut — on ollut — olemme olleet — olette olleet — ovat olleet   minulla — sinulla — hänellä — meillä — teillä — heillä on ollut   olen pitänyt — olet pitänyt — on pitänyt — olemme pitäneet — olette pitäneet — ovat pitäneet
2) a) Olen noussut — syönyt — tullut — istunut — käynyt — tilannut — ostanut iltalehden — jatkanut — keskustellut — tavannut
b) olen lukenut — on paistanut — olemme kuunnelleet — ovat viettäneet — olemme kävelleet — on häirinnyt — olemme matkustaneet — meillä on ollut
c) Oletteko harrastanut sitä — onko hän opiskellut sitä — onko hän soittanut sitä — oletteko te tunteneet heidät — ovatko he hiihtäneet — onko teillä ollut se — onko hänen täytynyt ottaa niitä
3) a) minulla ei ole ollut rahaa — hän ei ole löytänyt — eivät ole saaneet — et ole kertonut — eivät ole sopineet — eivät ole vielä valinneet
3) b) etkö ole käynyt — eikö hän ole ajanut — eikö hän ole tanssinut — ettekö te ole syöneet — eivätkö he ole nähneet Chaplin-filmiä ennen — eivätkö he ole juoneet
4) Oletko sinä lukenut tämän kirjan? Minä luin sen eilen. Oletko sinä nähnyt tämän filmin? Minä näin sen viime viikolla. Oletko sinä maksanut tämän laskun? Minä maksoin sen toissapäivänä. Onko Pekka jo lähtenyt Englantiin? Hän lähti viikko sitten. Onko Liisa löytänyt asunnon? Hän löysi sen jo viime kuussa. Onko opettaja selittänyt tämän asian? Hän selitti sen viime tunnilla. Oletteko te syöneet (syönyt)? Me söimme vähän aikaa sitten. Ovatko he lähteneet? He lähtivät tunti sitten. Ovatko he saapuneet? He saapuivat eilen illalla.
5) a) — Oletko sinä kuullut mitään Matista?
— Olen, minä tapasin hänet eilen.
— No, mitä hän on tehnyt viime aikoina? Kukaan ei ole nähnyt häntä.
— Hän on matkustanut paljon. Ja hänellä on ollut paljon työtä (töitä) toimistossa matkojen välillä.
— Entä hänen vaimonsa, onko hän ollut terve?
— Hän ei ole ollut oikein terve. Matti on auttanut häntä paljon kotona.
— Ei ihme, ettei hänellä ole ollut (että hänellä ei ole ollut) aikaa tavata ystäviään.
b) Minä en tehnyt sitä. — Minä en ole tehnyt sitä.
Aurinko ei paistanut. — Aurinko ei ole paistanut.
Sinä et kertonut meille kaikkea. — Sinä et ole kertonut meille kaikkea.
He eivät häirinneet meitä. — He eivät ole häirinneet meitä.
Ettekö te olleet siellä, pojat? — Ettekö te ole olleet siellä, pojat?
Meillä ei ollut (yhtään) rahaa. — Meillä ei ole ollut (yhtään) rahaa.
6) oli — olin — nukuin — olen ollut — olen tehnyt — olen kirjoittanut — kävellyt — käynyt — tehnyt — tulivat — oli — söivät — sanoi — en ole saanut — olivat — auttoivat — olemme katselleet — ovat tehneet
8) Tämä on kirja. Tuo on paperia. Nämä ovat kirjoja; ne ovat vuoden parhaat kirjat.
　Tämä kirja on hyödyllinen. Paperi on hyödyllistä. Kirjat ovat hyödyllisiä.
　Tämä on tennispallo. Tuo on tennistä. Tennis ja jalkapallo ovat pelejä. Ne ovat isän lempipelit.
　Tennispallo ei ole iso. Tennis on jännittävää. Tennis ja jalkapallo ovat jännittäviä. On jännittävää pelata tennistä. On jännittävää, että me voitimme viime kerralla. Tenniskentällä on aina jännittävää.
　Nämä ovat äidin sakset. Ne ovat uudet.
　Sakset eivät ole kalliita. Tytön posket olivat punaiset. Omenat ovat punaisia. Serkkuni häät olivat hauskat. Häät ovat tavallisesti hyvin hauskoja.
9) poika — nuori — lihaa — nuorta — lapsia — nuoria — jälkiruokaa — hyvää — kirjoituskone — hyvä — hyvä — kirjoituskoneita — hyviä — hiljainen — hiljaista — hiljaista — kahvia — kylmää — lämpimiä — lämpimät — kivaa — kiva — kivoja — kiva(a) — kivat — hassu — hassua — hassuja — helppo — helppoa — helppoja — helppo(a) — ihanaa — ihana — ihanaa — ihanaa —

ihania — ihanaa — mahdollista — mahdollista — mahdollinen — mahdollista
— totta — pitkä — pitkä — helppo — väsynyt — vaikeaa — väsyneitä — hyvä
10) a) Menetkö sinä diskoon vai jäätkö sinä kotiin? Minun sateenvarjoni jäi
junaan; se jäi joko Turkuun tai Tampereelle. Liisa ei lähde hiihtämään; hän jää
lukemaan romaania. Mihin (minne) lapset jäivät? He eivät halunneet tulla si-
sään, he halusivat jäädä ulos.
b) — Kuinka kauan sinä aiot olla Suomessa?
   — Viikon. Minä asun Virtasella.
   — Tiedätkö että Diana jää Suomeen? Hän on menossa naimisiin suomalai-
   sen kanssa.
11) a) Ei Pekkakaan osaa/Pekkakaan ei osaa saksaa. En minäkään ole/Minä-
kään en ole onnellinen. Me emme tunne heitäkään. Etkö sinäkään tule juhlaan?
Ei heilläkään ollut/Heilläkään ei ollut hauskaa. Ettekö te ole tavanneet häntä-
kään?
b) Niin minäkin. Ei minustakaan. Niin meilläkin (minullakin). Ei meidänkään
(minunkaan). Niin mekin (minäkin).
12) viihtynyt — kohta — koti-ikävä — seuraa — etsinyt — harrastaa — jäädä
— mielenkiintoista — mieltä

 15)

Haastattelu
Haastattelija. Tässä vieressäni istuu nuori ulkomaalainen opiskelija. Voi-
sitko sinä ensin kertoa kuulijoille nimesi ja mistä sinä olet kotoisin?
J. Minun nimeni on Jan Herwitz ja minä olen kotoisin Yhdysvalloista.
H. Mistä päin sieltä?
J. Kaliforniasta, San Franciscosta.
H. Montako kertaa sinä olet ollut Suomessa?
J. Olen ollut Suomessa kaksi — ei, anteeksi, kolme kertaa.
H. Milloin sinä olit ensimmäisen kerran Suomessa?
J. Toissa kesänä.
H. Miksi sinä silloin tulit Suomeen?
J. Minä matkustin silloin junalla Euroopan eri maissa. Minä halusin
nähdä koko Euroopan, ja siksi minä tulin tännekin.
H. Ja miksi sinä nyt olet täällä?
J. Minä opiskelen nyt Helsingin yliopistossa suomen kieltä ja sen suku-
kieliä. Minä olen aina harrastanut kieliä, ja minä olen aina halunnut asua
jonkin aikaa kaukana Amerikasta. Ja Suomi on aika kaukana Amerikas-
ta.
H. Kuinka kauan sinä olet nyt ollut täällä?
J. Kuukauden, koska yliopisto alkoi kuukausi sitten.
H. Ja kuinka kauan aiot olla Suomessa?
J. Ainakin vuoden.
H. Kuinka sinä viihdyt täällä?
J. Oikein hyvin. Minulla on Helsingissä paljon ystäviä, ulkomaalaisia
ja suomalaisia. Ja minusta täällä on helpompi keskittyä opiskeluun kuin
kotona Kaliforniassa. Suomi on kyllä aika erilainen maa. Kaikki on tääl-
lä paljon pienempää. Ja sitten melkein kaikki ihmiset ovat suomalaisia.
Amerikassa on ihmisiä joka puolelta maailmaa, siellä on hyvin monenlai-
sia ihmisiä.
H. Missä sinä olet oppinut suomen kieltä?
J. Minä olin ensin puoli vuotta kurssilla San Franciscossa, sitten toissa
kesänä kesäkursseilla Hämeenlinnassa, ja viime vuonna minä olin Helsin-
gin yliopiston kielikursseilla, kymmenen tuntia viikossa.
H. Mitä mieltä sinä olet: onko suomen kieli mahdotonta oppia?
J. Ei mahdotonta. Kieli itse on kyllä vaikea, ei hyvin vaikea, mutta aika
lähellä sitä. Mutta Helsingissä on vaikea puhua suomea, koska melkein

kaikki nuoret ihmiset osaavat englantia ja he haluavat puhua amerikkalaisen kanssa englantia, ei suomea.
H. Oletko sinä matkustanut Suomessa Helsingin ulkopuolella?
J. En paljon. Minä olen käynyt esimerkiksi Tampereella ja Turussa, ja viime jouluna minä olin Kuopiossa. Lapissa minä en ole ollut. Minä olen kalifornialainen, minä en välitä erikoisesti lumesta.

LESSON 35. 1) mailla — mailta — maille — maissa — maista — maihin lämpimillä saunoilla — lämpimiltä saunoilta — lämpimille saunoille — lämpimissä saunoissa — lämpimistä saunoista — lämpimiin saunoihin liikkeillä — liikkeiltä — liikkeille — liikkeissä — liikkeistä — liikkeisiin
2) a) linnoissa ja hotelleissa — liikkeissä ja tehtaissa — pienissä kylissä ja maalaistaloissa — uusissa teattereissa — moderneissa ravintoloissa — suomalaisissa saunoissa
b) linnoihin ja hotelleihin — liikkeisiin ja tehtaisiin — pieniin kyliin ja maalaistaloihin — uusiin teattereihin — moderneihin ravintoloihin — suomalaisiin saunoihin
c) ihmisistä ja eläimistä — pienistä lapsista ja vanhoista naisista — kauniista vaatteista — ranskalaisista elokuvista — romanttisista kirjoista — nopeista autoista — mukavista miehistä — punaisista ruusuista
d) busseilla — laivoilla ja lentokoneilla — moottoripyörillä ja polkupyörillä
e) naisille ja miehille — nuorille ja vanhoille — pienille lapsille — suomalaisille perheille — työmiehille ja johtajille — opiskelijoille ja opettajille
3) He ovat toimistoissa — kouluissa — yliopistoissa — ravintoloissa — hotelleissa — liikkeissä — tehtaissa — työhuoneissa.
He menevät toimistoihin — kouluihin — yliopistoihin — ravintoloihin — hotelleihin — liikkeisiin — tehtaisiin — työhuoneisiin.
Pidän omenista — banaaneista — tulppaaneista — ruusuista — hedelmistä — elokuvista — kirjoista — kissoista — koirista — lapsista.
Käytän rahaa kirjoihin — elokuviin — äänilevyihin — stereoihin — matkoihin — matkamuistoihin — valokuviin — hedelmiin — vaatteisiin — lahjoihin.
Lapsilla — miehillä — naisilla — ulkomaalaisilla — turisteilla — perheillä — vanhoilla ja nuorilla oli hauskaa juhlassa.
Saan joululahjoja ystäviltä — tovereilta — tuttavilta — sisarilta — veljiltä — lapsilta — hyviltä kavereilta.
4) huoneissa — näissä huoneissa taloihin — näihin taloihin miehillä — näillä miehillä lapsille — noille lapsille filmeistä — noista filmeistä ravintoloissa — noissa ravintoloissa asioista — niistä asioista juhliin — niihin juhliin liikkeissä — niissä liikkeissä teillä — näillä teillä naisilta — noilta naisilta kursseille — niille kursseille mistä hedelmistä — mihin maihin — millä hyllyillä
5) makuuhuoneissa — äänilevyihin — ostajille — kirjastoissa — maalaistaloissa — laseista — hyville vitseille — liikemiehillä — työ- ja perheasioista — metsissä — lautasilta — ruotsalaisilta
6) ystävillemme — lapsistaan — huoneisiinne — lomamatkoihisi — ystäviltäni — maihinsa
7) takana — takaa — alle — alla — taa(kse) — edessä — luo(kse) — luota — väliin — viereen — vieressä
9) epäsiisti — epäselvä — epävarma — epäromanttinen — epäystävällinen — epäsuora — epänormaali
12) olohuone — keittiö — makuuhuone — kylpyhuone — parvekkeella — huonekaluja — epämukava — valoa — valoisa — pimeä — jääkaappiin — pakastimeen — vuokrata

Kaarina Peltonen kertoo:
Nyt minä olen lopulta vuokrannut oman asunnon! Minä olen asunut tähän saakka setäni luona, ja he ovat kyllä olleet hirveän ystävällisiä. Mutta oma asunto on aina oma asunto. Monen viikon aikana minä olen joka viikonloppu käynyt katsomassa asuntoja. Mutta ne ovat aina olleet liian isoja ja kalliita minulle.

Tämä asunto on yksiö, vain 25 m², mutta minä en haluaisikaan suurempaa. Tämä on hyvällä paikalla, kymmenen minuuttia raitiovaunulla työpaikastani, joka on keskustassa. Talo on 5-kerroksinen ja minun asuntoni on neljännessä kerroksessa. Hissi on.

* Keittiössä on sähköhella ja pieni jääkaappi. Minä luulen, että panen ruokapöydän ikkunan luokse ja pöydän ympärille kolme tuolia. Minä voin sitten syödä siellä ja antaa ruokaa parille vieraallekin.

Olohuoneessa on aika iso ikkuna, josta voin nähdä muutamia vihreitä puita. Huone on valoisa. Minulla ei ole paljon rahaa huonekaluihin, mutta aion ostaa sohvan, sohvapöydän ja pari nojatuolia. Aion panna sohvan, pöydän ja tuolit ikkunan eteen. Huoneen toiselle puolelle tulee kirjahylly ja keittiön oven lähelle piano. Televisio voi olla kirjahyllyssä. Sohva on myös minun sänkyni, koska minulla ei ole makuuhuonetta. Olen varma, että viihdyn hyvin uudessa asunnossani, johon muutan ensi viikolla.

LESSON 36. 1) perheen — perhettä — perheessä — perheeseen — perheitä — perheiden (perheitten) — perheillä
vaatteista — vaatteita — käsineitä — hametta
parveketta — parvekkeella — parvekkeita
kirjettä — kirjeitä — kirjeistä
huoneesta — olohuoneessa — makuuhuoneeseen — huoneissa
astetta — asteita
osoitettasi — osoitteesi
terveen — terveiden (terveitten)
2) tiede — tiedettä — tieteen — tieteitä   tunne — tunnetta — tunteen — tunteita   kastike — kastiketta — kastikkeen — kastikkeita
3) eläke *retirement pension* — murre *dialect* — taide *art* — tilanne *situation* — aate *idea*
4) c) maanantaina — viime viikolla — talvella — joulukuussa — keväällä — syksyllä — kesällä — lokakuusta toukokuuhun
5) a) Täytyy tehdä ahkerasti (kovasti) työtä, jos haluaa menestyä. Täällä ei saa polttaa (tupakoida). Kun on sairas, täytyy levätä. Ennen kuin syö, täytyy pestä kädet (kätensä). Vaikka on rahaa, ei voi aina tehdä mitä haluaa (tahtoo). Jos rakastaa, antaa anteeksi.
b) Tänään tuulee (on tuulista). Sataa lunta; eilen satoi vettä. On ollut kylmää. Pian tulee (on) talvi. On tiistai, marraskuun ensimmäinen päivä (ensimmäinen marraskuuta).
Ei ollut mahdollista löytää parempaa huoneistoa.
Olisi parempi syödä vähemmän sokeria ja rasvaa.
6) a) pakkasitko — en pakannut   osasitko — en osannut   huomasitko virheen — en huomannut (virhettä)   vuokrasitko auton — en vuokrannut (autoa)   tarvitsitko rahaa — en tarvinnut   häiritsitkö kokousta — en häirinnyt   vastasitko — en vastannut
b) Sinun täytyy avata — huomata — valita — pakata — lainata

7) tykkäättekö — tykkäsin — tykännyt
häiritsee — häiritseekö (häiritsenkö) — häiritkö
lepää — lepäämään — levätään — lepäisimme
valitsevat — valitkaa — valinneet
8) murhata — murhaan — murhasi — murhannut   kadota — katoan — kato-
si — kadonnut   tulkita — tulkitsen — tulkitsi — tulkinnut
9) luvata *to promise* — mitata *to measure* — lukita *to lock* — hävetä *to be
ashamed*
10) tammikuu — helmikuu — huhtikuu — elokuu — marraskuu — vuodenai-
kaa — keväällä — kesällä — syksyllä — talvella — astetta — astetta pakkasta
— sulaa — hiihtämään — hiihtokausi

 12)

---

a) Suomi on yhtä pohjoisessa kuin Alaska, Pohjois-Kanada ja Pohjois-
   Siperia, ja niissä on yhtä kylmä ilmasto.
b) Helsingissä sää vaihtelee aika nopeasti.
c) Lapissa ovat ihmisten sähkölaskut kesällä hyvin pienet.
d) Pohjois-Lapissa talven pimeä aika kestää noin viisikymmentä päivää.
e) Lapissa voi hiihtää joskus kesäkuunkin aikana.
f) Helsingissä on marraskuussa jo aika paljon lunta.
g) Helsingissä ensimmäiset kevätkukat alkavat kukkia huhtikuussa.
h) Suomalaiset ovat kesällä iloisia ja hyväntuulisia, koska on lämmintä
   ja valoisaa ja he ovat kesälomalla.
i) Talvilomalla suomalaiset usein hiihtävät esimerkiksi Lapissa.
j) Suomessa koulujen ja yliopistojen lukuvuosi alkaa syyskuussa ja lop-
   puu toukokuussa.

---

a) —   b) +   c) +   d) +   e) +   f) —   g) +   h) +   i) +   j) —

LESSON 37. 2) pohjoinen — pohjoisempi — pohjoisin   pieni — pienempi
— pienin   nuori — nuorempi — nuorin   lämmin — lämpimämpi — lämpi-
min   pitkä — pitempi — pisin   vanha — vanhempi — vanhin   kaunis —
kauniimpi — kaunein   kallis — kalliimpi — kallein   halpa — halvempi —
halvin   hyvä — parempi — paras
3) kaikkein hauskin — vaikein — sopivin — ystävällisin — painavin — korkein
— tärkein — valoisin — lyh(y)in — nopein
4) Kuka on laiskin? Mikä on kylmin? Mikä on hitain? Kuka on laihin? Mikä
on helpoin? Mikä on ikävin? Mikä oli surullisin?
5) a) hienointa viiniä — kalleinta silkkiä — kauneinta musiikkia — huonointa
olutta — vaikeinta työtä — mielenkiintoisinta työtä
b) kauneimman — hauskimman — mielenkiintoisimman — pahimman — iha-
nimman — tärkeimmän
c) vanhimpaan — suurimpaan — kauneimpaan — tärkeimpään — pohjoisim-
paan — ruotsalaisimpaan
d) vanhimpia — tärkeimpiä — rikkaimpia — tunnetuimpia — kylmimpiä —
kauneimpia — lähimpiä
6) hienoimmassa — hienointa — hienoimpia — hienoimmalla — hienoimpia —
hienoimpien
7) ilman karttaa — Esplanadia pitkin — rantaa kohti — ennen ravintola Kap-
pelia — keskellä Esplanadia — lähellä Runebergin patsasta — vastapäätä Kap-
pelia — minua kohtaan

8) Saapuuko lentokone ennen kuutta vai kuuden jälkeen? Ville ei tule toimeen Leenan kanssa eikä ilman häntä. Lapset kävelivät tietä pitkin, kun orava juoksi sen poikki. Minulla on televisio pianon luona (lähellä) ja vastapäätä (= huoneen toisella puolella) on pari nojatuolia.

9) mattoja — mattojen — matoilla — matoilta — matoille
siltoja — siltojen — silloilla — silloilta — silloille
tunteja — tuntien — tunneilla — tunneilta — tunneille
äitejä — äitien — äideillä — äideiltä — äideille
serkkuja — serkkujen — serkuilla — serkuilta — serkuille
lintuja — lintujen — linnuilla — linnuilta — linnuille
pankkeja — pankkien — pankeissa — pankeista — pankkeihin
sänkyjä — sänkyjen — sängyissä — sängyistä — sänkyihin
asuntoja — asuntojen — asunnoissa — asunnoista — asuntoihin
kuppeja — kuppien — kupeissa — kupeista — kuppeihin
paikkoja — paikkojen — paikoissa — paikoista — paikkoihin
parempia — parempien — paremmissa — paremmista — parempiin

10) a) Hän pitää villapaidoista — puvuista — hatuista — farkuista — kengistä.
b) Haluan mennä videokauppoihin — moderneihin asuntoihin — jazz-konsertteihin — Yhdysvaltoihin.
c) Käyn videokaupoissa — moderneissa asunnoissa — jazz-konserteissa — Yhdysvalloissa.
d) Hän soitti sedille — serkuille — sukulaistytöille — sukulaispojille — molemmille vanhemmille(en).
e) Tädeillä — sedillä — serkuilla — sukulaistytöillä — sukulaispojilla — molemmilla vanhemmilla oli kiire.

11) sängyissä — näissä sängyissä   kartoissa — noissa kartoissa   laatikoista — niistä laatikoista   voileivistä — näistä voileivistä   asuntoihin — noihin asuntoihin   kauppoihin — niihin kauppoihin   tytöillä — näillä tytöillä   pojilla — noilla pojilla   linnuille — niille linnuille   penkeille — näille penkeille   pöydiltä — noilta pöydiltä   serkuilta — niiltä serkuilta   mistä kukista — missä laatikoissa — mihin kaupunkeihin

12) sängyissä — kirjakaupoissa — äideillä — kaupungeissa — pojista — kasetteihin — hyville jutuille — käsilaukuissa — halvoista hinnoista — tytöistä

13) alhaalta ylös — ylhäällä — ylhäältä alas — alhaalla

14) Suomi on Ruotsista itään. Espanja on Ranskasta etelään. Neuvostoliitto on Kiinasta länteen. Eurooppa on Afrikasta pohjoiseen.
Pohjois-Suomessa. Itä-Suomessa. Länsi-Suomessa. Etelä-Suomessa.

15) Niin minullakin. Niin minustakin. Niin minullekin. Niin minussakin. Niin minunkin.
Ei minullakaan. Ei minustakaan. Ei minullekaan. Ei minussakaan. Ei minunkaan.

16) torni — näköala — lahti — satamaan — tuomio- — vastapäätä — alas — kulkevat — pitkin — kohti — ylös — ympäristössä — Pohjois — Etelä — Itä — Länsi

 19)

Jaakko Isola. Meidän perhe suunnittelee juuri kesäloman viettoa, mahdollisesti Itä-Suomessa. Sinä Eila olet viettänyt monta kesää Lappeenrannassa. Minkälainen kesäkaupunki se on?
Eila Hämäläinen. Minä olen viettänyt Lappeenrannassa kymmenen kesää ja ainakin minä olen viihtynyt siellä hirveän hyvin. Kesä on lämpimämpi ja aurinkoisempi kuin esimerkiksi Helsingissä. Lappeenranta ei ole liian iso kaupunki, siellä on vähän yli 50 000 asukasta, niin että kaikki on lähellä, voi kävellä joka paikkaan. Se on hyvin vihreä ja sininen kaupunki, siellä on paljon kauniita puita ja vielä enemmän vettä.

265

J. Niin, sehän on Saimaan rannalla. Eikös Saimaa ole Suomen suurin järvi?

E. On. Ja Lappeenrannassa on todella helppo päästä uimaan, aivan keskustassakin on hyvä uimaranta. Jos te ette välitä asua ihan kaupungissa, niin lähellä on hyvä leirintäalue. Ja Saimaan rannalla on kesämökkejä, joita voi vuokrata. Harrastatteko te kalastusta?

J. Kyllä, varsinkin minä ja lapset.

E. Kartasta on helppo nähdä, että Lappeenrannassa ja sen ympäristössä riittää kyllä kalapaikkoja. Ja jos haluaa vuokrata veneen, sekin on mahdollista.

*J. Mitä nähtävää Lappeenrannassa on?

E. Satamassa pitää käydä, se on selvä. Menkää sinne kahville, siellä seisoo kahvilalaiva, jonka nimi on Prinsessa Armaada, sieltä on kiva katsella valkoisia järvilaivoja. Satamasta voi tehdä lyhyitä laivamatkoja Saimaalle tai, jos haluaa, lähteä oopperamatkalle Savonlinnaan tai mennä Kuopioon saakka. Ulkomaillekin sieltä pääsee laivalla. Lappeenrannastahan alkaa Saimaan kanava. Se kulkee ensin Suomen ja sitten Neuvostoliiton puolella. Kanavalaivoilla pääsee Leningradiin saakka. Sehän olisi teille kiva turistimatka, koko perheelle. Mukava paikka Lappeenrannassa on tori, sinne kaikki turistit menevät. Sieltä voi ostaa tyypillistä karjalaista syötävää, tosi hyvää. Ortodoksinen kirkko on kaunis, ja sitten teidän täytyy käydä katsomassa Lappeenrannan vanhaa linnoitusta.

*J. Minkälaisia ihmisiä lappeenrantalaiset ovat?

E. Lappeenrantahan on Etelä-Karjalaa ja ihmiset ovat tyypillisiä karjalaisia. He ovat vilkkaita ja miellyttäviä, puhuvat ja nauravat paljon. He puhuvat ihan vieraillekin ihmisille. Kun tulee Helsingistä sinne, on ihan vaikea uskoa, että on samassa maassa. Taksinkuljettajatkin ovat iloisia ja kohteliaita. Muuten, karjalaisen tuntee siitä että hän sanoo *mie* ja *sie*, ei minä ja sinä.

J. Sinä puhut Lappeenrannasta kuin kaupungin matkailutoimisto. Eikö siellä ole huonoja puolia ollenkaan?

E. Totta kai niitäkin on. Esimerkiksi siellä on tehtaita, joista tulee ilmaan saasteita. Ei joka päivä, mutta silloin tällöin.

a) — b) + c) + d) + e) — f) + g) + h) — i) — j) —

LESSON 38. 1) lasten täytyy lähteä — opiskelijoiden pitää olla — noiden miesten täytyi seisoa — näiden perheiden oli pakko muuttaa — kaikkien on täytynyt tehdä — poikien ei tarvitse nousta — ihmisten ei tarvitse mennä — muiden ei tarvitse enää auttaa

2) Äiti. Ja nyt sinun pitää ottaa lääkettä. Oliko sinun pakko mennä ulos ilman lämmintä talvitakkia? Ehkä minun pitäisi soittaa lääkärille.

Tiina. Äiti, minä olen huomenna taas terve. Minun täytyy joka tapauksessa mennä kouluun, meillä on tärkeä koe. Sinun ei tarvitse (pidä) ottaa tätä niin vakavasti.

Äiti. Minä olen sinun äitisi, minun täytyy hoitaa sinua. Sinä et saa mennä huomenna kouluun. Sinun ei pitäisi olla niin itsepäinen. Minä olen varma, että isäsi on samaa mieltä minun kanssani. Muuten, missä hän on? Hänen piti tulla kotiin puoli viideltä.

4) onnellisena — sairaana — vihaisena — vapaana — väsyneenä — ystävällisenä — kohteliaana — iloisina — kylmänä — kuumana

5) Sami on aika hyvä pop-laulajana. Hän alkoi laulaa (aloitti laulamisen) nuorena opiskelijana. Ihmisenä hän on aika boheemi; ystävänä hän on oikein miellyttävä. Hänen veljensä ovat myös esiintyneet laulajina.

6) tule minun kanssani — kiitos vain — en minä halua nyt kahvia — minä en ole vielä syönyt — minulla on — mutta minä tulin ostamaan pari kasettia — minun kahvituntini on viisitoista yli kaksi — kuinka sinulla menee (= mitä sinulle kuuluu) — en tiedä — meidän lapset ovat olleet kipeinä — semmoinen (= sellainen) korkea kuume, mutta onneksi se meni nopeasti ohi — ei se lääkäri osannut sanoa miksi se kuume nousi niin korkealle — hän sanoi vain että hän kirjoittaisi jota(k)in lääkettä heille, että kyllä se kuume siitä laskisi — miten teillä (voidaan) (= kuinka te voitte) — me olemme kyllä — voitko sinä tulla lauantaina minun syntymäpäivilleni — juomme sitten — eikö niin — kiitos vain, kyllä me tulemme — paljonko sinä — kolmekymmentäviisi — minä jo olen niin kuin sinäkin

7) Minulle kuuluu hyvää. Isäni voi hyvin. Vanhempani jaksavat hyvin. Niemisille (heille) kuuluu hyvää. Minä voin hyvin. Hänelle kuuluu hyvää. Heille (veljilleni) kuuluu hyvää. He voivat hyvin.

8) Ihmisten pitää (pitäisi) liikkua paljon ulkona. Pidätkö sinä kävelemisestä? Missä te pidätte maitoa ja jäätelöä (maidon ja jäätelön)? He pitävät kokouksen joka maanantai. Pitääkö sinun mennä ulos joka ilta? Kummassa kädessä sinä pidät kynää, kun kirjoitat? Ministeri N.N. piti eilen tärkeän puheen. Meidän piti mennä kylään viime sunnuntaina, mutta Olli oli sairas (sairaana). Minun pitäisi kirjoittaa monta kirjettä, mutta minulla ei ole aikaa.

9) näytät — voit (jaksat) — kipeä — nuha — apteekkiin — lääkettä — tabletteja — särkyä — kuume — kuume — terveys — neuvoja — laski

11)

Aamu Oksalan perheessä.

Äiti. Ilkka, oletko sinä jo noussut? Kello on puoli kahdeksan, sinun täytyy lähteä kouluun.

Ilkka. Emmä jaksa lähtee kouluun, mulla on niin paha olla.

Äiti. Millä tavalla paha olla? Onko sinulla vatsa kipeä?

Ilkka. Ei, ei vatsa. Mulla on joskus kuuma ja joskus kylmä ja pää on hirveen kipee.

Äiti. Voi voi, sinä olet saanut flunssan. Sinussa on varmasti kuumetta. Odota, minä haen mittarin.

Ilkka. Mulla on hirvee jano, voisit sä tuoda mulle jotain juotavaa?

Äiti. Haluaisitko sinä teetä vai kuumaa mehua?

Ilkka. Mehuu. Ja onks sulla jotain lääkettä tähän päänsärkyyn?

*Äiti. Minä annan sinulle aspiriinia. Sen pitäisi auttaa.

— No niin, tässä on aspiriinitabletti. Ja tässä mehua. Katsotaan nyt mitä tämä kuumemittari näyttää.

Ilkka. Kuin paljon mussa on kuumetta?

Äiti. 38,9. Mutta kyllä se laskee nyt kun sait aspiriinia. Otatko vielä mehua?

Ilkka. Ei kiitos enää.

Äiti. Haluatko että minä istuisin tässä sinun vieressäsi?

Ilkka. Mä tykkäisin nyt olla yksin ja nukkuu, mä oon hirveen väsyny.

Äiti. Nukkuminen tekisi sinulle kyllä hyvää. Huuda, jos tarvitset jotain, minä olen tuolla toisessa huoneessa.

---

1) b   2) c   3) b   4) c

LESSON 39. 1) Kesä on mennyt. Mutta minä muistan vielä(kin) vihreät puut, värikkäät kukat, pienet linnut (pikkulinnut), siniset järvet ja iloiset ihmiset kesävaatteissaan.

Jos suljen silmäni, voin nähdä vihreitä puita, värikkäitä kukkia, pieniä lintuja, sinisiä järviä ja iloisia ihmisiä kesävaatteissaan.

2) On talvi. En voi enää muistaa vihreitä puita, värikkäitä kukkia, pikkulintuja, sinisiä järviä enkä iloisia ihmisiä . . .

(The second paragraph will be exactly alike, as all direct objects in negative sentences are in the partitive.)

3) Ostin meno-paluulipun/En ostanut meno-paluulippua. Otin/en ottanut mukaan lukemista. Löysin istumapaikan/En löytänyt istumapaikkaa. Sain/En saanut hauskaa seuraa. Söin lounaan (lounasta)/En syönyt lounasta ravintolavaunussa. Join/En juonut vichyvettä. Tapasin Kemissä Martta-tädin/En tavannut Martta-tätiä. Tapasin myös/En myöskään tavannut muuta sukua.

4) kirjeen — kirjettä — kirje — kirje — kirje — kirje — kirje   ikkuna — ikkunaa — ikkuna — ikkunan — ikkuna — ikkuna   romaani — sen romaanin — se romaani — se romaani — sitä romaania   auto — auto — autoa — auton — auto — autoa

5) sinut — sinua — kupin — teetä — pullaa — makeaa kahvileipää — pieni voileipä — tuota juustovoileipää — sen juustovoileivän — hyvä pöytä — sinua — vanhoja hyviä aikoja

6) saunaa — sotaa — väkivaltaa — ainetta — romaania — asiaa — Beethovenia — meitä — meitä — televisiota — äänilevyjä — hiihtoa — eläimiä — onnea

7) aamiaista — aamiaisen — kahvin (kahvia) — lehden (lehteä) — autoa — matka — uusi kuukausilippu — se — rahaa — vanhan ystävän(sä) — rahaa — kuukausilippu — se raha (sitä rahaa) — se kuukausilippu — vanhoja työkavereita — Simon — hänet — vaimoani — hänet — häntä — meitä muita — apua — lääketiedettä — häntä

8) Olen ollut Suomessa viikon. Minun täytyy olla täällä vuosi. Ystäväni juoksee kilometrin joka aamu; hän sanoo, että hänen pitäisi juosta (yksi) kilometri aamulla ja kolme illalla.

Olemme odottaneet häntä melkein tunnin. No, odotetaan häntä vielä viisi minuuttia ja lähdetään sitten.

9) onnelliseksi — sairaaksi — vihaiseksi — lämpimäksi — mahdolliseksi — vihreäksi — hulluksi — pitkiksi ja valoisiksi — lyhyiksi ja pimeiksi — tunnetuksi — surullisiksi — suureksi — insinööriksi

10) Rita ja Joan menivät Korhoselle (Korhosille, Korhosen perheeseen) viikoksi. Korhoset eivät osanneet englantia. Tytöt koettivat (yrittivät) puhua suomea, mutta he eivät tienneet aina (kaikkia) sanoja suomeksi. Onneksi heillä oli mukana(an) hyvä sanakirja.

11) iltaisin — viikonloppuisin — arkipäivisin (arkisin) — keväisin — syksyisin — maanantaisin — keskiviikkoisin

12) . . . on kiinnostunut matematiikasta — historiasta — tietokoneista — musiikista — englannin kielestä — suomalais-ugrilaisista kielistä — tenniksestä

13) Ostan mielelläni. . . Hän soittaa mielellään. . . Me ajamme mielellämme. . . He istuvat mielellään. . . Käytkö sinä mielelläsi. . .? Kerrotteko te mielellänne. . .?

15) mihin vain — mitä vain — kumpaan vain — minkä vain — milloin vain — kumpaa vain

16) mielelläni — mieluummin — riippuu — pitkään aikaan — näyttämöllä — loppuunmyyty — ääni — kiinnostunut — torstaisin

H. Tiina ja Tapani, te olette molemmat opiskelijoita. Miten on, viekö opiskelu kaiken aikanne vai jääkö vielä vapaa-aikaa?

Tiina. Kyllä jää vapaa-aikaa. Tietysti se vaihtelee. Jos on paljon tenttejä, aikaa ei jää paljoa, mutta muuten vapaa-aikaa on ihan tarpeeksi.

Tapani. Sama täällä.

H. No kuinka te vietätte vapaa-aikaanne?

Tapani. Multa menee paljon aikaa opiskelijatoiminnassa. Mä käyn paljon kokouksissa ja kaikissa meidän saunailloissa ja lauluilloissa ja ekskursioilla. Sitten mä käytän paljon vapaa-aikaani urheiluun. Mä pelaan koripalloa ja tennistä. Mä olen harrastanut pitkän matkan hiihtoja ja juoksuja, maratoniakin. Kuntourheiluna, ei kilpailuna.

Tiina. Mäkin olen paljon mukana opiskelijaelämässä. Mä järjestän näitä iltoja ja juhlia ja tietysti mä myös käyn niissä. Urheilusta mä en välitä, mutta mä harrastan piirustusta. Nyt mä olen kiinnostunut modernista tanssista. Meitä on muutamia opiskelijatyttöjä, me esiinnytään vain meidän omissa opiskelijajuhlissa. Lukemisesta mä olen pitänyt aina, ja mä luen melkein mitä vain, runoja yhtä hyvin kuin dekkareita.

H. Montako kertaa viikossa te yleensä menette illalla ulos?

Tiina. Ainakin kaksi kertaa. Mutta se riippuu viikon muusta ohjelmasta.

Tapani. Kerran, pari.

*H. Käyttekö te ravintoloissa, diskossa, elokuvissa tai teatterissa?

Tapani. Opiskelijaravintolassa. Siellä voi ottaa pullon olutta ja siellä on myös disko.

Tiina. Diskossa. Mä tanssin hyvin mielelläni. Mä käyn elokuvissa, Helsingissä näkee hyviä filmejä. Eniten mä pidän yleensä amerikkalaisista elokuvista.

Tapani. Kyllä amerikkalaisissa elokuvissakin on hyviä. Mutta mä pidän eniten ranskalaisista. Niistä oppii samalla kieltä, ja mä pidän ranskalaisesta kulttuurista. Mä käyn elokuvissa ehkä pari kertaa kuussa, teatterissa ehkä vain pari kertaa vuodessa. Mä kävisin teatterissa enemmän, mutta elokuviin on helpompi saada lippuja.

H. Harrastatteko te musiikkia?

Tiina. Kaikkea paitsi kantria ja kansanmusiikkia. Mä olen kiinnostunut varsinkin barokkimusiikista ja 40-luvun jazzista. Joskus mä käyn rockkonserteissa. Mä olen itsekin soittanut vähän pianoa.

Tapani. Mä kuuntelen mielelläni ranskalaista chanson-musiikkia. Sitten rockia, amerikkalaista ja englantilaista — ja kotimaistakin. Mä olen kiinnostunut ooppperamusiikista, Verdistä ja muusta italialaisesta ooppperasta, ja Mozartista. Uudet kotimaiset oopperat on myös hyviä, varsinkin Sallisen Punainen viiva. Kansanmusiikista mä en paljoa välitä. Irlantilaisesta kansanmusiikista mä olen pitänyt kun olen sitä kuullut.

H. Entä jos olette illalla kotona, katsotteko televisiota?

Tiina. Mä en katso juuri koskaan, mä en välitä televisiosta.

Tapani. En mäkään. Urheilua katson, jos olen kotona.

1 c. 2 a. 3 a, c. 4 a. 5. Pari iltaa. 6. Voi oppia kieltä; hän on kiinnostunut ranskalaisesta kulttuurista. — Vaikea saada teatterilippuja. 7 b, c, d. 8 a, c. 9. Sallisen Punaisesta viivasta. 10 b.

LESSON 40. 1) a) tytölläni — tyttöni — tytöllesi — tytöltäni — tytöstäsi — tyttöäsi — tyttöömme — mieheeni — perheeseemme

b) tytöllään — tyttönsä — tytölleen — tytöltään — tytöstään — tyttöään — tyttöönsä — mieheensä — perheeseensä

c) tytöilläni — tyttöjeni — tytöillesi — tytöiltäni — tytöistäsi — tyttöjäsi — tytöihimme jne.

d) tytöillään — tyttöjensä — tytöilleen — tytöiltään — tytöistään — tyttöjään — tyttöihinsä jne.

2) lastensa — lähisukulaisensa asuvat — vanhoissa maalaistaloissaan — hänen lapsensa saavat — isovanhempiinsa — setiinsä — täteihinsä — muihin sukulaisiinsa — serkkujensa — pikkuserkkujensa — hänen lapsensa ovat jo hyvin kiinnostuneita — lehmistään — hevosistaan — lampaistaan — sioistaan — muista kotieläimistään — he sanovat — he haluaisivat — kanojaan — kesätöissään — sukulaistensa kanssa — vanhoista lapsuusmuistoistaan — sukulaisperheilleen — suunnitelmistaan — hänen sukulaisensa ovat vastanneet — heidän koteihinsa

3) hänen ajatuksensa (ajatuksiaan) — minun pahat sanani — meidän muistojemme — sinun lapsillasi — hänen romaaneistaan — hänen kirjoissaan — sinun elämäntavoistasi — meidän kaupunkeihimme — teidän poikanne — parhaat ystävänsä — toveriensa — minun ruusuillani — teidän vanhoihin vitseihinne — meidän ideoistamme — salaisuuksiani

4) Me rakastamme toisiamme. Te autatte toisianne. He ajattelevat toisiaan. Me pidämme toisistamme. Te tykkäätte toisistanne. He eivät välitä toisistaan. Me tutustuimme toisiimme. Te väsytte toisiinne. He eivät tutustuneet toisiinsa. Me tapaamme usein toisemme. Te tunnette kai toisenne. Me keskustelemme usein toistemme kanssa. He käyvät usein toistensa luona. Me soitamme usein toisillemme. Te saatte paljon kirjeitä toisiltanne.

5) Me rakastamme toisiamme. Te ihailette toisianne. He tapaavat usein toisensa. Te autatte toisianne. He eivät välitä toisistaan. Me saamme kirjeitä toisiltamme. He pitävät toisistaan. Me tykkäämme toisistamme. Me tutustuimme toisiimme lomalla. Kissat ja koirat vihaavat toisiaan. Ihmiset ja käärmeet pelkäävät toisiaan. Virtaset ja heidän naapurinsa eivät häiritse toisiaan.

7) a) olin hakenut — olin lukenut — olin syönyt — olin juonut — olin kuunnellut — olin pannut — olin lähtenyt — olin kävellyt — olin tullut — olin keittänyt — minulla oli ollut

b) olimme hakeneet — olimme lukeneet — olimme syöneet — olimme juoneet — olimme kuunnelleet — olimme panneet — olimme lähteneet — olimme kävelleet — olimme tulleet — olimme keittäneet — meillä oli ollut

8) oli mennyt — oli tullut — oli antanut — oli juuri ostanut — oli ainakin saanut — ei ollut uskonut — oli ollut — oli täytynyt

9) en tee — hän ei tee sitä — en tehnyt — hän ei tehnyt sitä — en ole tehnyt — emme ole tehneet sitä — en ollut tehnyt — emme olleet tehneet sitä — en tekisi sitä — älä tee sitä — älkää tehkö sitä — ei tehdä sitä

en tapaa — ei tapaa heitä — en tavannut — ei tavannut heitä — en ole tavannut — emme ole tavanneet heitä — en ollut tavannut — emme olleet tavanneet heitä — en tapaisi heitä — älä tapaa heitä — älkää tavatko heitä — ei tavata heitä

10) kylmempi — kylmemmin   ahkerampi — ahkerammin   laiskempi — laiskemmin   lämpimämpi — lämpimämmin   kauniimpaa — kauniimmin   varovaisempi — varovaisemmin   vilkkaampi — vilkkaammin   rauhallisempi — rauhallisemmin

11) selvemmin — kohteliaammin — varmemmin — paremmin — hauskemmin (mielenkiintoisemmin) — lyhyemmin — iloisemmin — nopeammin — ystävällisemmin

1. Mitä työtä sinä teet?
   Minä olen tulkki. Tulkitsen suomesta espanjaksi ja espanjasta suomeksi.
2. Kuinka viihdyt työssäsi?
   En voisi viihtyä paremmin. Se on hyvin mielenkiintoista työtä.
3. Mitä hyviä ja huonoja puolia työssäsi on?
   Hyviä puolia? Tapaa koko ajan uusia ihmisiä. Oppii koko ajan uusia asioita. Saa matkustaa. Huonoja puolia? Työajan suuri vaihtelu. Minulla ei ole "normaalia" työaikaa.
4. Millä tavalla vietät lomasi?
   Joka toinen vuosi kotimaassa mökillä, joka toinen vuosi matkoilla, Espanjassa tai Etelä-Amerikan espanjankielisissä maissa.
5. Mikä on mieliruokasi?
   Yleensä espanjalainen ruoka. Suomalaisista ruuista erikoisesti poron paisti ja erilaiset marjat.
6. Kuinka tärkeää raha on sinulle?
   En välitä paljosta rahasta. En haluaisi timantteja enkä minkkistoolaa. Raha on vähemmän tärkeä kuin hyvät ihmissuhteet ja mielenkiintoinen työ.
7. Onko sinun mielestäsi naisen paikka kotona vai työelämässä?
   Se riippuu paljon naisesta. Ja siitä paljonko on lapsia. Olisi hyvä, jos jokainen voisi vapaasti valita mitä haluaa tehdä tässä asiassa.
8. Kenen pitäisi tehdä kotityöt?
   Kaikkien yhdessä, vanhempien ja lasten. Se, että kaikki tekevät työtä yhdessä, yhdistää koko perheen. Meidän kaikkien pitäisi oppia auttamaan toisiamme.
9. Ketä sinä ihailet?
   Omia vanhempiani, jotka kouluttivat neljä lastaan, vaikka heillä oli hyvin vähän rahaa.
10. Mitä sinä pelkäät?
    Pelkään sotaa. Pelkään ekokatastrofia. Pelkään lentämistä. Pelkään hevosia ja kaikkia isoja eläimiä.
11. Mitä sinä toivot?
    Toivon, että sodat ja väkivalta loppuisivat. Toivon, että kaikille riittäisi työtä. Toivon, että ensi viikolla olisi kaunis ilma, menen talvilomalle Lappiin.
12. Oletko kiinnostunut politiikasta?
    En aktiivisesti kiinnostunut, mutta onhan se asia, jota meidän kaikkien täytyy joskus ajatella.
13. Mikä on ihmisen paras ikä?
    Minä luulen, että ihminen on onnellisin noin 30-vuotiaana. Hän on vielä nuori mutta ei liian nuori. Ihan nuorena elämä on joskus hyvin vaikeaa.
14. Oletko optimisti vai pessimisti?
    Melkein aina optimisti.

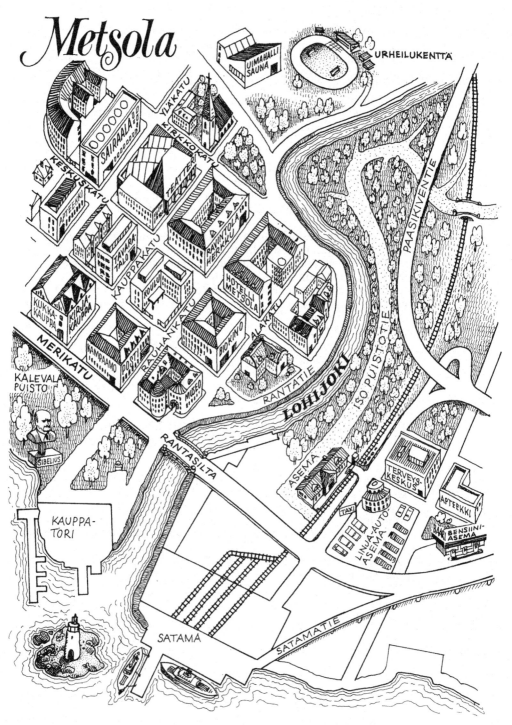

Metsola

II

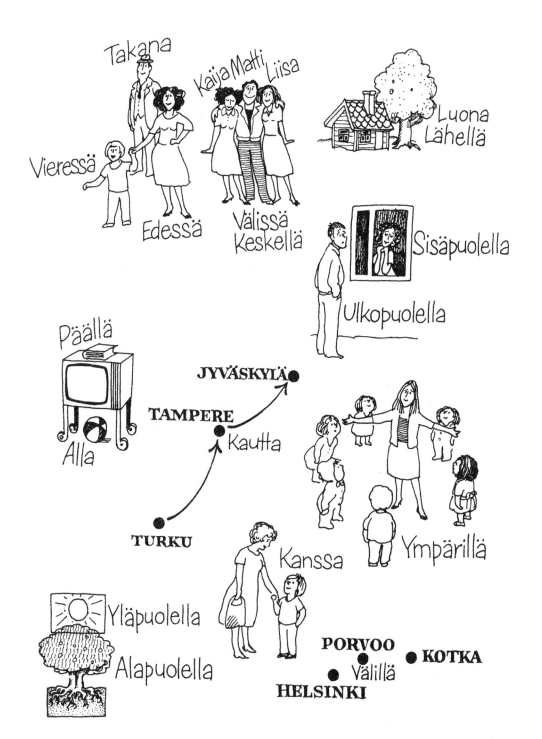

Takana

KaijaMatti Liisa

Luona
Lähellä

Vieressä

Edessä

Välissä
Keskellä

Sisäpuolella

Ulkopuolella

Päällä

JYVÄSKYLÄ●

TAMPERE
●Kautta

Alla

●
TURKU

Ympärillä

Yläpuolella

Kanssa

Alapuolella

PORVOO
● ●KOTKA
● Välillä
HELSINKI

IV

OLLA

Minä olen minä

Hän on hän

OTTAA

Minä otan

Hän ottaa

SOITTAA

Minä soitan

Hän soittaa

KIRJOITTAA

Minä kirjoitan

Hän kirjoittaa

NUKKUA

Hän nukkuu

Minä nukun

ANTAA

Hän antaa

Minä annan

HIIHTÄÄ

Minä hiihdän

Hän hiihtää

PIIRTÄÄ

Minä piirrän

Hän piirtää

LUKEA

Minä luen

Hän lukee

V

Mitä teet millä?

saippua **sampoo** **pesu/kone** **(-koneen)**	**Pestä** MINÄ PESEN VEDELLÄ JA SAIPPUALLA	
neula **lanka (langan)**	**Ommella** MINÄ OMPELEN	
avain (avaimen) **pullon/avaaja**	**Avata** MINÄ AVAAN	
harja **hammas/harja**	**Harjata** MINÄ HARJAAN	
kampa (kamman) **peili**	**Kammata** MINÄ KAMPAAN	
sakset **(saksilla)** **veitsi (veitsen)**	**Leikata** MINÄ LEIKKAAN	

VI

Minkälainen?

korkea matala

leveä kapea

matala

Syvä

pitkä
lyhyt
(lyhyen)

iloinen surullinen

10 kg

raskas kevyt
(raskaan) (kevyen)
(=painava)

pitkä lyhyt

lihava laiha

paksu ohut (ohuen)

kulma

pyöreä nelikulmainen

raidallinen ruudullinen

raita ruutu

VII
Ihmisruumiin osia

tukka (tukan) (=hiukset)
kalju
otsa
silmä
poski (posken)
nenä
suu
korva
huuli (huulen)
parta (barran)
hammas
kaula
(hampaan)
sormi (sormen)
peukalo

käsi (käden)

lyhyt, suora tukka

pää

kasvot

selkä
(selän)

rinta
(rinnah)

vatsa

pitkä,
kihara
tukka

jalka
(jalan)

varvas
(varpaan)

VIII

Eläimiä

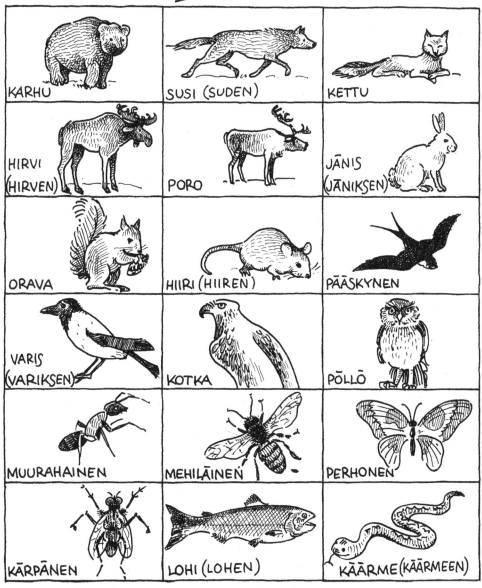

KARHU	SUSI (SUDEN)	KETTU
HIRVI (HIRVEN)	PORO	JÄNIS (JÄNIKSEN)
ORAVA	HIIRI (HIIREN)	PÄÄSKYNEN
VARIS (VARIKSEN)	KOTKA	PÖLLÖ
MUURAHAINEN	MEHILÄINEN	PERHONEN
KÄRPÄNEN	LOHI (LOHEN)	KÄÄRME (KÄÄRMEEN)

IX

Hedelmiä, marjoja, vihanneksia

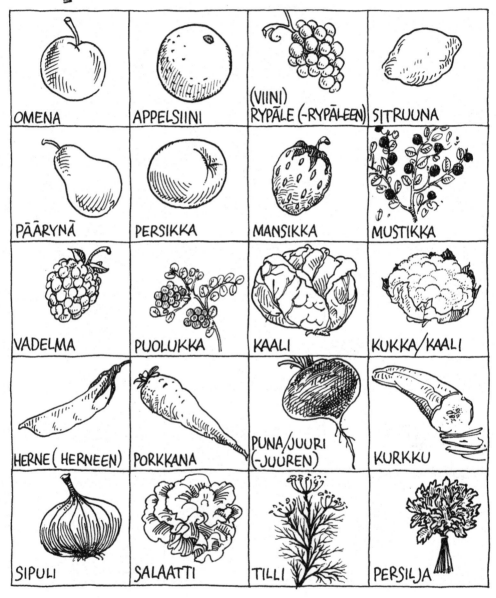

OMENA	APPELSIINI	(VIINI) RYPÄLE (-RYPÄLEEN)	SITRUUNA
PÄÄRYNÄ	PERSIKKA	MANSIKKA	MUSTIKKA
VADELMA	PUOLUKKA	KAALI	KUKKA/KAALI
HERNE (HERNEEN)	PORKKANA	PUNA/JUURI (-JUUREN)	KURKKU
SIPULI	SALAATTI	TILLI	PERSILJA

X

Puita ja kukkia

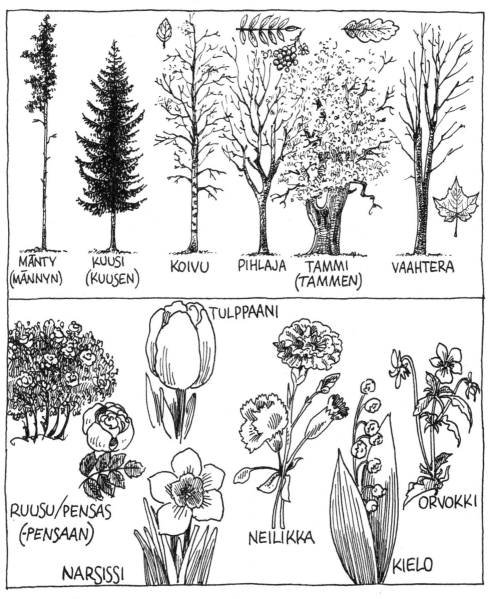

MÄNTY
(MÄNNYN)

KUUSI
(KUUSEN)

KOIVU

PIHLAJA

TAMMI
(TAMMEN)

VAAHTERA

TULPPAANI

RUUSU/PENSAS
(-PENSAAN)

NARSISSI

NEILIKKA

KIELO

ORVOKKI

XI

Ruoka- ja kahvipöytä

kahvi/pannu
aselti
kahvi/kuppi
kermakko
sokerikko
teepussi
teelusikka
tee/kuppi
pikku/leipä
paahto/leipä
mustikka/piirakka
pullaa
pulla/vati
paahdin (paahtimen)
maito/kannu
lusikka
puuro
marmelaati
paistettu muna
syvä lautanen
pöytä/liina
liha/pulla
lautas/liina
maito/lasi
salaatti ja salaatin/kastike
haarukka
veitsi (veitsen)
keitetty peruna
puolukka/hillo
kastike (kastikkeen)
matala lautanen

XII

Kertokaa ja keskustelkaa kuvista

XIII

Päivä Pekan elämässä

XIV

Peltosen perheen kesäloma

Photographs:
Lehtikuva Oy
Ulkoasiainministeriö, Kuva-arkisto

CPSIA information can be obtained
at www.ICGtesting.com
Printed in the USA
BVOW04s0750281016

466130BV00010B/17/P

9 780884 325437